本书为国家社科基金一般项目『国际商事惯例适用问题研究』（16BFX195）的阶段性成果

新时代国际法研究论丛

开放新视野下的商事惯例

宋阳　赵晴　著

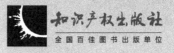

知识产权出版社

全国百佳图书出版单位

图书在版编目（CIP）数据

开放新视野下的商事惯例/宋阳，赵晴著. —北京：知识产权出版社，2019.7
ISBN 978-7-5130-6314-2

Ⅰ. ①开… Ⅱ. ①宋… ②赵… Ⅲ. ①国际商法—研究 Ⅳ. ①D996.1

中国版本图书馆 CIP 数据核字（2019）第 114796 号

内容提要

本书透过对不同时期的"一带一路"沿线国家商事惯例、交易习惯的历史适用考察，来探寻交易习惯适用的一般法学原理。通过对这种历史规律的把握，预测未来商事惯例、交易习惯适用的发展趋势，以指导我国相关制度的建构；同时实现了理论与实务相衔接，不但要梳理国际商事惯例、交易习惯适用的相关理论，更要通过实证调研分析交易习惯的具体内容，并努力使两者有机地结合起来，提高理论界与实务界对交易习惯内容和适用方法的认知水平。

责任编辑：韩婷婷　　　　　　　　责任校对：潘凤越
封面设计：韩建文　　　　　　　　责任印制：孙婷婷

开放新视野下的商事惯例
宋阳　赵晴　著

出版发行：知识产权出版社 有限责任公司	网　　址：http://www.ipph.cn
社　　址：北京市海淀区气象路 50 号院	邮　　编：100081
责编电话：010-82000860 转 8359	责编邮箱：176245578@qq.com
发行电话：010-82000860 转 8101/8102	发行传真：010-82000893/82005070/82000270
印　　刷：北京虎彩文化传播有限公司	经　　销：各大网上书店、新华书店及相关专业书店
开　　本：720mm×1000mm　1/16	印　　张：13.25
版　　次：2019 年 7 月第 1 版	印　　次：2019 年 7 月第 1 次印刷
字　　数：207 千字	定　　价：68.00 元

ISBN 978-7-5130-6314-2

目录 Contents

绪论

新开放理念对商事惯例研究的吁求

第一节　新开放理念的时代背景

当今世界正发生复杂深刻的变化，国际金融危机深层次影响继续显现，世界经济缓慢复苏、发展分化，国际投资贸易格局和多边投资贸易规则酝酿着深刻调整，各国面临的发展问题依然严峻。我们必须积极适应新形势下的世界多极化、经济全球化、文化多样化、社会信息化的潮流，秉持开放的区域合作精神，致力于维护全球自由贸易体系和开放型世界经济。实践"新开放政策"有利于促进经济要素有序自由流动、资源高效配置和市场深度融合，推动沿线各国实现经济政策协调，开展更大范围、更高水平、更深层次的区域合作，共同打造开放、包容、均衡、普惠的区域经济合作架构。中国实行的这一新开放理念符合国际社会的根本利益，彰显人类社会共同理想和美好追求，是国际合作以及全球治理新模式的积极探索，将为世界和平发展增添新的正能量。进入 21 世纪以来，随着中国经济增长的速度日益加快，世界各国普遍对中国在世界经济发展中所起到的积极作用充满了期待。但是，也有很多国家对中国经济的崛起充满了担忧：英国广播公司（BBC）近日发布其就"中国崛起"问题在全球 27 个国家进行的民调结果。调查显示，50% 的受访者对中国经济增长持正面看法，33% 持负面看法。如果分别来看，和 2005 年该机构首次进行的类似民调相比，发达国家的受访者对中国的印象在变坏，在七国集团（G7）国家中，认为中国经济崛起"是件坏事"的比例有所增加，但在所有发展中国家中，对中国持友好印象的占了绝大多数，其中非洲人对中国经济增长的支持度最高。南非"时代"新闻网指出，大多数受访者认为，未来 10 年中国对该国经济的重要程度将超过美国。被问及受访者所在国未来 10 年同美国、中国、欧盟经济关系的重要程度时，在满分为 10 的评分中，中国的平均得分为 7.27，超过美国和欧盟。

面对这种复杂的国际形势，以习近平同志为核心的党中央认为应该改变中国对外的这种不良形象，应该让中国的经济崛起给周边国家带来实惠，让中国的繁荣惠及全人类。2013 年习近平主席在哈萨克斯坦那扎尔巴耶夫大学进行演讲时提出："为了使我们欧亚各国经济联系更加紧密、相互合作更加深入、发展空间更加广阔，我们可以用创新的合作模式，共同建设'丝绸之路经济带'。这是一项造福沿途各国人民的大事业。"也就是说，习近平主席于 2013 年 9 月 7 日在哈萨克斯坦那扎尔巴耶夫大学发表重要演讲时首次提出来"一带"，这条经济带横亘欧亚大陆，打通了中国与欧洲的陆上联系，在此联系过程中涉及了数十个国家，其中既有发达国家又有发展中国家。建立 21 世纪陆上经济带，对于稳定世界局势，维护我国的国家安全和经济安全都有着非常重要的意义。

而海上丝绸之路，则是习近平主席在访问东盟国家时提出的。"21世纪海上丝绸之路"的战略构想，得到国际社会高度关注和有关国家积极响应。国务院总理李克强参加 2013 年中国–东盟博览会时强调，铺就面向东盟的海上丝绸之路，打造带动腹地发展的战略支点。实践新开放，是中国政府根据国际和地区形势深刻变化以及中国发展面临的新形势、新任务，致力于维护全球自由贸易体系和开放型经济体系，促进沿线各国加强合作、共克时艰、共谋发展提出的合作倡议，具有深刻的时代背景。

第二节　新开放理念的思想源流

一、习近平总书记的人类命运共同体思想是新开放理念的理论基石

在党的十八大上，以习近平同志为核心的党中央高瞻远瞩地提出了人类命运共同体思想，指出"要倡导人类命运共同体意识，在追求本国利益时兼顾他国合理关切，在谋求本国发展中促进各国共同发展，建立更加平等均衡的新型全球发展伙伴关系，同舟共济，权责共担，增进人类共同利益"。党的十九大报告进一步突出了"人类命运共同体"理念在习近平新时代中国特色社会主义思想中的重要地位，将"坚持推动构建人类命运共同体"作为新时代坚持和发展中国特色社会主义的基本方略之一，同时呼吁"各国人民同心协力，构建人类命运共同体，建设持久和平、普遍安全、共同繁荣、开放包容、清洁美丽的世界"。2018 年 3 月，十三届全国人大一次会议表决通过《中华人民共和国宪法修正案》，"推动构建人类命运共同体"写入宪法序言，使得"人类命运共同体"理念上升到宪法层面，纳入我国的法律制度体系之中。由此可见，如何在未来法治建设中实现该思想已成为我国法学界必须要面对的重要课题。这不仅关乎中国在国际社会中所扮演的角色，同时也必将对全人类未来的发展产生重要的影响。在人类命运共同体思想指引下，作为国家间最为重要的法律部门国际经济法也必将随之产生根本性的变革，特别是中美贸易战对新型国家间关系以及国际经济法规则的需求构成了我国国际经济法学界应该也必须要回答和解决的问题。可以说习近平总书记的人类命运共同体思想是我国新开放理念理论的核心支柱。

二、国内外关于新开放理念的论述

第一类是思想源流证成思路。此类研究主要是在传统的哲学理论中寻找与新开放相近似的思想元素，使用中外传统思想中的智慧火花去证成人类命

运共同体的正确性和可实践性。例如，有学者使用中国传统典籍如《礼记》《尚书》中的经典思想来印证新开放思想的伟大意义（廖凡，2018）。又如，有学者借用康德的"永久和平"理论来证明新开放思想在解决国家间矛盾的重要工具意义（舒远招，2017）。还有学者整合了马克思经典理论和新马克思主义学派理论中的积极要素来证明新开放思想对未来国际经济治理的变革作用（张辉，2018）。

第二类是路径分析思路。这类研究主要从不同侧面试图将思想整合到现有的国际法理论中并使之成为一个整体。例如，有学者通过"语境论"的方法分析了新开放理念在国际法体系下的价值意义（黄德明，2017）。还有学者从价值本位出发提出了人类命运共同体思想中的"国际社会本位"的价值选择（车丕照，2018）。另有学者从"组织论"出发认为新开放政策现路径是透过国际社会的组织化成立"国际法律组织共同体"来实现的（肖永平，2019）。还有学者研究了实现新开放思想的支撑制度和根本原则性（龚柏华，2018）。

第三类是个案分析的思路。这类研究思路是以新开放政策作为分析工具去分析国际法实践中出现的具体问题。有学者通过新开放思想研究了发展权的功能定位问题（李春林，2018）。还有学者研究了如何在我国对外援助层面实现该思想（韩永红，2018）。还有学者从联合国改革的视角以及南海争端层面探讨了新开放思想的积极意义（贾烈英，2018；江河，2018）。

事实上，早在20世纪60年代美国学者弗里德曼就指出国际社会的结构正在发生根本性的变化，传统的共存国际法已经不能满足国际社会发展的现实需要，所以需要对国际法的基本理念进行根本性的转变，如何让国家之间能够相互扶持共同发展从而让国际法成为让人类共同发展的"共进法"是国际经济法制变革的主要方向（Wolfgang Friedman，1964）。在此基本方法的指引下许多学者发展了该理论。

比较带有代表性的有如下几类：

第一类是关联主权学说，提出该学说的是斯坦福大学的海伦·斯塔西博士。她认为在经济全球化条件下国家作为主权者，在行使主权时必须以满足其国民的需要为圭臬。国家行使主权时应主动向个人提供一种服务，以满足他们的合理期待和需求，最终实现负责任的治理（Helen Stacy，2003）。

　　第二类是系统合作强化说，提出该学说的学者是洛杉矶大学的卡尔·罗斯提亚拉教授。他认为国际法律制度应该成为国家的公共权力组织能够对国家的经济事务进行有效控制的工具。通过将决策向国际层面的转移而免予政策制定过程中被国内的利益群体俘获，在实现他国合理关切的同时可以维护本国权力的有效委托（Kal Raustiala，2007）。

　　第三类是权利附随说，持该学说的代表人物是欧洲大学的恩斯特·彼得斯曼教授。他认为国家的主权行使必须受制于市民的权利。国际经济法的最主要的主体不应仅仅是国家，更不应该忽视"个人主体"的存在。国际经济法最终所要实现的目标就是保护全世界公民的人身、财产以及福利的最大化，那么主权也必须为这个目标服务。换言之，他主张通过对国家权力的限制来实现向国际社会提供公共物品（Public Goods）这一根本价值目标（Ernst Petersmann，2012）。

　　综上可见，国内外对于"人类命运共同体"思想虽然已有较多研究，但是仍有很大提升空间，具体理由如下：

　　首先，我国学者虽然从不同角度对"新开放"在国际法法律体系中的地位和作用进行了阐释，但这种阐释仍然具有碎片化的特征，缺乏在私法构建中的具体路径。

　　其次，我国目前的理论体系严重缺乏对制度构建的前瞻性考虑，集中体现是我国更擅长适应规则，利用规则，但缺乏把握、制定规则话语权的能力。新开放政策从宏观层面来说无疑是巨大的理论创新，但如何将这种理论转换为具体的制度，特别是如何让这种理论有效地转换为各国都能接受的规则体系则严重缺乏可操作性的路径研究。那么，在具体实施中如何有效地使用商事惯例便成为一个重要的问题。

　　而国外学者的研究在很大程度上带有西方人权学说等"普世价值"的意识形态色彩，并不完全切合我国实践的需要，甚至在某种程度上可能成为对我国发展产生掣肘的宣传工具，必须对其进行有鉴别的批判性借鉴。

三、研究新开放理念的理论价值

(一) 学术价值

首先，可能改变国内外学界在国际商法适用问题上"借用化"和"碎片化"的研究现状。通过对在新开放视角下相关制度的研究，使国际商法的适用体系化、系统化，统一学界和实务界对国际商事惯例性质的不同认识，避免在国际商法理论中出现前后不一甚至相互矛盾的现象。

其次，通过展开对国际商法具体内容的实证性梳理和适用方法总结的工作，提升对于国际商事惯例实体内容的理性认知水平。

最后，为民法典和其他单行法中关于国际商法法条的制定提供研究基础。

(二) 实践价值

首先，有助于强化我国在对外关系上的实践指导。我国谋求在现有国际机制内推动变革全球治理中不公正不合理的安排，那么如何实现这种安排需要进行有体系的研究。

其次，提升中国国际话语权和话语能力。在新的时代背景下，必须使我们的对外话语能为各国所理解和接受，那么就有必要对话语权提升进行可对接性研究。

最后，有助于推动中国所主张的国际关系法治化。国际法治是人类的共同追求，是当前国际社会的重要议程，我国历来主张"国际法治，推动国际关系民主化，通过法律手段维护国际和平与安全，促进合作与发展，建立以法律为基础的国际秩序"，那么就必须对如何实现更为公正的国际关系法治化进行深入的研究。

第三节　商事惯例在新开放理念实施中的意义

一、新开放理念下涉及商事惯例的几个问题

新时代我国对外开放过程中，在民商事立法层面需要加强同各国的协调工作，这是因为：一方面，沿线沿路国家和地区在政治、经济、文化上的差异性较大，隶属的法系不同，其法律分类与术语、法律表现形式、审判模式与技巧、法律适用规则等迥异，造成同一纠纷在不同国家和地区处理方式不同，判决的结果难以预料，投资者的法律风险无法预测；另一方面，沿线沿路国家法治、宗教、道德、习俗等差别较大，这就决定了民商事立法和司法层面与我国国内法制度也会存在较大的差异性，势必会给国际经济交往带来很大的不确定性。而且，许多国家有关投资贸易立法仍处在不断调整和完善阶段，难以把握交易规则，导致我国与沿线沿路国家和地区开展经济交往的难度进一步加大。加之，世界上很多国家和地区的政治局面并不是非常稳定，这就进一步增加了我国与这些国家开展经济交往的难度。因而，在推进新开放政策时有必要强化我国与沿线沿路国家和地区的民商事协调与统一工作。

（一）各主要开放国家民商事法律比较研究

以往在国际商法领域，往往是从国际商法的几个渊源出发，从国际公约、国际商事惯例的角度来探讨统一实体法律如何起草与建构的问题。但是实践表明：脱离各国国内法，试图在与国内法相脱节的国际层面寻求法律的统一根本就是空中楼阁，无法得到各国认同的国际商事法律制度是很难成功的。因此本课题拟从主要国家的国内法出发，以比较法为视角，期望能够弥合目前国际商法领域研究过程中将国内法与国际法相互对立割裂开来的研究现状。

（二）国际商事合同统一立法研究

根据联合国国际贸易法委员会网站的统计，世界上已有80多个国家加入了《联合国国际货物销售合同公约》。那么，作为最重要的国际商事公约，其对各国国内法的影响程度以及这些国家如何适用该公约便成为一个非常重要的问题。本课题拟对各国对该公约的适用情况进行国别性调研，试图梳理出主要贸易大国对该公约适用与采纳的一般性规律，并以此为基础探讨其他商事统一立法起草的基本策略与大的方向。拟在海运运输、陆运运输、工程建设等若干重要领域的合同、担保以及管理等重要领域进行开拓性的研究，并提出切实有效，又能为各国所接受的立法建议甚至是条约草案，以帮助我国今后把握国际商事立法的话语权。

（三）国际商事惯例内容与适用方法

国际商事惯例是重要的国际商事法律渊源，但是对于国际商事惯例的性质和适用方法各国还存在着较大的争议。归根结底，各国法院和仲裁机构对国际商事惯例的适用理应成为我国对待国际商事惯例态度的根本依托。因此，有必要就各国法院和仲裁机构对商事惯例的适用进行系统性的梳理和研究，以确定商事惯例真正的性质和具体的内容，为我国未来在开放过程中与经济合作国家进行经济交往时所应该遵循的以及应该抵制的商事惯例做出清晰的界分。

（四）民商事争端解决协调问题

在我国对外开放的过程中，仅有实体性的商事规则是远远不够的。没有良好的司法协助制度体系的帮助，中国的司法判决和仲裁根本无法在国外得到认可与执行。鉴于除了《纽约公约》以外，在司法领域国际社会并不存在各国广泛参加的司法协助条约，这就要求我国不得不加强与沿线各国的司法政策和工作规划的协调，在条件成熟时加快制定双边和区域性的司法合作协议，借此实现与各国司法机制良性有效的对接，从而为新开放理念营造良好的法治环境。但是鉴于世界各国经济水平参差不齐，文化差异大，有些国家国内的政治连续性和稳定性也较差，利益诉求多元等，使得推进司法协助协定的工作势必遭遇较大的困难。因此，有必要从我国的司法实践出发，并结合主要国家各自司法制度的特点，探讨我国与主要经济合作国家进行司法合作以解决跨国民商事争端的合理路径以及推进合作的策略，为妥善解决我国民商事主体与其他新兴经济体国家个人乃至政府之间的争端提供良好的制度保障。

二、研究商事惯例对我国经济开放战略之理论意义

（一）对于商事惯例认识的理论纷争

对于商事惯例而言，从施米托夫、戈德曼到伯格，西方的国际商法学者一般认为国际商法是一个自治的法律体系，是一个独立于国际法和国内法的第三类法律秩序。但是也有越来越多的学者对此提出了质疑。国际商法作为已然存在的部门法，其构成和发挥作用的根本基础是什么？这显然既是一个重要的理论问题，又是一个具有现实意义的问题。

长久以来，产生将国际商法独立呼声的最大原因和支持者来自"新商人法"（New Lex Mercatoria）学派。该学派是第二次世界大战结束后产生并逐渐兴盛起来的。以英国的克里夫·施米托夫和法国的波索尔德·戈德曼为奠基人。[1] 他们坚信国际商法最核心的渊源是起源于商人之间自发产生的商事惯例，这是一种独立于国家立法之外的第三类法律秩序。从历史渊源上来看，中世纪时期的商人法庭所适用的正是这种"自治性规则"。只是到了近代以后，由于民族国家的兴起才导致自治性的国际商事惯例逐渐得不到适用。今天，人们重新发现商法的国际性和自治性，适用世界所有商事活动主体所共同接受的"法律规则体系"。20世纪70年代，著名法学家哈罗德·伯尔曼从法律史学的角度支持了这种观点，从而为新商人法学说的发展奠定了历史正当性基础。到20世纪80年代和90年代，一大批学者从各个角度开始完善新商人法的学说体系：例如，里昂·特拉克曼提出法律的自我演化学说和法律自创生理论，试图为商人法寻找动力来源和

---

[1]　Clive Schmitthoff. Unification or Harmonisation of Law by Means of Standard Contracts and General Conditions, International and Comparative Law Quarterly, Vol. 17, 1968（3）. Berthold Goldman. Frontires du droit et lex mercatoria, Archives De Philosophie Du Droit, Vol. 9, 1964.

适用依据。❶ 又如布鲁斯·本森从法律的制定和执行角度论证了非国家法与国家法的相互竞争关系，从侧面强调了适用自治性惯例对正义的实现作用。罗伯特·库特和贡塔·托依布纳则分别从经济学和社会学的角度对惯例在司法中发挥的作用进行了分析。到 21 世纪，国内学者开始成体系地引入西方的这种理论并加以介绍，主要代表人物是左海聪和姜世波。

但是，无论是在国外还是国内，商人法理论的局限性都在于陷入了由概念到概念的"形而上"怪圈，严重缺乏对商事惯例的具体内容和历史存在的真实形态的实证考察。虽然彼得·伯格试图使用清单的方式来将所谓的商事惯例具体化和条文化❷，但也被质疑不过是用比较法的方法来中和各国法律。总之，商人法理论学派将国际商事惯例看作与一般法律无差异的自治法体系，本身就忽略了商事惯例的自身特点，与实务机构对惯例的适用情况是相脱节的❸。换言之，通过私人自治就能够实现商法的统一听起来总是一种"玄而又玄"的理论，就像是传说中的"尼斯湖水怪"。相信其存在者信誓旦旦地坚称其存在，但是却很难拿出令人信服的证据。那么，究竟如何在未来与其他国家的合作中确定与正确适用这种并不明晰的规则体系便成为一个重要的理论问题。通过对商事惯例的研究，可以让我国的决策者和立法工作者在未来与"一带一路"国家合作中能够清楚地把握话语权，占据主导性的谈判地位。

(二) 明确商事惯例在我国对外合作法律体系中的地位

国际商事惯例的发展和研究对于完善我国国内法中的涉外规定也有十

---

❶ Leon E. Trakman. The Law Merchant: The Evolution of Commercial Law, Fred B. Rothman & Co., 1983.

❷ Peter Berger. The Creeping Codification of Lex Mercatoria [M]. Kluwer International, 1999, 2010.

❸ Stephen Edward Sachs. From St. Ives To Cyberspace: The Modern Distortion of The Medieval "Law Merchant" [J]. American University International Law Review, Vol. 21, 2006 (5). Emily Kadens. The Myth of the Customary Law Merchant [J]. Texas Law Review, Vol. 90, 2012 (5). Ralf Michaels. The Mirage of the Non-state Governance [J]. Utah Law Review, 2010 (1). Gilles Cuniberti. Three Theories of Lex Mercatoria [J]. Columbia Journal of Transnational Law, Vol. 52, 2014 (2). Christopher Drahozal. Contracting Out of National Law: an Empirical Look at The New law Merchant [J]. Notre Dame Law Review, 2005 (2).

分重大的意义，有助于更好地与其他国家进行合作。众所周知，民商事习惯是民法典在编纂和制定过程中一个不可回避的问题。《民法通则》中关于惯例和习惯的规定引起了学界的许多争议。在制定新的民法典时，到底应该给予自治性的商事惯例以怎样的地位，对其适用的依据和方式又是什么，这在未来开放过程中与其他国家进行经济合作势必有很大的意义。

目前，我国法理学通说认为法源从根本上来说就是法的存在形式。● 但从法律现象学的角度来看，法之存在必然有其来源与发生之基础，正因法之发生原因有别，导致法之存在形式亦有所不同，故法源也可以理解为法之发生原因。● 此外，法源之概念亦有广狭之分，民法学说所理解之法源，对法律适用者而言，指具有法律拘束力之法律。由于依法裁判是建立法治国家的根本基石，法官不得仅凭个人感觉及判断为裁判，除认定事实外，发现法律（Rechtsfindung）是司法裁判过程中所必须要进行的工作，对于法源的概念确定能告诉法官及其他法律适用者，其得引为裁判依据之规范为何，何为具有宪法意义下具有拘束力之法律规范，德国学者卡纳瑞斯称此意义下的法源为"法律效力意义下的法源"（Rechtsgeltungsquelle）●。相对于此，法律社会学上所理解之法源，并不以此为限，法源概念之探讨在探寻何为事实上被实践之法律（law in action），而非探讨法之应然，在此目的设定下，前文所述之事实上的习惯当然可以成为法源之一。卡纳瑞斯称之为"法律认识论下的法源"（Rechtserkenntnisquelle）。我国学者也洞察到了此种概念，将法源区分为直接法源和间接法源，其中习惯属于间接性法源。● 还有学者将法源区分为狭义的法源和广义的法源，任何能够影响司法判决的事实、行政活动、法院实践甚至大众观念都属于广义的法源，习惯显然包含在内。●

对此，一个问题是我们不得不面对的，即我们在对外合作的立法和司

● 陈聪富. 民法总则第二讲：法之渊源 [J]. 月旦法学教室，2003（11）：53.

● 张文显等. 法理学 [M]. 北京：高等教育出版社，2007：90-91.

● Canaris, Die Stellung der UNIDROIT Principles und der Principles of European Contract Law im System der Rechtsquellen, in: Basedow（Hrsg.），Europäische Vertragsrechtsvereinheitlichung und deutsches Recht, Tübingen, 2000, S. 8.

● 杨立新. 民法资料汇编 [M]. 北京：法律出版社，2005：7.

● 朱庆育. 民法总论 [M]. 北京：北京大学出版社，2016：36.

法过程中究竟应该坚持怎样的一种法源的概念？笔者认为，至少在司法审判的层面，我们应该从狭义上来把握法源的概念。事实上，之所以学者普遍强调习惯应作为民事裁判的法源，从根本上来说乃是为了补充成文法上的不足。● 甚至有学者认为习惯作为法律渊源也不足以弥补所有的法律漏洞，还应该拓展加入其他的法源种类。● 笔者认为前述理论有"法源泛化论"倾向。诚然，如上述学者所说，在民事裁判中由于裁判者不得"拒绝裁判"。因此，当没有法律规定或者法律规定不甚明确时就需要其他的规范体系来进行裁判。此时，作为社会内部自发形成的自治性规则理所当然地应当成为法律渊源来予以适用。不过需要注意的是，这类理论有陷入极端主义的风险，因为其有故意将法的来源和法本身两个泾渭分明的范畴混淆的嫌疑。包括我国以及瑞士、日本等国民法之所以将法源规定为一个固定的法条，其根本目的恐怕在于将裁判者适用的规则限制在一个空间之内。从此立法目的出发我们就不应该将法律渊源的范围任意扩大。探其缘由，这种裁判承认规则的范围扩大往往会让裁判者忘记自己的裁判权应该受到什么规则的约束，从而很容易陷入主观臆断之中。同时，这也会在很大程度上造成法律裁判可预测性的降低，给司法腐败的出现带来更大的空间●。

事实上，上述学者所强调的间接法源或广义上之法源恐怕用另外一个概念"法律素材"来进行指代可能更为精准。在法官进行法律发现的过程中必然会对法律的适用进行说理，他要在法律的框架内进行裁判，该框架对于他来说是有约束力的。换言之，他必须按照有拘束力的法律进行裁判。但是，为了让法律更为明晰或者对法律关系的具体情况有更为精准或灵活的应对，他可能不得不从法律的外部获取一些规则来证成其结论。但我们不应该将这种外部获得的规则想当然地视为法律的一种形式，因为，这种规则并不当然对今后的裁判者和当事人具有法律上的约束力，而仅仅是随时可被取用的素材而已。

● 刘作翔. 司法中弥补法律漏洞的途径与方法 [J]. 法学，2017（4）：51.

● 张民安. 民法总则第10条的成功与不足——我国民法渊源五分法理论的确立 [J]. 法治研究，2017（3）：33-34.

● 宋阳. 论交易习惯司法适用及其限制 [J]. 比较法研究，2017（6）：183.

三、商事惯例理论在新开放理念指引下的重构

笔者认为，首先，若是想真正对接以国家为基本组成单位的新开放理念，必须对经典观点进行重新建构，施米托夫和戈德曼两位著名学者关于国际商法性质理论的历史局限性有其背后的潜在意图。例如，施米托夫之所以坚持国际商法本身的自治性的观点是因为他需要使用法的"自治性"这一说法来软化马克思主义法学中法的国家性、阶级性等苏联式的固有认识，以破解冷战背景下处于铁幕另外一端社会主义国家的法律壁垒。而戈德曼强调自治性规则绝对高于国家制定法的根本意义在于维护法兰西行将就木的殖民地利益。

其次，必须试图对这些理论进行重构，方可实现新开放理念的核心价值诉求。从技术路径而言，要想实现国际商法"确定性、统一性、普遍性"这三个根本的价值目标，就不能过分依赖"自治性"统一路径。更多地需要依靠国际商事公约这一看似很"笨"的方法来实现统一、确定国际商事法律制度体系的目的和目标。自治性的国际商事法律规则最多只能在有限的范围内对国际商法的发展起到一种"辅助性"作用。

再次，为了达到统一化这一目标，必须有切实可行的技术路径，作为世界主要贸易大国都参加的《联合国国际货物销售合同公约》在非洲却应者寥寥，这是由于非洲大多数国家具有相同的经济发展水平和更为紧密的贸易关系。这些国家之间自发形成了一套相对独立的统一商法体系，因此这些国家并不需要国际统一的商事规则体系。本书以此为切入点，构想是否可以通过贸易紧密的国家之间的自由贸易协定来构建地理区域接近以及经贸关系紧密的国家之间的统一商事立法，该思路的独创性让人不禁拍案叫绝。

最后，从国际商法与国内法的关系来看，只有国际商法中的"国家正式立法"性渊源才能真正起到统一各国商事立法的作用。自治性的商事惯例虽然早于国家制定的商事法律规则，但由于这种规则在很大程度上具有不可克服的缺点，因此只能起到辅助性的作用。如果国际商法过分依赖所谓自治性的规则或自治性的统一路径，则必然会把国际商法以及国际商法学逼入一条没有前途的道路，同样这也不利于我国未来开放中的政策制定。

第四节　小　结

总而言之，为了满足新开放理念所需要的国家间合作的协调化、便利化这一最终的价值目标，我们必须清醒地认识到，在商法的三大渊源——国际商事条约、国际商事惯例和国际商事重述中只有国际商事惯例具有自治性，但是在构建统一的国际商法体系的过程中，自治性国际商事惯例所能发挥的作用极为有限，甚至国际商事惯例的自治性特征与国际商法的统一性之间存在着根本性冲突。因此，过分强调对外合作中的商事惯例所能发挥的作用，不但与事实不符，而且最终会使国际商法和国际商法学走入自相矛盾的死胡同。在未来新开放理念下对外交往的过程中遵循商事惯例只是一种比喻性的说法，真正的国际商事惯例应体现在各种成文性的法律文件之中。设法协调、统一我国与主要贸易大国之间的经济、商事交易规则的核心路径应是以条约为主、以惯例为辅的多元并有侧重的法律途径。

以国际商事惯例为核心的国际商法既是一个旧的学科，又是一个新的学科。说其是旧的学科，早在古希腊和古罗马时期跨国商事交易就已然非常发达，那时便已然出现了国际商法体系的雏形，在古希腊的古文献中就有人提及了国际商法学说，从时间上看远远早于国际经济法出现的时间。说其是新的学科，是由于在我国，长期以来国际商法这个学科一直被划归到国际经济法名下，不是一个独立的学科。[1] 我国作为负责任的大国为不同国家制度的国家之间展开经济合作提供了新的合作机会，那么商事惯例在其中发挥的作用显然成为了一个非常值得研究的问题。

---

[1]　高尔森，程宝库. 论涉外经济法的部门划分 [J]. 南开学报，2000（4）. 又见陈安. 评对国际经济法学科的几种误解 [J]. 东南学术，1999（3）.

第一章

商事惯例发展的历史回顾

在正式开始研究商事惯例和国内法的关系问题之前，我们必须弄清商事惯例的内涵及其外延界限范围。只有将该问题探讨清楚，才可能进一步研究其作为一种法律体系与国内法的相互作用或关系问题。

第一节　商事惯例发展的历史土壤及基础依托

通常认为，如果想将一类法律规范与其他的法律规范从内涵上加以区分，就必须弄清这一类法律规范调整的社会关系及其调整方法是否与其他法律规范有根本上的不同。如果可以发现这种根本上的区别，那就可以说我们抓住了这个法律部门的核心内涵。对于商事惯例而言，与其他法律部门核心内涵的区别在于其通过一种二元综合的方式来调整跨越国界的商事关系。因此我们必须通过对这种特殊的调整方式的把握来认清商事惯例的基本性质。

一、"商人社会"的特性与特质

商事惯例的调整指向是国际商业主体间尤其是进行跨国活动的企业间的商事交易关系。左海聪教授在他编写的第二版《商事惯例》中将商事惯例定义为"调整国际商事关系的实体规范的总称"。对于商事的概念，左海聪教授进一步解释道："商事"一词应做广义的理解，以便包括产生于所有具有商事性质关系的事项，无论这种关系是否为合同关系。具有商事性质关系的事项包括但不限于下列交易：任何提供或交换货物或服务的贸易交易；买卖合同；商事代表或代理；保付代理；租赁；咨询；设计；许可；投资；融资；银行；保险；开发协议或特许；合资经营和其他形式的工业或商业合作；客货的航空、海上、铁路或公路运输。[1] 我国《仲裁法》第 2 条规定，平等主体的公民、法人和其他组织之间发生的合同纠纷和其他财产权益纠纷，可以仲裁。以上对于商事的理解与解释采用了典型的"功能列举的方法"，其核心要旨在于试图通过对商事含义的外延界定来反推国际商事的内涵。这种做法从实务角度而言固然简单有效，但是并不能真正解释商事惯例中商事的原本含义，这是因为，"商事"一词会随着时代的变迁而不断变化。如果通过列举的方法来给国际商事法律的范围划定一个圈子就像"试图在铁桶中种植一棵参天大树"，随着树木的成长，再坚固的铁桶也会被树木成长的力量挤破。

例如，在 1958 年的《纽约公约》中，公约允许缔约国对仲裁的"商事争议"进行保留，公约允许缔约国仅对"契约性和非契约性商事法律关系"所进行的仲裁予以执行，而对于"外国投资者和国家政府之间的争端仲裁"可不予执行。该保留条款的暗含意旨在于，东道国和国外投资者之间的纠纷由于涉及主权缔约的问题，进行商事性的仲裁可能是不可接受的。应该最先考虑使用东道国的国内法律救济，即便可以进行仲裁，也不应首先适用平等的商事惯例的相关规则，应该适用更加有利于维护东道国主权的东道国国内法。但是，1965 年的《华盛顿公约》对此原则就进行了极大程度的改变，根据该公约第 42 条第 1 款的规定："仲裁庭应依照双方可能同意的法律规则对争端做出裁决。如无此种协议，仲裁庭应适用作为争端一方的缔约国的法律（包括其冲突法规则）以及可能适用的国际法规则。"而所谓的国际法规则可能指向的就是相关的"商事惯例规则"。同时，该公约第 54 条第 1 款又规定："每一缔约国应承认依照本公约做出的裁决具有约束力，并在其领土内履行该裁决所加的财政义务，正如该裁决是该国法院的最后判决一样。"上述两个规定从根本上肯定了主权缔约的

---

[1] 左海聪. 国际商法 [M]. 北京：法律出版社，2013：3.

合同可以适用商事惯例的规则，也从根本上突破了《纽约公约》对商事仲裁的给定范围。

无独有偶，消费者合同法方面历来都是被排除于国际统一法的范围之外的。几乎所有的学者和立法者都认为消费者交易合同在国家的法律体系下受到一系列的特殊规则的调整。这些法律规定大多是强制性的，体现了国家的公共利益和主权性，因而不能受到统一法的调整与支配。《国际商事合同通则》和《联合国国际货物销售合同公约》（以下简称 CISG 公约）都对消费者合同予以明确的排除。❶ 但是，随着经济活动专业性的不断增强以及社会风险的不断增大，国际商事交往出现了明显的公法性的规则要求，在这种要求不断增强的趋势面前，如果各国政府以及商人社会不能采取协调一致的行动，就会导致商事交往的规则出现"竞相逐低"的竞次博弈模式，最终破坏国际商事交往中所有参与者的长远利益和根本利益。因此，国际社会大力推动对消费者权益保护的国际商事法律体系。《蒙特利尔公约》就是回应这一要求的集中体现。❷ 在该公约中采用了两步递进式的无过错责任赔偿模式，从根本上统一了各国在旅客人身损害赔偿方面的标准，极大地丰富了国际商事法律的规则体系。

同样是针对消费者权益保护的法律问题，随着区域经济一体化的不断深入，欧盟于 1999 年以指令的形式规定了在合同中消费者的权利，该指令对欧盟所有成员国都有法律约束力。❸ 之后，欧盟开始起草欧洲统一合同法的"共同参照框架"（Common Frame of Reference），该框架试图建立一套共同的欧盟合同法规则和术语，并成为欧盟成员方履行欧盟指令义务的法律工具。❹ 诚然，欧盟由于高度一体化，其法律的统一程度和世界范围的法律统一程度自然不可同日而语。所以可能会有人质疑笔者用该例证来

----

❶ 《国际商事合同通则 2010》序言注释第 2 条，CISG 公约第 2 条 a 款。

❷ 《蒙特利尔公约》的正式名称是《统一国际航空运输某些规则的公约》（Convention for the Unification of Certain Rules for International Carriage by Air），目的在于确保国际航空运输消费者的利益，对在国际航空运输中旅客的人身伤亡或行李损坏，或者运输货物的损失，在恢复性赔偿原则基础上建立公平赔偿的规范体系。

❸ Stefan Vogenauer. The Harmonisation of European Contract Law Implications for European Private Laws，Business and Legal Practice［M］. Hart Publishing，2006：45-46.

❹ Hugh Collins. The European Civil Code：The Way Forward［M］. Cambridge University Press，2008：77-78.

证明现有商事惯例中"商事"概念的不周延性是不具有普遍意义的。笔者虽认同上述观点，但我们也必须同样认识到商事惯例有着这样的一种"公法化趋向"，随着时代的变迁会有越来越多的本不属于商事领域的事项逐渐落入统一商法的调整范围之内。

从上述例证中，我们不难发现：对于商事行为的认识，是会随着经济交往的不断深入以及时代的不断发展而逐渐变化的，通过功能列举的方法来反推商事惯例的内涵是靠不住也不可能获得周延的效果的。笔者认为，若想掌握商事惯例中商事关系的真正内涵，必须从该法律关系的主体特征入手，才可能得到较为合理的结论。国内有学者认为通过确定商事惯例的调整范围来确定商事惯例的内涵和体系范围的方法属于大陆法系的概念主义思维范式，其基本路径是由抽象到具体，具有典型的规范演绎特征，这更多是出于证明商事惯例为一个独立的法律部门的需要。❶ 笔者虽然认同该观点的分析结论，但需要指出的是，商事惯例的独立性并不是体现于人对法律的认识而进行的法律部门划分这一主观的思维过程之中。商事惯例之所以能够单独地存在并值得成为本书的研究对象，根本原因还是在于商事惯例这一法律部门中的诸多法律规则具有共同的基础内核和作用方式，与国际法的其他法律部门具有迥异的存在和发展逻辑。因此将其独立出来并进行研究，既是完善国际法法律体系的客观需要，也是完善国际法学科发展的需要。那么，商事惯例的所谓"商事"的基本内核是什么，又应该如何去把握呢？笔者认为，这从根本上来说是由于商事惯例产生和发展的核心要旨在于调整商人这一特殊的社会群体的行为，该法律规则体系的核心功能在于作用于由商人组成的"商事生活"（Business Life）之上。商人这一特殊群体是社会分工的产物，而产生分工的根本原因在于商事交往是一种高密度、需要频繁接触的活动方式。这从客观上就加大了他们相互之间联系所需要的所谓符合他们"特殊需求"的规则的渴求度。法国社会学家涂尔干在其成名作《社会分工论》中指出：随着"社会密度"的不断增加，原来相互分离的个人终于结合在了一起，至少可以说比以前更加亲密了。这样，社会大众的各个部分之间形成了各种运动，在此之前他们根本

---

❶ 孙南申，彭岳. 市场运行中商事惯例体系的历史与发展 [J]. 东方法学，2010 (2)：22.

不会相互产生影响。蜂窝系统越发达，每个人的个人关系就会被局限在自己的蜂窝中，各个环节之间就会出现道德真空。反之，当系统被逐渐夷平的时候，这些真空就会被填满。社会关系——确切地说，是社会内部关系——变得越来越多，它们超出了原来的界限扩展到了各个方面。因此，能够进行相互联系、相互作用的人数越多，分工就越发达。❶ 正是在这种大分工的背景下，商人之间由于频繁的交易交往，形成了特殊的"利益共同体"，而被固定在跨国商事交易这个"蜂巢"内部。该共同体是一种典型的契约型的利益联系方式，他们的交往基础并不是国籍、民族、喜好，对财富的追求和向往是他们开展活动的唯一动机。在这种内部共同且特殊的追求下，其所形成的行为模式必然是统一但个性鲜明的。❷ 相应地，适用于他们之间的规则也必然是与其他法律规则特性迥异的。

二、商事惯例的根本价值取向

对于商人来说，他们与普通的民事主体还有国家在行为模式、利益诉求方面都有极大的区别。而这种特殊性存在的核心源头则深深地植根于他们的职业特征。

与其他平等主体进行交易的目的不同，他们活动交往的核心目的在于通过经营的方式来获得经济上的利益。因此他们之间所应当适用的法律规则，相对于其他法律部门必然相对淡化对于公平、公正的诉求，而把更多的着眼点放在如何获得更佳的效率、灵活性与确定性和可预测性这几大价值之间的有机平衡上。

总而言之，笔者认为理解商事惯例的本质属性不在于其所调整的具体事项范围，也不在于是否具有契约性质，核心要旨在于接受并推动其发展的是服务于商人这个特殊群体的根本需要。该群体行为的特殊性和他们所掌握的特别技能以及他们的核心价值追求，导致商事惯例的起源发展和演进与其他法律部门相应的形貌具有根本上的区别。法律的发展具有很强的

---

❶ ［法］埃米尔·涂尔干. 社会分工论［M］. 渠东，译. 北京：生活·读书·新知三联书店，2000：214.

❷ 需要指出的是，这里说的统一是指其行为模式不因国界和民族的界限而有所不同，绝不是指国际商事法律制度与其他法律相比没有任何个性。

继承性和延续性。现在的商事惯例的起源可以追溯到过去的商人法，是中世纪甚至更早的商人法不断发展和改进的产物。虽然商事惯例的外延、法律渊源甚至核心原则以及调整范围在历史的发展过程中经历了巨大的变迁，但是其作用于并受到商人社会的总体利益影响的根本内涵是没有变化的。从这个意义上来说，商人社会和国家的相互地位和作用关系是理解商事惯例发展脉络的重要理论工具。

同时，必须指出的是，满足商人社会的需要不意味着必须通过商人群体的内部行为来产生规范以达到满足商人社会需要的目的。对于商人社会群体的需要以及调整商事交往法律关系之特别需求并不一定非得通过商人社会自我产生自治性规则来达到上述目的。法律渊源只是法律产生的方式和效力的来源，商人社会自发产生的规则不一定优于国家制定的法律规则。因此，有必要从历史的发展过程角度来深入探究以上两类规则之间的互动关系。

第二节　商事惯例发展的历史维度探究

一、启蒙时期：古希腊和古罗马时期的商人社会与商事惯例

早在古希腊和古罗马时期，商人作为一个群体就活跃在历史的大舞台之上了。在当时的欧洲南部，地中海沿岸每天都有来自四面八方的船舶进行交易。该海域可以说是天然的贸易场所，其海域广度适中，海情也相对不是非常复杂，更重要的是其周边有大量的天然良港，且物产禀赋各不相同。❶ 在这种大环境之下，通过海上贸易来赚取利润作为自己的职业在当时来看应该是一个好主意。在地中海先后出现了欧洲历史上两个最伟大的文明和商业中心，一个是中心位于巴尔干半岛的古希腊文明，另一个是中

---

❶ Filali Osman & A Mahiou. Vers une lex mercatoria mediterranea：harmonisation, unification, codification du droit dans union pour la me'diterrane'e [M]. Bruylant, 2012：4.

心位于亚平宁半岛的古罗马文明。

　　古希腊时期，民族国家并没有形成，但是商人这个群体的交易以及对法律的认知已经达到了很高的程度。公元前4世纪，在地中海东部就出现了大量的海上交易的法律争端与法律问题。俄国著名法学家维诺格拉多夫认为"国际私法"就诞生于那个时期的希腊，但他口中的"国际私法"并不是指的现代意义上的冲突法规则，而是指建立在通行原则和商业习惯基础上的所谓希腊的"普通法"。❶ 这种法律并非任何城邦国家主权者制定的法律。该观点一经提出就遭到了质疑，反对者怀疑某个邦的公民在那个时候是否真的能够在另外一个城邦获得公正的司法救济。❷ 不过即便是质疑者也承认，由于当时希腊各城邦之间的法律差异性很小，而且它们之间签署了许多实体性条约，使得跨国法律问题并不是十分突出。例如，在一次希腊公开举行的演讲辩论会上，一个演讲者甚至反问道："对于我们所有的希腊人来说，难道涉及商事案件的法律与正义会有区别吗？"再有，当时的海上贸易相对简单，古希腊的商人订立合同的技术又十分的高超，甚至将船舶抵押和共同海损这样复杂的法律问题也可以通过合同的条款加以完美的解决。❸ 因此即便出现争端，他们也能找到比法官更好的解决争端的方法和路子。另外，当时希腊不过是一个地理和文明认同的概念。从政治上来说，其分裂为数十个大大小小的城邦，每个城邦都不能单独垄断海上贸易。此外，城邦与城邦之间、城邦与外邦之间还经常发生大大小小的战争，诸如艾伊娜岛战争、提洛同盟战争、伯罗奔尼萨战争、第二次神圣战争、科林斯战争等。因此，对于古希腊的统治者来说与其花大量精力关注海上贸易纠纷，不如思考如何加强军备和对外作战来的实惠与迫切。古希腊城邦对于海上贸易纠纷的规则往往是商人们之间自发产生并自发解决的。

　　分析上述现象，我们并不能得到自发性的规则优于"国内法"的结

21

---

❶ Paul Vinogradoff. Historical Types of International Law ［M］. Clarendon Press, 1928: 262.

❷ Alex Mills. The Private History of International Law ［J］. International and Comparative Law Quarterly, Vol. 55, 2006（1）: 5-7.

❸ ［美］弗里德里希·荣格. 法律选择与涉外司法 ［M］. 霍政欣，等，译. 北京：北京大学出版社，2007：9-10.

论。这是由于，在古希腊时期，当时的城邦并无能力对海上贸易提供相应的交易规则。而且从当时的交易情况来看，其交易的复杂程度并不是很高，空间跨度也不是很大。所以一些较为初级和原始的习惯性规则就可以满足当时的交易需要，商人之间对于规则的认识也不会出现非常大的差异。

后来古罗马灭亡了古希腊，取得了欧洲的统治权。与古希腊的存在方式不同，古罗马在分裂为东西两个部分以前，不管是实行共和制还是独裁制，其国家职能都是非常强大的。几乎整个欧洲都被纳入其版图，一直处于大一统的状态。在这种大的背景下，一种强势的国内法律体系便应运而生了，这就是伟大的以民法为中心展开的罗马法体系，其精密和合理的程度令人瞠目结舌，很多立法技术即便今天仍然无法超越。恩格斯甚至对古代罗马法做过这样的高度评价："罗马法是纯粹私有制占统治的社会生活条件和冲突的十分经典的法律表现，以至一切后来的法律都不能对它做任何实质性的修改。"❶ 但是，这样优良的法律在当时的国际贸易中却无法适用，这并不是因为罗马法本身不能适用于外邦人，而是因为罗马的统治者和法学家对外邦人抱以一种非常歧视和轻蔑的态度，认为外邦人是未开化的，再加之不具有罗马的公民权，因而无法理解罗马的法律规定。而他们的习惯法中又充斥着蹩脚而又可笑的规定。❷ 不过与外邦人的经济交往对于帝国来说又是不可或缺的，这就迫使他们必须解决随时可能产生的法律争端。或许是受古希腊设立特别商事法庭做法的启发，公元前 242 年，罗马政府设置了专门的机构，并任命外事裁判官（Praetor Peregrinu）来裁决有关的涉外商事纠纷。在解决纠纷的过程中，裁判官适用了一种独特并普遍适用的法律体系，此法律体系借鉴了不少的外国法律制度，尤其是源自古希腊的法律制度，而且相对于适用罗马内部的市民法这些法律更加灵活❸。西塞罗认为，这套法律规则建立于自然理性的基础之上，具有普世

---

❶ ［德］弗里德里希·冯·恩格斯. 论封建制度的瓦解和民族国家的产生 ［M］//马克思恩格斯全集（第二十一卷）. 北京：人民出版社，2008：454.

❷ 宋阳，刘霖. 刍论跨国商法———一种新的国际商事规则体系初探 ［J］. 河北师范大学学报（哲学社会科学版），2009（6）：42.

❸ Patrick J. Borchers. The Internationalization of Contractual Conflicts Law ［J］. Vanderbilt Journal of Transnational Law, Vol. 28, 1995（3）：424.

意义，因此称之为万民法（Jus Gentium）。不过需要指出的是，万民法虽然重要，其在罗马法中的地位却有些尴尬，梅因对万民法就做出了这样的中肯评价："万民法虽始为市民法之附属，出身卑微且未臻完善，但浸成巨观，其他诸法均须与之协调。"❶ 这个评价虽然高度肯定了万民法的重要性，但再宏观伟大，也不过是古罗马市民法的一个"出身卑微的附属品"而已。同时，万民法的出现几乎完全替代了原来商人间的习惯和外邦习惯。正如公元 2 世纪罗马著名法学家盖尤斯所指出的那样："罗马人为自己制定的法是他们国家的特殊的法，并且称为市民法，即罗马市民自己的法；根据自然原因在一切人当中制定的法为所有的民众共同体共同遵守，并且称为万民法，这是一切民族所共同使用的法。因此罗马人民一方面使用他自己的法，另一方面使用一切人所共有的法。从这点上来说万民法产生并适用于几乎所有的契约，例如，买卖、雇佣、合伙、储蓄、借贷以及其他的许多合同。"❷

23

从上述论证我们不难得出这样一个结论：古罗马时期商人世界的习惯性法律的规则处于一种明显的弱势地位，几乎完全受制于罗马国内法律体系。虽然古罗马针对国际商事交易的特殊性也对罗马法进行了一定的改造，而且专门建立了解决跨国商事交往的司法机构，但无论如何也不能改变古罗马时期商人群体完全受制于国家的这样一种状态的事实。

到了安妥怒尼斯皇帝❸时代，为了扩大财政收入，皇帝颁布了"卡拉卡拉敕令"（Editto di Caracalla），该敕令也被称为"安妥怒尼斯宪法"（Constitutio Antoniniana），该法令赋予了所有罗马帝国境内的人以罗马公民的资格。这直接导致了所有罗马境内的居民在从事交易时都只能适用同一

---

❶ 原文为：From an ignoble appendage of the jus civile, the jus gentium came to be considered a great though as yet imperfectly developed model to which all law ought as far as possible conform. 见 Sir Henry Sumner Maine. Ancient Law［J］. John Murray，1908：50.

❷ 转引自 Henry Clark. Jus Gentium - Its Origin and History［J］. Illinois Law Review，Vol. 14，1920（3）：344.

❸ 安妥怒尼斯皇帝，全名为马尔库斯·奥列里乌斯·安妥怒尼斯·卡拉卡拉。其中卡拉卡拉是他的小名，也是其最广为人知的名字。他通过谋杀等卑鄙的手段登上王位，公元 186 年至 217 年在位。他也是古罗马有名的独裁者和暴君，在位期间四处开战，多次与波斯的帕提亚帝国进行战争。为了支撑对外作战，他通过各种手段加强对国内经济的控制，其中就有试图通过对民众交易的法律控制来攫取更多的税收来支持其庞大的战争开支。

种法律❶，从而消除了万民法的生存空间。商人社会法的地位在这个时期变得更加艰难。但是，万民法中符合商人需要的一些要素，如灵活性、效率性等法律原则并没有完全消失，而是融合在新的罗马法中，从而对罗马法造成了潜移默化的影响。有法律史学家认为这是罗马法与古希腊法的融合。❷ 但在笔者看来，这更多的是旧有习惯法规则在罗马法的夹缝中寻求生存的一种表现。

从上述历史事实我们可以很清楚地认识到，古罗马时代的商人群体，受制于强大的罗马帝国的压力，无法真正创造出并光明正大地适用属于自己的法律。虽然为了照顾他们的需要，外事裁判官适用了一种更加灵活的法律制度体系，但这完全是一种施舍性质的。商人群体始终处于一种被动接受的状态。不过，即便如此，坚强的商人群体法仍然在罗马法中找到了自己的生存空间，虽然这种生存的空间极为狭小。其核心体现就是古罗马的万民法与市民法的相对分离以及万民法具有相对灵活性的特征。这在客观上确实满足了商人进行跨国交往的需要，这种特征的存在也直接便利了罗马法在中世纪的复兴。

二、发展与辉煌时期：中世纪时期的商人社会与商事惯例

公元 476 年，不可一世的西罗马帝国被日耳曼野蛮部落灭亡，分裂为大小十余个国家。整个欧洲进入了所谓的"黑暗时代"。日耳曼人的入侵对于商人社会的法律来说就像一把双刃剑：一方面，日耳曼人的军队打破了强大的罗马帝国对法律的垄断，使得商人们之间的交易制度能够不再依附于国家的法律体系和外事裁判官的权力；另一方面，代替罗马帝国的强

---

❶ 也有一种观点认为，在古罗马帝国统治比较薄弱的边远地区以及相对远离大陆的海上贸易中，古罗马的商人也发展出一些商事习惯，这些商事习惯独立于《优士丁尼法典》之外并一直存在到公元 11 世纪。但从后来的历史发展来看，这些习惯显然是不成熟和被边缘化的。因为这些习惯无法在罗马的外事裁判官那里得到适用。具体的论述可见 J. A. C. Thomas. Custom and Roman Law [J]. Tijdschrift voor Rechtsgeschiedenis，Vol. 39, 1963（1）：43. 另外还有学者指出，基于与前述同样的理由，在古罗马商事习惯无法成为独立的法律渊源，只能依附于罗马法并对其产生潜移默化的影响。见 Arthur Schiller. Custom in Classical Roman Law [J]. Virginia Law Review，Vol. 24, 1938（3）：274-282.

❷ Olga Tellegen-Couperus. A Short History of Roman Law [M]. Routledge Press，1993：67.

权法兰克帝国并不是一种拥有海上贸易的地中海文明，而是一种以土地为中心的经济文明。而且其实力与古罗马相比也不在一个数量级上，周围还强敌环伺。这就必然导致国家的职能有所收缩，而将调整商事社会的交易的职能还给商人社会自身。

另外，商人社会自身的力量在这一时期也大大加强了，这种现象尤其到了11世纪以后越发明显。对于产生这种现象的原因，可能是以下几个事实综合作用的结果：

首先，农业经济的改造和欧洲城镇化的发展是商人群体得以发展的重要经济条件。中世纪时西欧的城镇化运动，使得大量的农民离开土地进入城市谋生。这些脱离了庄园的农民有的变成了工匠，但是也有不少人选择了商人这个社会角色来作为自己终身的职业。

"在1050年，西欧大约2000万的总人口中，约有几十万人生活在几百个城镇中（这些城镇很少有居民超过几千人的），而截至1200年，在4000万人口中，就有约几百万人生活在几百个城镇中（它们中有许多人口超过2万，甚至人口在10万以上）。人口密度的加大导致对商业的需求变得十分迫切，同样以人口进行对比在1050年，西欧商人阶级的数量只有几千人，但是到1200年，他的数量竟达几十万人。"❶

而且，在农业经济向城镇经济转型的过程中，商人群体的内部构成也发生了明显变化。在中世纪以前乃至中世纪初期，商人的人员所属的阶层较为低下，大多是破产者和无家可归的外邦人。一方面，他们身份低贱，被当时社会所鄙视；另一方面，他们不具有职业性的特征，一旦能够改换门庭，他们就会毫不犹豫地选择稳定的生活。但这种情况，在中世纪中期和后期得到了极大的改变。主要是当时贵族群体出现了分化，一些贵族由于常年的战争和奢侈的生活濒临破产，但是他们又不愿意放弃奢侈的生活。为了摆脱这种经济窘境，贵族对从事商业的兴趣逐渐浓厚。❷ 这种社会阶层间的流动极大地改变了商人阶层内部的构成。社会中的精英人物开始从事商人这个职业。毫无疑问，这必然会大大加强商人作为一个群体的

25

---

❶ ［美］哈罗德·J. 伯尔曼. 法律与革命——西方法律传统的形成［M］. 贺卫方，等，译. 北京：中国大百科全书出版社，1993：408-409.

❷ 张薇薇. 中世纪西欧商人兴起与法律：11-16世纪［D］. 北京大学博士论文，2005：41.

力量。

我们可以清楚地发现一个稳定的商人阶级就逐渐形成并固定了下来，而且人数不断发展，规模不断扩大，质量稳步提高，已经形成了一股较为强大的社会力量。其中一些商人同盟甚至强大到可以和国家对抗的程度。例如，中世纪时期由商人组成的强大商会，如汉萨商业同盟等就曾经对于那些不尊重商会成员财产权的封建政府以贸易禁运等措施作为报复手段以获取赔偿，甚至一些商会还通过战争手段来迫使地方封建政府与他们签署合约。❶

其次，十字军东征带来的交通大发展给商人社会带来了便利的技术条件。在中世纪的欧洲，虽然各国之间纷争不断，相互攻伐不止，但是他们却有两个共同的敌人：一个是伊斯兰世界的异教徒，另一个是被视为持异端邪说的叛教者拜占庭人。为了进行东征，十字军征发了大量人力在欧洲修筑了为数甚多的栈道和驿站，这些军事用途的基础设施却为商人们利用，变成了他们从事商业往来的重要依托。而为了寻找传说中东方的基督徒皇帝约翰，又有大量的海船下海远航，这在很大程度上带动了海上航运业的发展。在公元 11~15 世纪这几百年内，单单法国境内就开辟了 25 000 公里的道路，自 1297 年起，欧洲的商船就控制了欧洲北部以及地中海乃至非洲中部的海上贸易。最早的通商运河也在波罗的海与易北河之间开辟了。❷

最后，世俗权力与教会之间的竞争给了商人群体壮大自身实力的机会。在中世纪时期，欧洲的王权自始至终就没有像中国的皇权那样强势。相对地，教会的实力在中世纪时期发展到了顶点，他们掌握着"赦罪权"和欧洲几乎一半的土地财产权。此外，教会还经常通过支持豪强市民

---

❶ Avner Greif, Paul Milgrom, and Barry Weingast. Coordination, Commitment, and Enforcement: The Case of the Merchant Guild [J]. Journal of Political Economy. Vol. 102, 1994 (4): 745-746. 又见 Avner Greif. Contract Enforceability and Economic Institutions in Early Trade: The Maghribi Traders' Coalition [J]. American Economic Review, Vol. 83, 1993 (3): 525-548.

❷ [法] 布瓦松纳. 中世纪欧洲生活和劳动：五至十五世纪 [M]. 潘原来，译. 北京：商务印书馆，1985：292.

（Potientores Burgense）来压制与限制封建王权的权威❶。这种强势的权力使得欧洲的君主们都感到惴惴不安。为了自身的利益，欧洲的君主开始寻求与商人构建同盟。爱德华三世、路易十一等君主都大力鼓励商业的发展，给予了商人群体不少的优惠条件。从 11 世纪开始，西欧各地的国王、君主批准建立集市的文告迅速增多，西欧一下涌现出几千个规模较大的集市。到了 13 世纪，集市已经遍布欧洲各地，同时行商也受到了各种积极的保护❷。

随着商人阶层的固定并逐渐强大，也激发了商事造法活动的动机与动力。由于商事实践的反复性和逐利性，当时商人社会的立法活动是完全以商业惯例作为核心的。正如一位美国学者所总结的那样："在阿尔玛菲、比萨、热那亚、威尼斯、马赛、巴塞罗那、黎凡特地区、汉萨商事同盟城市，商事法律并不是通过立法活动建立起来的。法律的形成是一个过程，一个自然生长的过程。"❸ 同时为了使这些不成文的惯例为人所广泛熟知，商人社会也开始了对惯例成文化的编纂工作，例如，十字军在第一次东征时期，由意大利商人自发组织起草的《阿尔玛菲表》就得到了意大利沿岸几乎所有共和国的承认。又如，西班牙商人起草并被巴塞罗那领事法庭所遵行的《康索拉多海事法典》（Consolato del Mare）被认为是中世纪时期对商人交易惯例，尤其是在地中海地区进行海上贸易的惯例之编纂的里程碑式的工作。❹ 此外，《维斯比法典》和《奥莱龙法》也是商人制定并在波罗的海航线为商人们广为遵守的惯例汇编。❺

更加重要的是，在这一时期欧洲出现了真正自治的商事法院。与古罗马时期的商事法庭不同，中世纪时期的商人法院没有任何官方背景，而完全是由商人组成的。商事法院由市场法院、商人行会法院和城市法院组

---

❶ ［美］迈克尔·E. 泰格. 法律与资本主义的兴起［M］. 纪琨，译. 北京：学林出版社，1996：94.

❷ 张又惺. 西洋经济史［M］. 北京：中国文化服务社，1948：72.

❸ William Wirt Howe. Jus Gentium and Law Merchant［J］. American Law Register, Vol. 50, 1902（7）：384.

❹ James Kent. Comment on American Law［J］. Vol. 3, O. Halsted, 1832：10.

❺ 需要特别指出的是，关于此观点事实上是有争议的，限于本书的结构，该争议将在本章第四节予以论证。

成。这些法院在行使职能时适用的通常是商人们的自治性规则而非王侯所制定的法律。

其他各种类型的商事法院终于也在西方各地逐渐发展起来。在英格兰、威尔士和爱尔兰，所谓的贸易中心城镇法院在 14 个城镇得以建立。这 14 个城镇是英国在某些"主要"产品——尤其是羊毛、皮革和铅方面进行频繁贸易的渠道。弗兰德和德国商人及银行家经营着大量这种贸易。按照 1353 年《贸易中心城镇法》的规定，每一个贸易中心城镇的商人及其仆人，在所有涉及贸易中心城镇的事情上都应该"由商法所支配，而不是由国家的普通法支配，也不是由城市、自治城市或其他城镇的习俗所支配"。❶

以上是在中世纪时期，跨越国界的商人法已经完全超越甚至取代了封建政府制定的法律，成为当时支配商人群体自治法律的证据。伯尔曼教授甚至认为，西方强调法律面前人人平等、权利互惠以及契约精神的法律传统就是在那个时期形成的。而这些在很大程度上得益于这样一个历史事实：商人们构成了一种自治的社会共同体，这种共同体被划为宗教兄弟会、行会和其他社团。❷ 该社团事实上就是一种稳固的社会群体，他们可以自发地产生并通过自己独有的司法程序来执行他们自己的而非来自封建城邦政府的法律制度。伯尔曼教授的观点影响了后世许多学者，以至于形成了"自治性商法浪漫学派"。这些学者往往在构建自治性的商法体系的理论时，用中世纪的商人法作为其历史正当性的依据。例如，施米托夫教授认为，旧的商人习惯法为国际性人所共知，几乎到了"不必赘述"的程度。他把旧的商人习惯法能够保持统一归结为以下四个原因："集市法的统一性；海事惯例的普遍性；处理商事纠纷的专门法院；以及公证人的各项活动。"❸ 在他看来，由于自治性的商人习惯法不必受到主权国家立法的约束，加之商人的流动性以及自发的组织性，决定了商人群体内部必然会形成一种"共识"。换言之，商人这个群体会共同承认某类习惯性的规则。

---

❶ [美] 哈罗德·J. 伯尔曼. 法律与革命：西方法律传统的形成 [M]. 贺卫方，等，译. 北京：中国大百科全书出版社，1993：422.

❷ [美] 哈罗德·J. 伯尔曼. 法律与革命：西方法律传统的形成 [M]. 贺卫方，等，译. 北京：中国大百科全书出版社，1993：421.

❸ [英] 克里夫·施米托夫. 国际贸易法文选 [M]. 赵秀文，等，译. 北京：中国大百科全书出版社，1993：5.

因此，这种习惯性的规则就能够成为整个商人社会所普遍适用的法律规则。澳大利亚著名学者里昂·特拉克曼教授也持同样的观点，他引用杰拉德·马力纳在 1622 年发表的一段经典言论来支持其观点："我将此书命名为'商人法'是根据其古老的名称 Lex Mercatoria 而不是 Ius Mercatorum，因为此法律本质上是一种习惯，是被所有的王国和共同体的商人所认可的。"❶ 另外一位权威的商事惯例学者布鲁斯·本森在编写商人法词条时直接将商人法定义为一种自发形成的普遍性规则："商人法，一般是指掌控中世纪整个欧洲商事交易的习惯性法律。尽管其具有习惯性的本质，然而，中世纪的商人法确实构建起了一整套的法律制度体系。事实上，欧洲商业交易的每一个方面都受到了这种私人制造的、私人裁判的和私人实施的法律体系的调整长达几个世纪之久。"❷ 约翰内斯堡大学的查尔·雨果教授则从法律运作的角度指出："在本质上，商人法是一种在商人法庭中被普遍适用的法律规则，这种普遍性体现在商人群体之中。从这个意义上来说，其可以被描述成在超国家的层面进行运作的法律。"❸ 国内学者左海聪教授也认为："中世纪的商人法所具有的普遍性和优于一般法律的潜在特征，使它在中世纪成为扩大整个西方世界商事交往的基础，直到西方资本主义革命时期。"❹ 姜世波教授也持相似的观点："此时的商人习惯法即事实上支配那些往返于商业交易所在的文明世界的各港口、集市之间的国际商业界普通适用的国际习惯法规则。这些商人习惯法的国际性及其在中世纪始终保持统一主要体现在集市法的统一性、海事惯例的普通性、处理商事纠纷的专门法院以及公证人公证的大量标准合同。"❺ 总结起来，以上学者的一个共同观点是：在中世纪时期，商人社会的法律规则是自治的且被普遍接受的，能够自我运行并自我调整商人之间的一切交易争端。

29

---

❶ Leon E. Trakman. From The Medieval Law Merchant to E-Merchant Law [J]. University of Toronto Law Journal, Vol. 53, 2003 (3)：271.

❷ Bruce L. Benson, Law Merchant [M] //in The New Palgrave Dictionary of Economics and the Law, Palgrave Macmillan, 2004：500.

❸ Charl Hugo. The Legal Nature of the Uniform Customs and Practice for Documentary Credits：Lex mercatoria, Custom, or Contracts? [J]. South Africa Mercantile Law Journal, Vol. 6, 1994 (2)：144-145.

❹ 左海聪. 商事惯例 [M]. 北京：法律出版社，2013：6.

❺ 姜世波. 商法的国际化 [J]. 大连海事大学学报，2006 (2)：14-15.

可是，上述观点实在无法解释一个问题：既然自治性的商人法如此"理想"又如此"美好"，那何以在民族国家出现之后就轻易地被"打倒"❶了呢？即便是施米托夫教授也承认，在民族国家出现后，国家的法律替代了商人法的作用，成为调整民商事交易的主要法律渊源。商人法只能以一种精神性的形态继续存在于各国的民商事法律体系之中。❷ 那么，我们不禁反思，究竟是什么原因让这种美好又完美的规则体系一下子消失于无形呢？恐怕很多人都会怀疑这种规则是不是本身出了什么问题，通过研究，我们发现至少在以下几个层面，作为自治习惯性规则的商人法是存在巨大瑕疵的。

（一）中世纪时期的"商人法"缺乏普遍性

在展开本节讨论前，笔者需要申明的是，由于缺乏相应的史料支持，对于古希腊时期的国际商事法的具体发展状况无法深入地展开论述。不过可以肯定的是，中世纪时期的商人法规则的发展程度肯定远远高于古希腊时期相对应的自治性法律规则的发展状态。因此，笔者如果将中世纪时期的商事惯例所存在的缺陷分析列举清楚的话，那么根据举轻明重的原则，更为原始和简单的古希腊时期之商事惯例所存在的缺陷以及其被罗马法所取代的原因就可以大体地被推断出来了。

事实上中世纪所谓"商人法"的普遍性特征根本没有上述学者想象的那么简单。近年来，西方有学者对位于英国的圣埃文斯法院（St. Ives court）所存留的中世纪时期的法院判决文稿进行了综合性、整体性的研究。❸ 他们发现在该法庭中确实适用了所谓"商人准据法"（Secundum Legem Mercatori-

---

❶ "打倒"是戈德曼教授评价商人法两度消失，又两度复活时所使用的比喻性说法。

❷ ［英］克里夫·施米托夫. 国际贸易法文选［M］. 赵秀文，等，译. 北京：中国大百科全书出版社，1993：23.

❸ 圣埃文斯法院是英国在中世纪时期最为著名的商人法庭之一，该法庭存留有欧洲最为完整的案件判决与执行的文稿。因此，引起了西方学者对其进行实证性研究的兴趣。现任耶鲁大学的史蒂芬·爱德华·萨克斯教授在 2002 年提交的他在哈佛大学历史系所完成的学士论文就是关于这个法院的集中性研究。参见 Stephen Edward Sachs. The "Law Merchant" and the Fair Court of St. Ives 1270-1324, Harvard AB Thesis, 2002.

am），这个词事实上就是 lex mercatoria 的变形。❶ 但这类规则从实际的适用情况来看，其所指向的并不是所谓在西方世界普遍适用且具有统一性的法律体系，而是在一个个具体的案件中，模糊地强调某种对这些具体案件应该特别适用的原则和规则。这些原则和规则混合了本地的习惯和所谓的公平交易的原则。在适用这些原则或规则时法官往往会强调"根据商人法"，并且声称这些规则是"普遍适用于所有商人之间的规则"。事实上，法庭的资料并没有留下十分充分的证据证明这些规则与当时英国的城镇习惯有什么本质的区别。正好相反，这些商事习惯带有很强的本地色彩。不同的法庭很可能对商人法的规则存在不同的认识。但是学者们却错误地将其误认为是一种单一的、普遍的适用于整个商人社会的统一法律体系了，这无疑是一种误解。❷ 而且，在该法庭长达几百年的案卷中，真正适用所谓商人法的案件也不多，而且基本和国际商事交易中实体性规则关联不大，大多都是一些程序上的规范。根据耶鲁大学史蒂芬·萨克斯教授的统计，在该法院中只有 7 个案件适用所谓的商人法规则来对案件的实体性争议进行了裁决，适用的事项分别是："货物扣押（其中又包含：包括有几个起誓的帮手要求对他们索赔，这些仆人们在他们主人的位置时是否会这样做，货物被卖掉后偿还债务的时限）；通过支付定金达成销售协议；在宣誓断讼法过程中需要质押；当提起诉讼时需要指定一个王朝年份；蜡封之债的有效性；国王对假冒甘草销售进行索赔；第三方屠户有权干预鱼和肉的销售。"❸ 显然，从实证主义的角度来看，当时所谓的商人法根本不涉及远途的国际商事交易，而是一些本地化的、特定事项的习惯。

美国西北大学的艾米丽·凯登斯教授同样发现，中世纪商人法并不存

---

❶　对于这两个词的区别，德国 18 世纪的格罗斯（Gross）律师专门进行了考证，最终他指出这两个词的区别就在于一个是应然存在的法律规则，一个是经过法庭识别后可以适用的商人法。于是他将 secundum legem mercatoriam 翻译为：根据商人法（according lex mercatoria）。参见 Stephen Edward Sachs. The "Law Merchant" and the Fair Court of St. Ives 1270–1324, Harvard AB Thesis, 2002：30.

❷　Stephen Edward Sachs. From St. Ives To Cyberspace：The Modern Distortion of The Medieval "Law Merchant"［J］. American University International Law Review, Vol. 21, 2006（5）：694–695.

❸　Stephen Edward Sachs. From St. Ives To Cyberspace：The Modern Distortion of The Medieval "Law Merchant"［J］. American University International Law Review, Vol. 21, 2006（5）：730–731.

在统一性的特征，这一点在商事习惯层面表现得尤为明显。在凯登斯教授看来，中世纪时期的商事习惯从本质上来说是没有约束力的，而且这些习惯在不同的地方不同的国家也是不一样的。她认为："如果硬要说中世纪时期存在跨越国界的商人法的话，那这种法律也不是由商人间的可以反复适用并默示同意的习惯所组成的。所谓的商人群体之间透过习惯达成的统一性法律不过是一种后人臆想出来的幻象而已。"

凯登斯教授首先对商事习惯进行了定义，她借用了著名学者巴托鲁斯对于构成法律的习惯的定义：若想使一个规则构成一项具有法律约束力的习惯，必须证明一个群体默示地同意这种规则所要求的行为模式，当有人违反这项规则时，必须导致法律上的不利后果。否则，即便一种行为模式再普遍，那么其也只能构成一种通例或者是商业技术手段，而不能称之为构成法律的习惯。然后，她通过分析整理中世纪时期商人习惯的证据，指出过去将中世纪商人法理解为商人之间的习惯性法律规则的说法是证据不足且无说服力的。❶

有实证性的考证指出，根本没有证据表明在中世纪时期商人社会中存在明显的自治性的习惯法律规则。

"在中世纪的贸易文献中我们找不到任何有关货物买卖或者贸易的任何商事习惯的证据。在14世纪，一个叫佛兰希克斯·彼加洛蒂的佛罗伦萨商人书写了一个很长的'行商指南'。他花了大把的篇幅书写了大量的交易规则，诸如如何称重和丈量、货币的兑换以及票据的使用技巧等。但是其中没有任何关于买卖货物的习惯的记载。无独有偶，一个名叫约翰·布朗利的布里斯托商人在16世纪晚期写给他的儿子一本生意手册，在这本手册中他同样写了很多商业实践中要注意的事项，对于交易要遵循的规则，这位商人却告诫他的儿子到了一个地方，要遵守当地的法律，而且特别强调要询问四周的人'当地'的'商事惯例'。在1643年，位于荷兰安特卫普的一家叫范·科伦·格罗特的公司所编写的交易手册同样记录了大量的货物质量、称重方法以及货币兑换规则，但是同样没有记录任何货物买卖

❶　Emily Kadens. The Myth of the Customary Law Merchant［J］. Texas Law Review, Vol. 90, 2012（5）：1170-1176.

的商事惯例。"

而且，凯登斯从另外一个角度指出，虽然欧洲中世纪时期确实存在民间的商业习惯，但是这种习惯无疑是缺乏统一性的：在不同的地区、不同的行业、不同的行业协会甚至不同的商人之间就存在着完全不同的商业商事惯例。

"例如，在不同地区的商人所遵循的商事习惯就有所不同。在 16 世纪的安德卫普，作为卖方的商人向法庭提交了 11 名专家的意见，如果买方欺诈并且将货物转移给了第三方，根据'安德卫普的商业习惯'，没有拿到货款的买方可以扣留和取回货物，而不论这批货物是在买方手中还是在第三方的手中。而作为接受货物的第三方，则针锋相对地找到 6 名律师证明，根据交易地勃艮第的习惯，受骗的卖方只能在货物处于欺诈的买方手中时才能享有扣押和取回货物的权利。又如，在 17 世纪时一名叫马提亚斯·马雷沙尔的律师讲述了这样一个故事：一个巴黎的商人从一个鲁昂的商人那里得到了一张票据，当票据到期三天后，巴黎的商人要求付款，但是他却得不到任何款项，因为票据的付款人已经破产了。这样由谁来承担这种商业风险引发的纠纷？由于一个地方和一个地方的商业惯例根本就不一样。巴黎最高法院在裁决的时候不得不征询巴黎和鲁昂两地商人的意见。而到了最后马雷沙尔写道，连商人也不能给出一个清晰和统一的意见。"❶

凯登斯教授对此总结道：在中世纪时期，所谓的商人商事惯例是属于一个特定范围内的群体的。一方面，中世纪的商人们相信商业习惯是属于个人的而不是国际的。在进行交易的时候商人想到的并不是所谓的国际交易惯例，而是本地的习惯和地方成文的法律。❷另一方面，从商人组织的角度来看，虽然，当时的欧洲存在有规模很大的商会组织，这很可能为商人们之间分享和使用共同的交易规则创造了条件。但是，这些规则很可能只是在商会内部适用，对于其他商会可能完全不适用。有证据表明，为了

---

❶ Emily Kadens. The Myth of the Customary Law Merchant [J]. Texas Law Review, Vol. 90, 2012 (5)：1180.

❷ 17 世纪，英国的一位学者曾对中世纪的票据商事交易做出了这样一种总结：对于签发一张汇票来说，如果当事人和经纪人没有明确提出其他条件的话，那么处理这张汇票必须按照"票据上所指明的地点之商事惯例和法律"来确定支付时间、支付种类等支付事项和支付行为。

与其他商会做出区分，甚至很多商会故意使自己商会的规则与其他商会不同来突出该商会的个性。❶

（二）中世纪时期"商人法"的非体系性和不明确性

许多学者认为，中世纪的商人法是一种自发演进出来的法律体系。由于当时的国内法律不能满足商人们进行国际贸易的特殊需要，于是商人自己通过自身的交易行为。标准合同来自发地演化出一种自治性的法律秩序。❷

这种学说认为，商人们的交易是反复普遍的。因此通过反复的交易实践，一种固定的行为模式便会从交易中分化出来，从而成为商人们普遍遵守的规则。商法的规则是自成体系的，规则之间的差异只是细节上的，商法的主要原则和最重要的规则别无二致，或者说是"趋于同一的"。早期商人法发展出来的这种国际性特征实际上是商品交易关系的法律写照。"哪里有贸易，哪里就有法律""地方性习惯法—地域性习惯法—国际性习惯法"的法律发展路径，实际上也是商贸活动的发展轨迹。正如拉德布鲁赫所说："没有任何领域比商法更能使人清楚地观察到经济事实是如何转化为法律关系的。"❸

事实上，这恐怕只是学者们的一厢情愿。这是因为，交易的规则虽然大体上可能是相同的，但是在具体细节上却是五花八门的。商人在没有明确约定的前提下，不可能在任何细节上达成一致。事实上这也是当事人之间会产生争议的根本原因。在这种情况下，自发产生的商事规则，显然是难以满足填补当事人意思空缺，进而解决当事人之间的商事法律争端要求的。

---

❶ Oliver Volkcart & Antje Mangels. Are modern Lex mercatoria really rooted in medieval？［J］. Southern Economic Journal, Vol. 65, 1999 (3)：439.

❷ Berthold Goldman. The Applicable Law：General Principles of Law – The Lex Mercatoria, in Julian D. M. Lew, ed. Contemporary Problems in International Arbitraion. Queen Mary, 1986：113. 又如 Bruce L. Benson. The Spontaneous Evolution of Commercial Law ［J］. Southern Economic Journal, Vol. 55, 1989 (3). 再如郭翠星，唐郁恺. 商人法产生的背景、特征及现代商人法的兴起［J］. 湖北社会科学，2003 (5)：28-29.

❸ 毛健铭. 西方商事法起源探析——对中世纪欧洲商人法的历史考察［J］. 清华法治论衡，2004：439.

通常在谈及中世纪商人法的有效性和体系性时，学者们往往都先验地坚信：商人们的交易实践会产生一种精密的交易秩序，通过商人之间的交往和自律，这种规则就能够起到维护交易安全、建立交易秩序的作用。有这样一个故事来证明他们的这个观点：

"1292 年，一个叫卢卡斯的伦敦商人从一个德国商人那里买了 31 英镑的货物，没有付钱就偷偷离开了里恩的集市，也没有按照商法到集市法庭去回应对他的指控，此后，任何异国商人都不愿意在伦敦市民未付足货款时把东西卖给他们。卢卡斯从里恩逃到圣博托尔夫，然后又逃到林肯、赫尔，最后逃回伦敦，那个德国商人则一路追来。在担心名誉受损的伦敦商人们的提议下，卢卡斯被关进了伦敦塔，他的案件最终根据人身保护状由国王的政务会加以复审。"❶

笔者认为这个实例对于中世纪时期自治性的商事交易规则的证明力是值得怀疑的。在这个案例中，卢卡斯已经提走了货物，而故意不付货款，这种行为的恶劣性已经超越了商人们所能够容忍的底线，几乎到了"人神共愤"的程度，并不能因此证明商事惯例是一种行之有效的普遍性规则。事实上，大部分争议显然不会在商人们中间引发如此的"轩然大波"和"一致共识"。实际的情况往往是双方都各执一词，甚至都有一些道理是站得住脚的。在这种情况下，自发性产生的商事习惯能在多大程度上真正解决争议，不管是在中世纪时期还是在今天显然都是一个值得怀疑的问题。

在中世纪时期，卖方负责送货是一个普遍为人所知的商事惯例，但是却经常有关于送货的争议发生。有时，因为买方离卖方太远，而导致卖方拒绝送货，也有就送货的具体位置发生的争议，还有由于买方临时变换了营业地，而要求卖方转移送货的地方，从而引发了双方的龃龉。总之，发生的情况五花八门，根本很难用既有自治性习惯法来解决这类争端。对于这个问题，坚信中世纪时期商人法自治性的学者辩称：在当时，有商人们自治性组建的商人法庭来解决这些争端，他们会澄清既有的商事习惯规

35

❶　[美] 哈罗德·J. 伯尔曼. 法律与革命：西方法律传统的形成 [M]. 贺卫方，等，译. 北京：中国大百科全书出版社，1993：418. 国内引证该实例的论著主要有左海聪. 商事惯例 [M]. 北京：法律出版社，2013：6. 向前. 商事惯例自治性研究 [D]. 武汉大学博士论文，2009：46.

则。事实上，中世纪的商人法庭也确实有这样的诉讼程序来证明某种商事惯例的存在。在 1276 年的一个关于送货义务产生的纠纷中，法庭组织了由 10 名商人组成的陪审团，这个陪审团在当时被叫作"图尔巴"（turba）。这 10 名商人被法官要求诉说他们所知道的当地的商事惯例是否存在，并且要解释这些商事惯例的具体内容。但是，事实上在这个案件中，图尔巴的成员对于商事惯例内容的理解是完全不一样的。❶

甚至有些时候，对于一些基本的商事交易原则，商人们也可能产生不同的理解。例如，通常认为，诚实信用地进行交易是商人社会之间通行的行为准则。在一个案件中，一个日耳曼的客商将一匹驴子卖给了一个英国商人，但是这个驴子的眼睛有毛病。日耳曼的客商明知道这一点，但是没有告知买受人。买受人没有对驴子进行检验就付款并将驴子牵走了。后买受人发现了驴子的瑕疵要求退货，遭到拒绝。法官发现商人们之间的商事惯例根本无法确认这种交易行为是否违背了所谓诚信交易的商事惯例，最终还是适用了罗马法来裁决案件。❷ 而事实上，罗马法也确实一直构成了中世纪时期商人进行交易的规则基础。我们可以想见：在商业交易需要精细化规则的大前提下，法学家和立法者都不可能解决规则供给的问题；没有受过专门法律训练，每天专注于赚取金钱的商人是不可能解决得比法学家更好的。

此外，如前文所提及的商人们自发起草的《海事法典》等成文性的法律规范，姑且不论这些法律具有明显的特别法的性质，通过对其内容的研究，我们会发现，这些规则的基本内容大多是以罗马法为根本皈依的。几

---

❶ 一个商人认为，只有在离卖方不超过 6 个街区的情况下，卖方才有送货义务。另外一个商人则认为，要取决于货物的多少，如果货物多，那么送货的距离就应该短；反之，就应该远一些。又一个商人认为，送货的不应超出这个城镇的城墙，因为他从来没听说过有谁将货物送到了城墙外面。最后一个商人认为，不管多远，卖方都应该送货，因为他是一个鞋匠，当然希望人们多走些路。参见 Hubert Hall. Selected Cases Concerning the Law Merchant [M]. Selden Society Publishing, 1930：43.

❷ Mert Elcin. The Applicable Law to International Commercial Contracts and the Status of Lex Mercatoria-With a Special Emphasis on Choice of Law Rules in the European Community [M]. Dissertation. com Publishing, 2010：17-19.

乎所有的规则都可以在罗马法中找到根源和根据。❶

此外，又有学者辩护说欧洲中世纪时期的商人法庭对统一化、体系化的商人法的形成起到了至关重要的作用：商事法院在具体适用这些商人们公认的"习惯"去处理、解决商事纠纷和争议时，形成了一系列的商事判例，这些"判例"通过城市国家的汇编和广泛传播并系统化地发展成为"惯例"，在诉讼中无须再对这些"惯例"进行举证，从而也具有了普遍约束力。❷ 这些学者认为商人法庭有时会以"公正公平"的原则来处理案件，从而形成体系化的判例系统。但是，我们可以想见，在国际高度一体化和信息技术高度发达的今天，一个国家和仲裁机构的权威经典裁决尚不能影响全球的所有法院和仲裁机构，在信息闭塞、交通不畅的中世纪，商人临时性搭建的"灰脚法庭"怎么可能超越现在的条件构建起统一的判例法体系呢？所以我们认为，即便中世纪时期商人的商人法具有一定的自治性，但是其必然是零散的且不成体系的。

(三) 中世纪时期"商人法"执行力较弱

当一个商人违反了所谓的商人法规则时，如何强制执行这种自治性的商事规则，显然又成为一个自治性商人法难以逾越的问题。本森教授在谈及中世纪商人法时，认为自治性的习惯法规则体系从总体上来说，核心在于自愿执行 (voluntary enforcement)。❸ 笔者对此也抱有很大的怀疑，这种没有外部的强制执行的规则体系究竟真的可以称为法律吗？著名法学家奥斯丁在对法律的定性时反复强调："如果你表达或宣布一个要求 (wish)，

---

❶　有学者对中世纪的商人法典进行了研究，发现其内容大多和国家法律的规则并无二致。例如：无非是当事方自治、善意原则、合同必须信守、通知与合作原则。一些具体的制度诸如私人保证、物的取回、商事留置，等等，这些规则与罗马法的精神和原理是高度一致的。中世纪商人法正是在"扬弃"罗马法制度成果（主要是"万民法"）的基础上才得以发展和完善的，它的概念体系、原理体系、价值体系、方法体系都与罗马法存在着深刻的内在联系；另一方面，前已述及，天主教会对商事交易的宽容政策是商人阶层突起和商贸活动兴旺的意识形态前提。参见 Celia Wasserstein Fassberg, Lex Mercatoria—Hoist with Its Own Petard？[J]. Chicago Journal of International Law, Vol. 5, 2004 (1)：80.

❷　毛健铭. 商法探源——论中世纪的商人法 [J]. 法制与社会发展, 2003 (4)：132.

❸　Bruce Benson. The Enterprise of Law：The Justice Without the State [M]. Pacific Research Institute Publishing, 1990：11-19.

意思是我应该做什么，或者不得做什么，而且当我没有服从你的要求的时候，你会用对我不利的后果来处罚我，那么你所表达的或宣布的要求，就是一个'命令'。""一个命令区别于其他种类的要求的特征，不在于表达要求的方式，而在于命令一方在自己的要求没有被服从的情形下，可以对另外一方施加不利的后果，或者痛苦，并且具有施加的力量，以及目的。"❶ 此观点虽然被哈特予以驳斥，但是我们仍然不得不承认其具有相当程度的正确性与合理性。

一个规则体系，其若想生存必须具备一种保障机制，那就是必须鼓励别人去遵守它。那么，对违反其的人的惩罚或者强制执行就是使其维持活力的一个重要机能。我们姑且认为自治性的规则体系可以完美地形成，在正常的情况下也能够得到社会成员的遵守。在这种情况下，某个社会成员对规则的违反，我们也可以认同对规则的悖逆不会影响规则本身的法律性。但是，当社会成员对规则的违反没有受到任何的制裁，或者没有受到与其违反规则性质相适应的制裁时，那么其他成员对于这个规则的信心就会产生怀疑，最终使这个规则体系逐步没落甚至无效。在中世纪时期，由于没有统一强制执行机构，商人法的执行往往依赖于商人行会和商人自身来强制执行这种法律规则。

通常情况下，商人们通过自己的行会解决纠纷，而不是求助于封建官僚或教会的司法系统。行会的处罚规则是：为了保护每一个诚信商人的利益，违反商行规定的人将被驱逐出组织，即使不被驱逐也要接受罚款。违法者通常选择接受罚款，因为被驱逐出行会将给他们带来更大的经济损失。在一些情况下，这个规则也适用于那些未经行会同意擅自帮助非行会成员，削弱了商人对于商行所提供的安全保障信心的人。当一个商人感到被欺骗或注意到有商人在逃避抗击侵略者的战争时，他就可以通过散布此冒犯者的流言蜚语来建立一个制裁，这样此冒犯者的声誉便会受到影响。这种通过散布流言蜚语来建立一个信用机制的方式是对违反者的有效处罚，因为没人愿意同不可靠的商人进行贸易往来。另外，商行成员还可以

---

❶ John Austin. The province of jurisprudence determined [M]. Cambridge University Press, 1995. 转引自甘德怀. 从命令到规则：哈特对奥斯丁的批判——读哈特《法律的概念》[J]. 法制与社会发展，2007 (5)：34.

通过对其成员的不合理行为表示反对和抵触来建立一个商誉规则来区分令人讨厌的商人和值得信赖的商人。❶

但是，笔者认为，这种制裁方式并不是真正法律意义上的制裁，而是类似于社会对于违法者的一种"放逐"。就像在日常生活中，一个人不讲信用，没有人愿意和他进行交往，但这并不能等同于这个人承担了法律上的责任。当一个人的某个违法行为，在很长的一段时间才能承受因此而带来的不利法律后果时，人们往往会淡化他的违法行为和所承担的法律后果之间的联系，进而对行为所应当依照的法律制度体系之实效性产生怀疑和不信任。

从另一个角度来说，商会对于不遵守规则的成员的惩罚力度和效果也是令人怀疑的。商会对于商会内部的商人和外部的商人采取不甚相同的态度。12世纪中期，法国的一个行会法规规定："成为其中一个成员的敌人的外国人将被看作其所有成员的敌人。"这个规则意味着，即使是最不诚信的商人也必须得到行会的保护，只要他是其成员之一。因为并不是违法者所在行会的所有成员都想切断与其他行会的贸易关系，这是对违反不同商行组织间规则的商人通常的处罚方式。但是在实践中，由于不同地区商行间的往来较少，缺少促使跨行商人遵守其他商行规则的强制制度。各商行具有相对自足的封闭性和排他性，在不同商行的商人之间发生贸易摩擦时也没有相对成熟的争端解决方式，更没有力量能保证履行应该遵守的承诺，所以这种"以一及百"的规则对来自不同商行的商人之间是很难实施的。❷

总之，中世纪所谓的跨国商人法并不是像有些学者所指称的那样完美，其具有很多非常明显的缺陷。事实上，是不能完全满足商人社会的需求的。因此，随着民族国家的兴起，国家透过国家的立法行为，来对民族国家内部市场以及与市场相匹配的法律规则进行统一和精细化成为法律的重要进步。对此，商人社会显然是没有理由对法律规则的国家化持一种排斥态度的。

---

❶ 姜世波，范佳佳. 中世纪商人法真的是现代商人法的渊源吗？[J]. 民间法，2010：338.
❷ 姜世波，范佳佳. 中世纪商人法真的是现代商人法的渊源吗？[J]. 民间法，2010：339.

三、全面的衰退：商事惯例被纳入民族国家法律的阶段

自 16 世纪开始，民族国家作为欧洲最大的政治力量登上了历史舞台。在这期间，由于具有相同的信仰、文化起源以及先天的血脉联系，这些国家与以前的封建诸侯国相比，其向心力和团结力不可同日而语。几乎与之同步，国家主权也成为这个时代国际法的基石。其核心标志是欧洲 30 年战争和威斯特伐利亚合约确认欧洲各国对领土内的事务具有绝对的权力。在此思想的指引下，法律国家主义的倾向越来越强。那么商事惯例这种产生于商事商人之间，并非由国家主权者制定的所谓"法律规则体系"的命运可想而知。❶

在此时代背景下，商事惯例作为一个独立的法律体系受到了极大的动摇，大量的国家制定的规则取代了商事惯例的地位，各国法院开始不太愿意直接适用商事惯例和商事习惯作为断案的依据。相应地，各种商事法庭也渐渐地由于其职能被国内法院所取代而衰落消失。但值得一提的是，此法律进程在欧洲各国的表现不尽相同，而且，不同学者对此进程的认知观点也不尽相同。例如，商人法于此阶段是否仍保有其本质重要性概念，发展上究竟是一种潜在的继续发展还是受到了压制？戈德曼教授和施米托夫教授就此阶段商人法是向前发展或是向后退步就持有不同意见。戈德曼教授认为在 16 世纪民族国家与主权概念凸显后的前半段时期，国家的特色并不鲜明。此阶段的集权主义国家并非现代意义上所说的民族国家，真正含有民族特性之国家乃是在 19 世纪产生，17 世纪到 19 世纪之国家法律对商人法的衰退扮演致命性伤害角色，因其阻碍了商人间自主性贸易规范。在戈德曼教授看来，商事惯例存在的核心价值和核心意义在于创造一种无政府之法律体制，在此前提之下，自治的商事惯例体系如果被纳入国内法律体制之中则是与这种体制水火不容的。因此，他认为此阶段的法律国家化

---

❶　在法律实证主义者和当时的主流思想看来，一切权力都应归属于主权国家。只有在必要时才可能出于礼让的目的来适用外来规则。商事惯例在当时的统治者看来都不属于外国主权者制定的规则，所以其地位甚至比不上外国法。参见 Friedrich Juenger. Choice of law and Multi-justice [M]. Martinus Nijholff Publishing, 1993：20-22.

会毁灭商人法最重要的自发性发展之生命力。❶

相比之下，施米托夫教授对于近代商事惯例国家化运动则持有一种微妙且辩证的态度。一方面，他承认将商事惯例纳入国家的法律体系中，确实破坏了商事惯例本身的自治性和生命活力。他引用安德雷·童克教授和施莱辛格教授的观点来印证其这种观点："把民族主义纳入法学领域是法国的法典编纂和德国历史法学中令人遗憾的产物。""源于法典编纂所造成的各国法律制度在理解力方面产生了相互孤立的情形。"❷

但是同时，其也坚持赋予近代商人法阶段发展正向之意义，他认为此阶段商人法更具系统化以及更有效率，此阶段是综合内国法、政府间的机构以及国际贸易实务。此时的商人法是表面存在于国家立法机构底下，仍然没有改变商人自发性的造法特色。这是因为："没有任何一个国家把商事惯例完全纳入国内法，即便在这一时期（指近代），商法的国际性的痕迹依然存在，凡是了解商事惯例的渊源和性质的人都能看到这一点。曼斯菲尔德本人也没有打算把商人习惯法与他的古老渊源割裂开来。恰恰相反，他反复表明商人习惯法是国际性的。"

因此，笔者试图通过对不同国家把商事惯例纳入国内法律体系的过程进行历史性的梳理，来判断和研究这一历史阶段下，民族国家和商人社会之间的复杂关系情况是否能够印证施米托夫教授和戈德曼教授的论断。

（一）法国

施米托夫教授认为法国全国性的法典编纂起源于路易十四时期，包括1673 年的《商事条例》和 1681 年科尔伯特的《海商条例》。后来因为法国大革命而中断，到了 19 世纪这项工作重新开始，并于 1807 年颁布了拿破仑时期的《商法典》，拿破仑法典被称为第三等级的胜利。正如我们所

---

❶ Nikitas E. Hatzimihail. The Many Lives and Faces of Lex Mercatoria: History as Genealogy in International Business Law [J]. Law and Contemporary Problems, Vol. 71, 2008 (3): 179.

❷ ［英］克里夫·施米托夫. 国际贸易法文选 [M]. 赵秀文，等，译. 北京：中国大百科全书出版社，1993：10.

了解的那样，商人和自由职业者是构成第三等级的重要部分。❶

　　但是，施米托夫教授并没有分析法典编纂的背后原因和具体的历史进程，因而这是个难以令人信服的结论。事实上，《法国民法典》编纂背后的推动者并不像施米托夫教授所想象的那么简单，而是有更为复杂的原因。首先需要指明的是，在法国法典的体系中，《商法典》所占有的仅仅是一部分，商事惯例中最重要的核心部分——"合同"的相关规则并没有规定在法国的《商法典》中❷，而是规定在《民法典》中，适用民法中"债编"的有关规定。这就要求我们在研究商事惯例和法国国内法的关系过程中必须把《法国民法典》而不是《法国商法典》作为核心的研究对象。❸ 其次，在整个立法过程中，《法国民法典》和《法国商法典》的编纂极大地受到了法国人文主义法学派的影响，商人在法典编纂的过程中始终处于一种被动的地位。最后，法国法典编纂的核心价值是与商人群体不谋而合的。本文将利用相关历史事实来印证上述观点。

　　事实上，在法国进行法典编纂以前，由于长时间受到封建割据的影响，虽然名为一个统一国家，但是其内部的法律制度五花八门并不统一。例如，光是在法国境内就有超过 300 多个习惯法律体系，这些规则往往是相互冲突的，而且这类习惯法往往存在着大量的法律漏洞（Law Gaps）。这些相互不统一的习惯法规则对于法国的民商事交往以及合同的确定性产生了极为不利的影响。虽然，早在中世纪以前商人群体就通过自治的方式形成了自己群体内部的统一规则，然而政治形势的变迁导致这种内部的统

---

　　❶ ［英］克里夫·施米托夫. 国际贸易法文选 ［M］. 赵秀文，等，译. 北京：中国大百科全书出版社，1993：9.

　　❷ 事实上，法国商法典在起草之初的 1801 年文本中确实将第一篇列为"商事交易篇"。但后来在正式的文本中，将此章节改为"商事总则"。而且，在正式文本中将原来起主导地位的"商行为"改为"商事件"而挪到裁判规则一章中，作为商事法庭行使管辖权的管辖规则。而总则的具体篇目为：第一编，商事件；第二编，商人；第三编，经纪人代理商、运输商、商业代理人和独立销售商；第四编，商业资产。没有直接规定商人进行交易的规则。其核心动机为试图突出商事交易的一般性普遍适用性地位。如果将商人交易的规则独立于普通交易规则，将会导致国内法制的不统一。参见聂卫锋.《法国商法典》总则述评——历史与当下 ［J］. 比较法研究，2012（3）：123-135.

　　❸ 当然，也有学者指出在商人交往的实际过程中，民法和商法之间的分野并不是那么明显，即便在民商分立的国家中，这种分别也不应被夸大。参见 Philip De Ly. International Business Law and Lex Mercatoria ［M］. North Holland，1992：41.

一规则向更高的位阶升华，从而在国家内部首先形成一个完全统一的大市场。而这个任务对于商人群体在当时的条件下，显然还是一个不可能完成的任务。因此，在当时的社会环境下，由民族国家对不统一的法律体系来进行统一化是再合适不过的了。

自 16 世纪开始，在欧洲大陆就兴起了一场恢复"古代文明"传统的文艺复兴运动。这场运动在法律领域的表现就是对"罗马法"的回归呼吁。在当时的人看来，任何和习惯有关的法律制度都是落后的、愚昧的，这与罗马文明的法律格格不入。在法国，这种呼声相对于其他欧洲国家而言更为响亮。在当时，法国最有影响力的当属前文述及的"人文主义法学派"。该学派在法典编纂方面的代表人物是 17 世纪的让·多马（Jean Domat，1625—1696）和 18 世纪的波蒂埃（Robert-Joseph Pothier，1699—1772）。他们强调通过还原罗马法的传统，发现真正的罗马法并且通过对罗马法能动地改造来适应法国当时的需要。人文主义法学派的核心工作是试图通过对传统合同领域的相关规则进行改造而建立一个体系化的私法制度来为法国国家服务。这在罗马的著作中得到很好的体现，并被波蒂埃发扬光大❶，他们的这些工作最终形成了《法国民法典》❷。必须承认的是，正是法国国家的兴起和大革命的需要导致法国民众要求将革命的成果以"国家大法"的形式记录下来而不再更改。❸ 同时，该法典也是为了满足当时法国对于一个统一的法律体系的需要，这个法律体系使得在统一地域下，商事交易能够按

45

---

❶ Harles Donahue. Jr. Private Law Without the State and During its Formation ［J］. American Journal of Comparative Law，Vol. 56，2008（3）：557.

❷ 1804 年《法国民法典》草案的起草仅用了 4 个月时间。按照法国学者的说法，在这么短的时间里起草法典人们根本无法创造出别出心裁的作品，于是需要从旧法提供的素材中寻求最好的解决办法。当时对此最具影响力的无疑是多马的著作和波蒂埃的著作。此外，根据 1824 年《波蒂埃全集》的编者在《全集》的最后一卷附录的 1804 年《法国民法典》与波蒂埃著作相关部分的对照表统计，1804 年《法国民法典》总计 2281 条条文中共有 1137 条可以从波蒂埃的著作中找到直接相关的出处。有学者甚至断言，波氏的《债权法》一书提供了《法国民法典》关于合同法方面四分之三以上的材料。参见陈颐. 16 世纪法国人文主义法学与法律科学的体系化 ［G］//何勤华. 多元的法律文化. 北京：法律出版社，2007：477.

❸ 到 1880 年以前，法国虽然历经更迭，但是其核心内容并未根本上被改变。甚至时至今日，该法典仍然有效。到 2004 年为止，《法国民法典》共 2281 个条款中的 1200 个条款保持了其原来的样貌未变。参见 Catherine Delplanque，Origins and impact of the French Civil Code，http://www.afhj.fr/ressources/french-code-civil.pdf，2014 年 4 月 4 日访问。

照同一个规则来进行。这恰恰满足了商人对交易确定性的渴求。此外《法国民法典》（包括商法典）之所以被称为"第三等级的胜利"，是因为其从根本上体现了1789年《人权宣言》所主张的自由、平等、个人意志等核心的价值观，从而彻底否认了封建时期的等级规则思想。❶毫无疑问，这恰恰是当时的商人社会求之不得的东西。因此，商人社会显然毫无必要去另起炉灶地创设一套独立于当时法国国家的法律。另外，虽然这种国内法典化运动可能会给商事交易规则带来僵化性和不灵活性，但是在当时的政治环境下，这种缺陷也显得那么不值一提。

（二）德国

德国的情况可能与法国有些不同。自三十年战争和威斯特伐利亚条约签订以后，本就貌合神离的神圣罗马帝国基本解体。德意志随之变成一个地理学上的概念。这个欧洲中部的国家由于受到外部因素的干预和内部矛盾而纷争不止，并最终导致拿破仑在1806年对这片土地进行肆意蹂躏。面对着破败分裂的祖国，德国著名诗人席勒发出这样的考问："德意志，你在哪里？我找不到那个地方。"❷歌德也同样发出"没有一个城市，甚至一块地方，使我们坚定地指出，这就是德国。如果你在维也纳问这是哪里，那里的人会告诉你这是奥地利。如果你在柏林问这是哪里，那里的人会告诉你是普鲁士"的无奈感慨。当时的德国，几百个邦国、上千种货币、几千道税收关卡导致国家经济体系四分五裂无法统一。面对当时的情境，德国伟大经济学家李斯特提出建立统一的德意志经济体的思想。终于在德意志精英的领导下，德国通过德意志内部的自由贸易和军事行动取得了统一。而在此过程中，法律的统一被认为是经济统一的重要助推力。因此，德国在法律编纂的时候特别重视"统一"这一对于德意志来说最为重要的价值

---

❶ 虽然早在路易十四时期法国就统一了司法规则，但是民商事的实体规则却没有统一。法国的立法处于一种多元化的状态，而唯一的统一点则是王权，法国民法典和商法典的出现彻底改变了这一现象。法国民法典和商法典一开始就强调其普遍适用性，不论身份如何财产多少，都必须按照统一的标准来适用规则。但是也有学者指出，这种一体适用性也有可能导致其不灵活不能适应多变的国际商业环境。参见 Volker Gessner ed. Contractual Certainty in International Trade ［M］. Hart Publishing，2009：19-20.

❷ ［德］席勒. 席勒诗选 ［M］. 王国维，译. 长春：时代文艺出版社，2012：38.

诉求。例如，早在德国统一前的 1834 年，德意志关税同盟就制定了统一的
《德意志票据法》。1856 年，德意志联邦首次召开了编纂统一商法和合同法
的会议，1861 年草案出台，该法律在今天的奥地利仍然有效。❶

　　商事惯例作为商人群体的法律在这个时期看来，其存在是那么的不合
时宜，这是因为这种法律规则很容易被德意志各个邦国的法院任意解释而
使得法律与统一的需要背道而驰。因此，德国的法典在起草之时便将体系
化和统一放在了首先考虑的价值上，而将自治性商人法这种自下而上产生
的规则排除在外。

　　19 世纪 50 年代以后，有必要统一法律，逐渐成为大多数人的信念。
当然，如何达到统一，哪些部分的法律最适合于统一等问题仍有待解决。
另外，保守派反对法典的思想也有变化，保守主义派别中有人指出，法典
化有助于克服各邦单独立法的危险（这曾是自由主义者的观点）；还有人
指出，法典化有助于加强邦联的力量，以反对"革命的"民族主义。❷ 在
1848 年以前，德意志联邦由于其松散的组织结构，甚至连名义上的中央政
府也不存在。这使得德国根本无法推进任何民族主义的统一化运动。1848
年后，与统一思想最离心离德的南方三邦都认识到法律改革与加强邦联之
间密切联系的重要性。最终，几乎所有德意志邦联的成员都接受了统一的
《商事法典》，这也就是前文所提及的 1861 年《德意志商法草案》得以通
过的根本原因。

　　在法律内容上，德国法律基本采用的由各邦立法，然后由国家进行协
调统一的方法，属于典型的自上而下的立法模式，在立法逻辑上属于非常
严谨的演绎式的推理模式，是人类法律逻辑思维推理的集大成之作。从民
族文化上来看，德意志民族善于理性思维的特性在德国的民商法典中被体
现得淋漓尽致。同时，从德国的法律传统上来看，自上而下地制定法律也
是有着其深厚的社会基础的。

　　中世纪末期以来，德国在继受罗马法、教会法的基础上，逐渐形成一
种在全德国境内适用的法，称为普通法（Gemeines Recht）。与普通法相对

45

---

　　❶　[英] 克里夫·施米托夫. 国际贸易法文选 [M]. 赵秀文，等，译. 北京：中国大百科全
书出版社，1993：9.

　　❷　张梅. 德国民法典的制定与经过 [J]. 比较法研究，1997（4）：401.

的是地方特别法（Partikularreckt）。起初，普通法只居于补充地方法的地位。在普通法里，以罗马法为基础的私法占主要部分。由于这一部分主要来自罗马法大全（Corpus juris Civilis）中的《学说汇纂》（*Pandectae*），于是普通法中的私法部分又特称为潘德克顿。1495 年，德国设立了帝国宫廷法院（Reichskammeryericht）作为帝国最高法院。法院中法官依普通法裁判案件，于是构成潘德克顿的内容的罗马法，在德国取得了越来越重要的地位，这种情况，北德在 15 世纪末、南德在 16 世纪中完成。❶

因此，我们似乎可以发现，在德国民商法典的编纂过程中，采取的是自上而下的国家立法模式。而且在法律制定的过程中，法学家占据了主导的地位，商人几乎没有参与到立法的过程中去。而且在德国的立法上，政治化因素特别明显，其立法的核心在于排除非国家制定的商事习惯规则，将分散在民间的习惯性规则集中到德国的整体的国家意志之上。这样就使得自治性习惯规则几乎无法获得适用。在涉外商事交往层面，当时德国国际私法学说正是萨维尼的法律关系本座说居于绝对统治地位的时代。通过寻找法律关系的本座来适用相应的法律规则是当时德国法院适用国际私法规则的圭臬。❷ 商事惯例这种非国家制定的"无本之木"，由于缺乏和法律关系相应的连接点，而根本无法作为所谓的"本座法"来进行适用。因此，德国的法律在《民法典》《商法典》编纂前后是极端民族主义和排斥外来法的。

（三）对欧洲大陆两大国内法典化进程的简单比较

通过对德国民商事立法活动的梳理，我们认识到，其与法国的立法过程是两种进路，且价值取向以及商人的参与程度均是不一样的。相对于法国那种在大革命之后急需将已有的革命成果以法律方式稳固下来的做法，德国对商事惯例和民事习惯的法典化进程更加倾向于一种有目的的渐进式的法律制定。其编纂的核心目的在于统一原本各不相同的德意志各邦的法律，而统一的基础在各邦对于罗马法的认同基础之上。用一个不太恰当的

---

❶ 谢怀栻. 大陆法国家民法典研究（续）[J]. 外国法译评，1994（4）：4-5.

❷ 韩德培. 国际私法（修订本）[M]. 武汉：武汉大学出版社，1983：45.

比方来说，法国民商法典的编纂类似于一座火山的爆发，经过长期的力量积累，然后自发地突然爆发，看似一蹴而就地制定了法国的两大法典。而德国的法典编纂更像是有意识地进行一项工程，经过长期的准备，最终的法典便水到渠成了。

另外，两者在商人的参与程度上也是有所不同的。法国民商法典的制定是法国大革命的成果，而在法国大革命中，商人是重要的参与群体，他们也是所谓的"第三等级"中一股最重要的力量。而德国的法典化推动的主要力量来自于德国封建的容克集团，这些人的社会地位与商人相差较远，因此德国的民商法典对商人的参与以及商事习惯的排斥程度是远远大于法国民商法典的。

虽然，两者存在以上的不同，但是两者之间却是有着一个很明显的共同点的，那就是他们都统一了当时法国、德国四分五裂且相互冲突的法律体系，并且增强了当时商人社会交易行为的法律确定性；同时极大地促进了当时德国、法国内部统一市场的形成。而且由民族国家政府机构来保障法律的实施和依据法律所做出的裁决的执行，其可靠程度以及效率性都大大优于原来的商人法庭。在这种优势以及当时的社会生活条件大变迁的背景下，不能适用商人自己产生的法律规则与法典化、法制统一化的好处相比显得那么的微不足道。因此，笔者认为，戈德曼教授关于"商人社会"国家化有害于商事惯例法制的观点是过于局限的。德国和法国的法典编纂虽然使得商事惯例失去了其原有的独立性，但是对于商人群体却是远远利大于弊的。同时，笔者认为施米托夫教授所说的商事惯例在法制国家化的进程中没有受到损害的观点也是需要进一步予以澄清的。国家对法典的起草和编纂从形式意义上来说显然从根本上动摇了商人适用自治性的国际商事规则的可能性。而且在法典起草的过程中主要是法学家在进行相关的工作，商人们几乎没有参与进来。自这些法典生效之后，在国家的领土范围内，商人的任何交易活动必须适用主权国家的民商事法律。但是，在当时的社会背景下，这种自治性规范的暂时让位不但没有损害商人们的根本利益，反而是强化了商人们的核心利益。因此，商人社会对这种国家的立法成果显然是乐见其成的。

（四）英国

对于英国将商事习惯纳入国内法的原因与动机，施米托夫教授简单直观地认为主要是经济原因。因为，英国是一个海上贸易国家，海上贸易已成为国家生活的一部分。❶ 但是，在笔者看来，施米托夫教授又有将这一过程过度简单化的嫌疑。事实上，将商事惯例规则纳入国内法的进程，早在15世纪末16世纪初就已经开始了。众所周知，普通法是在英国既有习惯上发展出来的一种法律体系，是普通法法官在新的程序性规则的框架下，通过司法实践对过去的习惯进行辨识、承继、修正、加工整合之后形成的一套法律体系，其主要体现形式为判例。但在15世纪有史料表明，当时普通法处于一种极为混乱、不统一的状态，很多源于罗马人、皮克特人、撒克逊人、丹麦人等的习惯法规则相互之间根本不能自洽，这使得普通法成为根本无法适用解决法律争端的规则体系。因此，当时的英国迫切地需要一种新的规则体系来修正旧有的英国普通法，衡平法和衡平法院作为回应社会需要的新的法律规则体系登上了历史舞台。

衡平法院的兴起与作为衡平法官的御前大臣（后被称大法官）及其权力的性质与演变是直接相关的。简言之，大法官行使的实际上是国王的保留司法权。国王是一切公平正义的源泉，其司法权并不因为普通法法庭的建立而被穷尽。因此，当当事人的权益由于各种原因（如普通法自身在程序方面的缺陷、对方当事人的强大影响力等）而无法在普通法法庭得到救济时，他就可以直接将纠纷诉诸国王及其咨政议会，后者逐渐将这类纠纷转给大法官处理。大法官在司法过程中并不依循普通法的程序（非不依循普通法），而是采取了与教会法院类似的程序，通过刮擦当事人的良心（scrape one's conscience）来探明事实，并依此做出判决，因此也被称为良心法庭（court of conscience）。❷

随着衡平法院的日趋强势，使得旧有的英格兰习惯法在很大程度上被

---

❶ ［英］克里夫·施米托夫. 国际贸易法文选［M］. 赵秀文，等，译. 北京：中国大百科全书出版社，1993：10.

❷ 李红海. 自足的普通法与不自足的衡平法——论英国普通法与衡平法的关系［J］. 清华法学，2010（6）：23.

取代了。在取代的过程中，各种商事习惯也被视为习惯的一种而被排除于衡平法之外。而且，当时英国的很多地方民族主义情绪开始滋生，对于商事惯例这种外来的东西他们也非常反感。因此，一方面他们也反对把外来的商事惯例规则作为衡平法的一部分纳入国内法的体系中❶；另一方面，自17世纪开始，英国开始强化法院的权力，原有的商人法庭逐步让位给英国国家的各种法院。尽管个别的"灰脚法庭"在名义上延续到了19世纪，但早已失去了其原有的功能。❷ 从这个意义上来说，英国将国际商事规则纳入国内的法律体系，更多的是用一种新的法律体系即衡平法法律体系取代了旧有的全部习惯法规则。在这个过程中，由于民族情绪等因素的干扰，使得原本不应该被取代的商事惯例规则成为本不应该的受害者。自此，商事惯例规则作为习惯的一种在法院进行审判时仅被认定为一种事实，而不是法律。

49

但是，时间推移到了18世纪，当时的英国已经完全取代西班牙等老牌的海上强国成为世界第一大海上贸易强国，其殖民地遍布五大洲四大洋。此时，商人需要一种更加确定的法律规则体系，而不是由法官任意决定的所谓"良心的裁决"❸。面对这种需求，于1756年登上英国王座法院首席大法官的曼斯菲尔德在审理 Pillans v. Van Mierop 案中，第一次将国际商事习惯规则这一商事惯例的核心渊源认定为法律而不是事实，从而将商事惯例纳入英国的普通法法律体系中。这一举动，看似进一步将商事惯例纳入国内法体系中，但事实上，其毫无疑问地强化了商事惯例的法律地位。因为自此之后，由法院宣告的商事裁决中所确认的商事习惯正式具有了法律效力，并且可以被反复适用。商人的商事惯例被正式赋予了法律的强制力。而且，英国法院的裁决也会随时关注国际商事交易的新实践，并在解

---

❶ Harles Donahue. Jr. Private Law Without the State and During its Formation［J］. American Journal of Comparative Law，Vol. 56，2008（3）：555.

❷ 赵立新. 论中世纪的"灰脚法庭"［J］. 复旦学报，2008（1）：99.

❸ 16世纪至18世纪早期，在解决国际商事交易的争端过程中，法官有时也会采纳商人的交易的一般实践作为裁决案件的根据。但是，在裁决中，往往需要当事人证明这种实践的存在，而且即便证明了这种实践的存在法官也要结合案件的综合案情来判断是否能够采纳这种实践。这就使得裁决的随意性非常大，这显然不会为商人社会所乐于接受。参见 Mary Bateson. Borough Customs［M］. Publications of the Selden Society，1906：77-79.

释商事惯例时考虑新的商事惯例。一旦法院宣告了某一商事惯例是具有约束力的，那么对于商事惯例的不同理解和不同于交易的做法将不被认可具有法律效力。这一点对于商事惯例的发展意义是极为重大的，这意味着商人法规则将可能被正式地统一，并被赋予确定的含义。其结果是，英国法院通过这种方法发展出一种与商法典几乎功能一致的商法体系，而这种商法体系再加上一系列单行商事法律规则的补充，构成了英国完整而又独特的商法体系。❶

综上，英国将商人法规则纳入国内法的路径与大陆法国家那种通过立法模式来完成这一历史过程的方式不同，英国将商事惯例纳入国内法体系中的方法，是一种通过司法的方式逐步纳入的方法。作为典型海洋法国家，英国历来重视法院判例的作用，在商事惯例的问题上也概莫能外。通过司法判例，英国法院成功地修复了传统普通法不能有效地解决国际商事争端这一缺陷。通过对商事惯例的承认，英国成功整治了商事惯例不统一且缺乏确定性的弊端。通过对判例的公布，极大地促进了商事法律规则的可预测性，这显然是商人社会的商人们所求之不得的。英国作为当时最大的海上强国，对于贸易尤其是海上贸易的依赖程度是空前的。因此，从一定程度上来说，商人群体的利益几乎是可以和英国的国家利益画上等号的。因此，英国看似通过司法权的放大剥夺了商人社会自己制定规则的权力，但仍然使商人获得了事实上的好处。商事惯例被纳入英国普通法后丧失了其"国际性的特征"，施米托夫教授也对此进行了辩护，他引用曼斯菲尔德大法官在审理 Pelly v. Royal Exchange Assurance 案中的判决来证明商法在全世界的一致性❷，借此来证明商法在近代的民族化对其国际性是影响甚微的。但是笔者看来，即便认同英国的法院将商事惯例"英国化"的观点，也对当时英国商人群体甚至整个欧洲的商人社会无所损害。英国作为当时的海上霸主，控制着几乎全球的海上贸易。那么其法律规则本身就是具有国际性的，即便是英国的舰队无法控制的地方，由于英国法律的先

---

❶ David J. Bederman. Custom as a Source of Law [M]. Cambridge University Press, 2010: 122.
❷ ［英］克里夫·施米托夫. 国际贸易法文选 [M]. 赵秀文，等，译. 北京：中国大百科全书出版社，1993: 11.

进性，很多商人自愿地选择英国法律作为他们进行商事交易的准据法。❶
因此，可以认为在那个时候英国的法律就是当时海上贸易的共同法。这同
时也从另外一个角度证明了，任何所谓自治性的规则，要想真正取得统治
地位以及发挥实效，是绝对离不开国家的推动和国内法律的承认与强化作
用的。而事实上，被推广为"所有商人和国家均接受的规则"也几乎无不
带有明显的国内印记。只不过推行这种规则的霸权国家为了强化这类规则
的"正当性"（legitimacy），将这类规则宣传为"所有商人都接受的共同习
惯"，并以此达到推广这类规则的目的。

　　总之，我们不得不怀疑施米托夫教授所说的商事惯例的独立性在近代
没有受到影响的观点是值得商榷的。但同时，戈德曼教授所认定的商事惯
例在这个时期被"打倒"的观点同样也是站不住脚的。总的来说，在近
代，虽然主要国家商事惯例被纳入国内法的路径和原因有所不同，但共同
的结果是商事惯例作为法律体系而言确实由于被纳入国内法律的体系中，
基本上丧失了其独立性。在这个阶段商事惯例独立性的丧失并没有在多大
程度上损害商人社会的根本利益，甚至由于这个阶段国家商事法律能够提
供商人社会所很难提供的"公共物品"（Public Goods）的缘由而大大加强
了商人社会的整体获益。虽然没有直接的证据能够证明商人推动了商事惯
例的国家化，但是至少可以认为商人对这种国家化是不反对的。所以说在
此阶段，商事惯例不论其存在状态是什么，其核心的价值已然被潜移默化
地实现了。

51

第三节　商事惯例发展的历史规律

　　通过前文的论述，我们梳理了商事惯例的历史发展。那么，我们不难
发现这样一种现象：商事惯例时而在一定程度上独立于国内法律，表现出
一种极强的自治性特征，但有的时候商事惯例又会依附于国内法律。笔者

---

❶　董安生. 新编英国商法［M］. 上海：复旦大学出版社，2009：2.

认为有必要透过此种现象来探寻其背后隐藏的客观规律。

一、商人社会组织性与对规则的需求

在传统的自然经济社会条件下，人们通常被束缚在土地上，人与人交往的机会和频率显然不能与现今的经济条件和技术条件下的情况相提并论。但是，商人作为一个特殊的群体，他们天生的使命就是与其他商人和客户进行交往，因此，他们对于规范交易行为规则是特别的热衷与需要的。这是因为，一个群体内部的成员交往得越频繁，发生摩擦和龃龉的可能性就越大，而规则使他们能够平衡互相之间的权利义务，并维持今后的交易。而且，由于商人将交易作为自己的终身职业，那么基于这种职业性的特征，商人的组织性显然会比其他的社会职业人群更为紧密。相对地，其他职业人群由于受当时交通条件和生活条件所限，一方面，组织成本相对于商人而言要高出很多；另一方面，由于其日常生活范围的局限，他们对于规则的"需求动机"显然是与商人不能相提并论的。❶ 这在一定程度上解释了，为何当国家不能提供商人间行之有效的规则时，商人便会自发地形成独立于国内法律秩序之外的规则。

另外，我们也必须弄清商人社会到底需要什么样的规则体系。笔者认为，商人对于规则的需求的着眼点并不在于规则是产生于他们自身的群体内部还是产生于群体外部的国家，他们只关心规则能否有助于实现他们的财富进取心。商人社会之所以会自发性地演化出自治性的商法规则，并不是由于商人们自身就具有立法兴趣，而是当其外部不能供给他们所需要的规则，或者是外部的规则阻碍了他们获取财产利益时，他们才会自发地演化出相应的法律规则来超越或者补充外部的——国家的主权商业立法。正

---

❶ 试想，当一个人生活的圈子较为狭小，接触的人较为有限的情况下，对于他而言，所接触的人就会形成一个"熟人圈"。对于熟人圈而言，发生摩擦的概率显然要比与生人交往的概率低。而且，即便发生了摩擦，也往往会采取一种息事宁人的方法来解决争端。这种行为方式深深地映射在欧洲人的日常行为方式之中，例如，《圣经新约路加福音》第6章第29节明确指出：主说有人想要告你，要拿你的里衣，连外衣也由他拿去。有人想打你的左脸，那就右脸也让他去打。又如在《哥林多前书》中，使徒保罗也说："你们彼此告状，这已经是你们的大错了。为什么不情愿受欺呢？为什么不情愿吃亏呢？"参见《圣经新约哥林多前书》第6章第7节。笔者认为这些都是当时欧洲封建社会中平民道德在宗教中的反映。由于商人的行为方式与一般人不同，所以商人在当时的欧洲宗教被视为"一群甘愿灵魂堕落的人"。

如英国著名哲学家边沁所指出的那样："法律规则和财产是同生共死的。"❶
商人们对于规则的需求是为了满足其财富进取心，为了获取与维护他们
的财富，他们对法律规则的需求往往是相对于其他社会群体更为强烈的。
但至于规则来源于何处，规则又是如何产生的，并不是商人所最重视的
要素。

　　但可以肯定的是，商人社会最为关注以下两种价值：首先是法律的统
一性。如果能够构建成功跨越国界的统一规则，且这种规则能够超越地域
主义并能够被反复适用，这无疑是对商人们的重大利好。因为这有利于扩
大他们的活动范围，减少他们的交易费用和交易风险。其次，交易规则确
定性也是商人们所极力追求的。试想一个商人远离自己的国家到另外一个
国家去进行交易。那么他首先必须要了解那里的交易规则，并且确定这种
交易规则是不会更改的。如果还有进一步奢望的话，他可能会希望有一种
规则是他走到哪里都可以适用的。事实上，在国际商事交易中，统一性和
确定性很可能是统一的价值概念。因为，统一意味着在一个较大的空间市
场中交易规则都是一样的。当出现争议时，对于同样的情况会以同样的态
度和处理方式来对争议进行处理。至于我们如果询问商人，这种规则是希
望来自于商人社会自身还是国家，恐怕得到的答案一定是"无所谓"。

　　但是，同时，他们又不希望这些规则过于僵化和严格而过度干预他们
的交易。因为，商人们是国际社会中最为活跃的群体，财富进取心会鼓舞
他们自发地发明各种各样的交易方式和技术来寻找交易机会。交易的创新
也是他们获取财富的最核心手段之一。但是法律规定往往是固定且严格
的。这时法律便有可能成为商人进行交易的障碍，减少他们交易的灵活
性。正如一份对加拿大的合同法的报告所指出的那样："在我们的报告中，
有这样一条主线：确定性并不是合同法中唯一的重要价值。在很多情况
下，我们必须制订相应的解决方案使确定性价值与灵活性相匹配。原有的

<hr />

❶ Jeremy Bentham, Works, Vol. 1, edited by John Browning. Edinburgh: W. Tait, 1859. 转引
自 Bruce L. Benson. The Spontaneous Evolution of Commercial Law [J]. Southern Economic Journal,
Vol. 55, 1989 (3): 644.

法律规则在有些情况下，已经变得又过时又古板以致成为交易的障碍。"❶
总而言之，商人的上述看似相互矛盾的需求事实上构成了商事惯例规则变
化所遵循的基本逻辑规律。

二、商人群体和国家力量的此消彼长影响了商事惯例的存在形貌

商人群体，虽然可能自发地形成自己的自治性规则，但是在历史上，
这种自治性的规则却随时受到国家政府所制定的法律的影响。通过前文的
历史梳理，我们可以很清晰地发现这样一条脉络，那就是，当国家的实力
较为弱小、国土上又战乱频仍时，国家就会无暇顾及商人群体内的行为规
则的制定工作。那么，此时商人群体之间的规则的自治性就会变得相对重
要一些。当国家实力变得强大且国家有意愿将商事交易纳入国家管制的范
畴时，那么商事惯例就会更多地以国家法的形态存在，其自治性就会
减弱。

如果纵向分析商事惯例存在形貌变化的每个时间节点，我们又可以很
清楚地发现上述规律历史变化所对应的转折事件。古希腊时期之所以在地
中海上形成自治性的海上交易规则，是因为当时的古希腊城邦处于一种分
裂状态，任何一个城邦都无法垄断海上航线。另外，商人们通过贸易带来
的财富也有利于希腊城邦的领主们抵抗外来的强大敌人波斯帝国。因此，
当时的希腊城邦政府很乐于以一种不干预的姿态对待商人之间的交易。但
到了古罗马时期，强大的罗马帝国在外部已没有任何实质上的敌人，其国
家职能远远超出了四分五裂的希腊小国。再加上古罗马的法律已经几乎达
到人类对于法律问题理性思考的巅峰，此时的商人群体显然难以也没有理
由再另起炉灶去维持一套独立的自治性法律体系。况且古罗马的政府也考
虑到商人的特殊需要，以万民法的方式对商人群体的吁求做出了变通性的
妥协与照顾。笔者认为，这种思路能够很好地解释为何罗马法在其自身体
系之内会形成市民法和万民法这种二元的法律渊源存在。

---

❶ Rosalie Jukier. Flexibility And Certainty as Competing Contract Values: a Civil Lawyer's Reaction
To The Ontario Law Reform Commission's Recommendations on Amendments to The Law of Contract [J].
Canadian Business Law Journal, Vol. 14, 1988 (1): 14.

在中世纪到来以前的公元 476 年，强大的西罗马帝国几乎在一夜之间土崩瓦解。欧洲的中心分裂为无数小的封建王国，而且相互之间又开始攻伐不止。权力的中心一下子被分散了。❶ 但是商人们对交易规则的需求是长存的。因此，这种国家规则的缺失所造成的法律真空，商人们就有自发地通过实践的经验来总结和产生相应的规则来进行递补的动机，并且通过自发组织相应的裁决机构来适用和执行他们自己的商事规则。此时的商事惯例形貌就会在一定程度上向自治性倾斜。换言之，由于欧洲政治版图的分裂和国家力量的相对削弱，导致商人群体的法律会或多或少地以自治性规则填补国家法律的制度真空。这种规则的核心特点是独立于国家的政治体制之外，规则的产生并不受制于封建王公的喜好，主要反映的是商人对于交易方式的偏好和交易的客观需要。同时，我们必须透过这种法律现象看到其本质原因，这是因为，由于国家的权力中心偏向分散，这种权力的中心分散趋势必然会影响到市场的统一性。市场的统一是商人们展开贸易的一个重要的积极条件。那么为了维护这种统一性，商人必然会想方设法地超越封建王侯的政治边界划分，自发地演化出超越政治疆域边界的各种规则，并由商人组织自己对这些规则进行编纂和汇集。只有如此，才能够减小他们进行远距离交易所承担的制度成本。为此，商人建立起了行会，甚至武装力量来保护自身的利益不受封建贵族和教会僧侣的盘剥。❷ 同时，为了解决当时的教会法庭和世俗法庭不能有效地解决商业纠纷的积弊，商人们还建立了属于其自身的商业法庭。在这种条件下，独立于国家之外的法律体系具备了"立法""司法"到对"确认财产的武力保障"这些法律体系所独立存在的所有前提要素。这种所谓的民间的法律体系可能在一定程度上具备了脱离国家法律体系的基本条件。但是，可能只是可能，我们并无法排除其他的合理怀疑确认这种规则就是像商法浪漫主义者所说的那样已然是完全独立和自治于国家法律之外的。就像有学者所指出的那样，

---

❶ 夏遇南. 罗马帝国 [M]. 三秦出版社，2000：438.

❷ 例如在 1184 年，由于不堪政府的盘剥，以商人为核心的法国革命派在法国经过暴力斗争，接管了一个城镇的主要建筑物，尽管后来遭到了镇压，命令他们"放弃已经建立的公社和阴谋圈子"。但遭到了商人们的拒绝，因此被一些大主教称为"豪强商人"（potentiors burgenes）。这样的事例在中世纪的欧洲屡见不鲜。这很好地印证了当时商人群体的强大，已经有能力和当时的政府和教会相抗衡。参见郑远民. 现代商人法研究 [M]. 北京：法律出版社，2001：159.

尽管有许多人相信中世纪的商人法的存在，但是人们却很难真正揭示出这种一般自治性实体规则（商人法）真实存在的决定性证据。❶

到了近代，随着民族国家的兴起，国家以身份和信仰彼此认同的民族群体为核心，组建起向心力极强的民族国家。此时，这种新兴的政治体，必然要通过收纳权力的方式来证明其主权的正当性，因此，商人社会在新兴的民族国家的主权面前是显得那样的弱势。此外，国家将商人社会自发形成的法律纳入国内法律体系内的动力还起源于国家产生了一种远远大于商业利益的"需求动机"。这种动机在不同的国家表现可能是不同的。正如本文前面所叙述的那样：法国将商人社会的规则纳入国内法的法律体系内主要是为了捍卫和巩固法国大革命的胜利成果，同时用国家法律的形式来取悦和维护商人群体的利益。从很大程度上来说其复兴了罗马法的内在要求，并且统一了法国各个省之间不同的法律制度。相对于原来所谓的习惯性商事规则更加有助于增进国内的统一市场的形成以及增加交易的确定性。这些对于商人们来说显然是非常欢迎的。而且，法国强调个人的意志自由在某种意义上也尊重了商人们的商事惯例。这些都决定了商人们是会非常乐于接受这种正式性法律来对自治性的商人规则进行取代的。相对于法国，德国的纳入则更加带有强制性的色彩。如同德国铁血宰相俾斯麦要通过铁与血来统一德意志一样，德国对自治性的商事惯例规则的纳入带有明显的强制性和专断性。正如前文所述的那样，德国已经分裂得太久了，必须有一个强有力的中心政权来掌控一切。在法律的语境下，体现个人意志自由的自治性规则和民间的商业习惯都是不利于德国的统一的。所以说，由于此时出现了自身实力无比强大的民族国家，且民族国家具有强烈的将法律进行统一的动机，在这种大的社会背景下，要求商人社会自我维持一套完全独立和自治的法律体系，显然是不现实的。

同时也必须看到，不论是德国、法国还是英国在将自治性的商事规则纳入国内法的过程中都有一个共同特征，那就是大量地借鉴了罗马法的法学原理进行立法。从这个意义上来说，虽然在这些国内法典制定的过程

---

❶ 转引自 Ross Cranston. Theorizing Transnational Commercial Law ［J］. Texas International Law Journal, Vol. 42, 2007（3）：602.

中，我们无法确认他们在多大程度上参考了商人之间的交易惯例，又在多大的程度上听取了商人们的意见，但一种比较可信的观点是对商人法这种原始而又粗糙的规则的借鉴可以说是微乎其微的。❶ 可以肯定的是，采取罗马法的法律规则符合了商人群体的根本利益，因此必会受到商人群体的支持和拥戴。国家制定的法律具有很强的确定性和统一性，在民族国家强大的国家机器力量的保证下也显得比较可靠与高效。因此，各国的商人对于自治性的商事法律规则被纳入国内法律体系的"大势"也并未采取什么抵制措施，反而是以一种较为欢迎的态度来接受的。

三、国家制定法对商事惯例的挤压作用

通过前面的分析，我们发现：所谓中世纪时期被商人们通过自我实践、自我执行、自我发展所幻化出的普遍性的商人法体系的结论是不周密且值得商榷的。在某种意义上来说，中世纪的商人法只能说是一种不具备法律基本特征的商业实践和商业技术而已。自治的商人法是一种零散的、无体系的商业习惯的综合体，其最终的命运必然是被正式的国家立法所取代。这绝不是像施米托夫和戈德曼等商法浪漫主义者所哀叹的那样，是一种退步和灾难。而应被视作是一种进步性的整合。在主权国家出现后，随着国家机能的完善，国家法律体系作为更加精密、可靠、稳定的规则体系必然在调整国际商事交易中发挥主导作用。习惯性的、自治性的规则就只能在有限的领域发挥辅助性的作用。因此，对于国际商事法律体系的构建应该采用一种以国内法以及在国内法基础上衍生出来的国际商事条约为核心的统一思路。同时，辅之以各种国家制定法之外的规则进路来作为软化与灵活的辅助性手段，透过多元的和弹性的方针路径来构建相应的国际商事规则体系。但在这个体系中，我们必须分清主次。在构建新的国际商事法律体系的过程中，只能以对国内法的协调和整合作为国际商事法律体系建构的主导方法，将国内法和各种国际商事条约作为统一规则的核心基础与控制基准，有限地整合与考虑商人社会的自发性、自治性规则，这才是较为理性和稳妥的做法。

---

❶　Janak De Silva. The New Law Merchant: Fact Or Fiction? [J]. Sri Lanka Journal of International Law, Vol. 17, 2005（1）：176-177.

第四节　小　结

　　纵观前文的探讨，我们似乎走入了一个迷宫。国际商事法律体系的核心内涵到底是什么？其历史发展的路径和动力又来源于何处？在这个问题上，笔者坚信法律的发展是有其固定的规律的，但是这种规律往往又会受到不同因素的影响而呈现出复杂性的局面。法律规则和法律现象总是受到多元因素的影响，而这些多元因素的影响，决定了商人法在发展的过程中，甚至在每一个具体时间都呈现出非常复杂的存在方式与存在形态。

　　商人作为一个职业群体，他们的核心利益就是如何更多地赚取金钱和财富。法律规则只是他们赚取利润的手段和外部保障，至于由谁来提供这种规则和保障并不是他们首要关心的事情。而且，他们对规则的需求又是多重的。一方面，他们希望规则要足够灵活，能够宽容地将他们的新点子，甚至是有点离经叛道的做法合法化并给予保护，从而在一定程度上冲破当时封建制度的枷锁❶；另一方面，他们又希望这种规则足够精细和确定，以免他们在从事商业活动时缺乏确定的指引，进而引发争议和其他法律风险。另外，商人们对于法律的统一性的需要比其他任何人都要强烈，因为商人的天职就是行走天涯，不统一的法律会给商人在不同地方的交易带来太多的不确定性。商人们对于法律规则的以上三种价值的呼求恐怕构成了我们理解商人法规则历史变迁以及法律规则在某一个时间点上的形貌的关键性线索。

　　当然，以上只是商人群体一厢情愿的想法，商人法的发展还要受到诸多外部因素的影响。其中，国家当然是最重要的因素之一。如果国家没有提供法律规则这种公共物品，那么商人们肯定会自发地形成一些法律规则，虽然这些规则极为可能是非常原始、不甚精密的。但是，这至少能够

---

❶　Detlef Daniels. The Concept of Law from a transnational perspective ［M］. Ashgate Publishing, 2010: 24-25.

满足商人们最基本的需要。此时的商人法的形态是较为简单的，商人们只要组织起来单方面满足简单的商业交易规则制度就可以了。在古希腊时期和古罗马早期的一些自治性规则的成功就是对以上客观规律的最好证明。

随着历史的发展，一方面，商业交易的形式和内容日趋复杂；另一方面，国家作为一个政治性的组织也日臻成熟。此时，商人群体和国家之间必然产生一系列的摩擦和碰撞。应该看到，商人群体的利益和国家的利益有重合的一面。国家的统治阶层显然希望商业能够繁荣，因为这样会给他们带来巨大的经济利益。不过，统治者也不希望商人过分活跃，因为这样可能会给他们的统治带来威胁。在古罗马时期，这种矛盾不是那么的尖锐，因为古罗马帝国强大的实力以及精细无比的罗马法压制了商人独立立法的可能与动机，但又充分满足了商人们对规则的需要，商人们使用罗马法的市民法和万民法就几乎可以满足其交易的所有需求。

可到了中世纪时期，情况就不一样了，当时的商业交易和古罗马时期相比要复杂许多，同时，当时国家的法律固化僵硬，很多甚至体现着封建的特权。从商人的角度来看，他们的思想无疑是最活跃的，因为他们总需要找到更新的方法来提高他们的经营和交易效率。即便是坚决否认中世纪商人习惯法存在的凯登斯教授也承认：中世纪的商人们发明了很多"商业技术"来方便他们之间的交易，例如，"汇票""提单""海事保险"等商业制度，这些实践都是根本没有在罗马法和当时任何的国内法中存在的。[1]虽然凯登斯教授总是极力否认这些商业制度的法律性和普遍性，认为这些只是商人们之间通过合同而明示同意达成的权利义务关系，缺乏构成法律的那种"默示的同意性"（tacit consent）以及强制执行性。[2]但她也不得不承认，这些规则确实在当时的欧洲普遍存在且跨越了国家的政治领土界限。笔者认为，如何减少交易成本是商人们之间永恒不变的追求，正是在这种追求的激发下，商人们会持续不断地进行交易方法的创新，这种创新和跨越国家政治疆域的交易使得商人之间的实践总是有超越国内法的倾

---

[1]　Harold J. Berman & Colin Kaufman. The Law of International Commercial Transactions（Lex Mercatoria）[J]. Harvard International Law Journal, Vol. 19, 1978（1）：226.

[2]　Emily Kadens. The Myth of the Customary Law Merchant [J]. Texas Law Review, Vol. 90, 2012（5）：1161-1171.

向。正是这种超越，构成商人法不断地向前发展的根本动力。

不过，我们也必须认识到，中世纪自治的商事惯例本身也是有非常明显的缺陷的。如前文所述，完全自治性的商人法的普遍性可能并不像现今学者所想象的那样理想。商人们之间的规则也不可能那样精细和体系化。商人法庭在不具备统一的领导和便利的交流体系的情况下更不可能发展出完整的判例法体系。商人们的交易甚至可能因为商人对所谓惯例理解的不同而更加杂乱无章。此时商人们的一个巨大的愿望就是有人能够帮助他们将法律体系化、成文化、统一化起来。民族国家恰在近代粉墨登场，承担起这个任务。虽然国家构建统一的商业交易的法律体系可能并非缘起于服务商人群体利益的动机，但是我们再也找不到比民族国家更加合适的其他主体来完成这一任务了。这一过程事实上就是国家将商人法纳入国内法的过程。因此，笔者认为将商人法纳入国内法的体系绝不是像施米托夫教授和戈德曼教授所说的是一场商法的倒退，而是商人法的一次浴火重生。虽然各个国家将商人法纳入国内法体系的进路各不相同，但是事实上都使各国的商人阶层的利益得到了满足。

在笔者看来，商人法和国内法的发展就像生命科学中基因的双螺旋结构。两者虽然从表面上来看在渊源属性上相互分离，在作用强度上此消彼长，但从历史的发展视角来看两者是不可能完全独立的，在一些节点上甚至会出现完全重合的现象。而且从功能上来看，两者之间存在相互补充、相互加强的现象，共同构成了国际商事规则的法律体系。事实上这也就是商事惯例发展的根本的遗传密码。商事惯例双螺旋结构中的一条结构链是商人社会发展法律的自治性进路，另一条则是国家对于商事惯例的理性建构进路。这两者之间是有机联系和相互加强的。其中自治性的进路是辅助性的进路，其虽然一直试图突破国内法的限制，却总是由于各种原因反过来被国内法所吞噬与吸收。因此，我们必须尊重这种结构规律，研究自治性的商人法规则绝不能忽视国家和国内法的作用。从法学理论来看，法的自发演进和法的理性建构是法律发展的一体两面。在法律发展的过程中，一方面法律的发展是与社会的发展相适应的，另一方面法律也会具有一定的建构性从而推动社会向前发展。❶ 商事惯例的发展也概莫能外，商事惯例的自治性不可能完全脱离国家的法律而单独地获得发展。历史的规律告诉我们，自治性的国际商事规则从来没有也不可能脱离国内法律的掌控而单独在正式法律的真空中形成自己的体系。虽然自治性的商事规则可能在有限的时间和领域内与国内法律规定在细节上有所分歧，但这个系统很快就会被国家的法律所制约和控制。因此，其永远不可能脱离国家的法律而单独向前发展，只能是以一种辅助性的进路来弥补国内法律的滞后性和僵化性等不足之处。

61

---

❶ 张文显. 法理学 [M]. 北京：高等教育出版社，2007：206-207.

第二章

商事惯例的法律性质研究

第一节　商事惯例的社会法属性

一、法社会学视角下商事惯例的存在障碍

在社会学中，作为个体之间紧密的社会联结，共同体被认为是社会秩序得以维系的关键和保障。● 而在社会法学中，由于法律往往被视为一种社会秩序，作为维系社会秩序关键的社会共同体自然可以被推断为是法律得以存在和保障的基础。基于此，否定论者通过否定国际商事领域中社会共同体的存在，从而否定商事惯例的法律性。

（一）否认国际私人间存在共同体

有学者直接否认国际私人间存在共同体的可能。如我国台湾地区学者张锦源就曾提出，惯例必须以某一共同体为基础，在时间和空间的制约下，才能成立。国际间是否存在私人间的共同体是一个疑问。因此，私人间的共同体若不存在于国际间，则作为共同体规范的惯例，也就不可能成

● 张文显. 法理学 [M]. 北京：高等教育出版社，2007：29.

立。惯例的成立必须由一共同体作为基础，但现代世界的商业社会并未构成一共同体。既无共同体作为基础，那么就法的观点而言，即无所谓商事惯例。[1]

（二）否认存在一个单一的、同质的国际商事共同体

有学者虽然认同国际私人间存在共同体，但认为整个国际商事领域并不存在一个单一的、同质的社会共同体。如法国学者 P. Lagarde 指出，国际商事领域并不存在一个单一的社会共同体，而是并存许多亚共同体，相应地，不但商人法理论中所谓的商人法无法构成一个单一的法律体系，而且理论上需要依托于该共同体才能成为法律的商事惯例实际上并不是"法律"。[2] 居住在法国的叙利亚学者 A. Kassis 则更详细地指出，国际商事领域并不存在如国际商人共同体这样一个同质的群体，相反地，该领域的群体具有异质的特征，由贸易协会、单个商人和无组织的商人群体构成，因而缺乏法律的机构性创制所需要的条理分明的社会模式和结构性统一。[3] 这也是否定论者反对商人法理论的一个主要论点。

综上，从社会法学的角度看，否定论者认为，由于国际商事领域中并不存在一个同质的群体来构成一个有组织的社会共同体，从而缺乏能够生成法律规则和原则的组织结构，因此需要以该种共同体为基础和依托的商事惯例并不是法律，它不具有法律性。

然而，在埃利希的"活法"理论和法律多元主义中，作为法律的基础和依托的社会联合体或社会团体并不等同于否定论者所理解的共同体，他们所谓的共同体也并未涵盖社会学中共同体的全部内涵。再者，商业活动的特殊性使该领域迥异于其他活动领域，它的内在特征使国际商业社会构成了一个功能意义上的职业共同体。而在该共同体中产生的商事惯例，正是社会法学中构建、规制和维持该共同体内部秩序的法律。

---

[1]　张锦源. 国际贸易法 [M]. 台北：三民书局，1991：36.

[2]　See Filip De Ly. International Business Law and Lex Mercatoria [M]. North Holland，1992：228.

[3]　Kassis Ammoine. Théorié Générale des Usages du Commerce，Paris 1984，at 398 et seq，转引自 Klaus Peter Berger. The Creeping Codification of Lex Mercatoria [M]. Kluwer Law International，1999：105.

二、对商事共同体的分析

要考察跨国商事领域是否存在一个共同体，首先需要理解共同体这一社会学术语的概念，而后才能分析否定论者对共同体的认识是否正确，并最终确定跨国商事领域是否存在一个符合社会学定义的共同体。

（一）社会学中的共同体

共同体（community）是社会学中的一个重要概念。德国社会学家费迪南·滕尼斯在 1887 年出版的《共同体与社会》一书中对共同体做出了最早的完备表述，将该术语首次引入社会学视域，开启了社会学对这一概念的研究。

滕尼斯是在与社会进行比较的基础上来理解和阐述共同体的："共同体是持久的和真正的共同生活，社会只不过是一种暂时的和表面的共同生活。因此，共同体本身应该被理解为一种生机勃勃的有机体，而社会应该被理解为一种机械的聚合和人工制品。"❶ 在滕尼斯看来，共同体是基于情感、习惯、记忆等自然意志形成的一种社会有机体，包括血缘共同体、地缘共同体和精神共同体三种不同的结合形式。❷ 他所定义的共同体需要具备"共同的生活环境""共同的性格特征""归属感或认同感""威严或权威"和"默认一致"等重要维度。因此，滕尼斯所定义的共同体可视为"一个拥有某种共同价值、规范和目标的实体，其中每个成员都把共同的目标当作自己的目标。……共同体不仅仅指一群人，它是一个整体"❸。

滕尼斯强调的"共同价值""共同理解"等内核对学者们理解共同体产生了深远影响。如社会学家涂尔干表述了两种不同的人类社会结合方式："机械团结"和"有机团结"，他认为机械团结的社会是基于所有群体成员的共同感情和共同信仰组成，以个人相似性为基础，属于集体类型，

---

❶ [德] 费迪南·滕尼斯. 共同体与社会——纯粹社会学的基本概念 [M]. 林荣远，译. 北京：北京大学出版社，2010：45.

❷ [德] 费迪南·滕尼斯. 共同体与社会——纯粹社会学的基本概念 [M]. 林荣远，译. 北京：北京大学出版社，2010：53.

❸ 参见韩洪涛. 走向实践的社会共同体及其构建路径 [J]. 求索，2010 (8)：47.

集体人格完全吸纳个人人格；而有机团结的社会是基于劳动分工由不同职能通过相互间确定关系结合而成，即基于功能上的耦合而连接起来，它以个人的相互差别为基础，每个人都有自己的行动范围，有自己的人格。❶这两种团结中，涂尔干只是将机械团结用来描述他的共同体思想。类似地，韦伯在区分不同的社会关系时，也只是将"参与者主观感受到彼此间有相互隶属关系，并建立在情感性或传统的基础上"的关系描述为"共同体关系"，而将"个人在群体或组织中寻求利益的平衡和结合"描述为"结合体关系"。❷鲍曼甚至用"家"来比喻共同体，指出在真正的共同体中，没有任何反思、批判或试验的动力。❸可见，这些学者将"同质性"（homogeneity）、"共同性"（sameness）等特质视为共同体所必需。

但是，随着社会的发展，共同体概念在实践中被不断修正，并被赋予了新的内涵。用于研究地缘上邻里关系的共同体的同义语——"社区"的概念逐渐摆脱地域束缚，从互动关系角度加入了社会网络、社会资本、权力结构等多种新元素，出现了网络社区、虚拟社区、想象社区等新型社区。共同体概念本身也更多地突破了血缘和地域的限制，发展了具有多种功能的功能性共同体。功能性共同体是由具有特殊目的成员组成，被认为是一种内生于社会关系的契约共同体。❹由于更多地强调功能的发挥，不同于传统共同体中成员对共同体的高度依附性，功能性共同体的每一个成员可以在约束规则范围内实现自主和独立。因此，异质性与包容性是功能性共同体的一大特征，即它能够将各种具有不同功能或利益的个体联合起来，使共同体本身的功能得以有效发挥。❺通常，民众自发参与的各种非营利组织、社会组织、志愿者协会等，甚至各种职业群体也被归入功能性共同体的范畴。

---

❶ 参见 [法] 埃米尔·涂尔干. 社会分工论 [J]. 渠东，译. 北京：生活·读书·新知三联书店，2000：89，91.

❷ 参见廖杨. 民族·族群·社群·社区·社会共同体的关联分析 [J]. 广西民族研究，2008（2）：35.

❸ 参见 [英] 齐格蒙特·鲍曼. 共同体 [M]. 欧阳景根，译. 南京：江苏人民出版社，2007：7.

❹ 参见李慧凤，蔡旭昶. "共同体"概念的演变、应用与公民社会 [J]. 学术月刊，2010（6）：21-23.

❺ 李慧凤，蔡旭昶. "共同体"概念的演变、应用与公民社会 [J]. 学术月刊，2010（6）：24.

由此可见，社会学中共同体概念的内涵和外延具有不断扩展和泛化的趋势，同质性已不再是共同体的必备特征。曾经与共同体泾渭分明的涂尔干的"有机团结"、韦伯的"结合关系"在某些情况下也可能成为现代意义的共同体，如传统上被滕尼斯明确反对用共同体描述，也被涂尔干划分在共同体范畴之外的因劳动分工而形成的职业群体，已被现代学者直接用职业共同体指称。❶ 因此，现代社会学中的共同体不仅指称"同质性"和"共同性"的传统共同体，也包括"异质性"和"包容性"的功能性共同体。

（二）否定论中共同体推理的逻辑错误

否定论认为，共同体是法律存在的场域基础，只有以共同体为基础才能生成、创制并保障作为"法"的行为规则，而国际商事领域并不存在一个同质的单一的共同体，因而缺乏共同体基础的商事惯例不是法律。否定论者从共同体的缺乏得出商事惯例不是法律的推理存在固有的逻辑错误。

1. 否定论理解的共同体概念不周延

否定论提出的"国际商事领域不存在一个单一的、同质的群体来构成共同体"的观点表明，否定论学者所理解的共同体还局限于最传统的定义。而现在的共同体已经被赋予越来越多的含义❷，他们所提出的共同体未能涵盖所有的共同体类型，其论证存在概念不周延的逻辑错误，因此，否定论者提出的国际商事领域不存在共同体的论证自然无法成立。更重要的是，他们的论证还存在偷换概念的错误。

2. 否定论偷换了社会法学中法律的场域基础的概念

社会法学是从社会学的方式和视角来研究法律，因此结合了社会学和法学研究方法的社会法学擅长于从社会结构的层次来研究法律现象。社会法学的法律的存在，需要一个社会"场域"，这个场域可以说是法律生成或创制、发挥效力、进行适用的场所或范围，代表着一种个体间基于某种纽带而联结在一起的一种集合。

---

❶ 参见李强. 职业共同体：今日中国社会整合之基础 [J]. 学术界，2006（3）：40.

❷ 据学者的统计，在 20 世纪 80 年代，共同体的定义已达 140 多种。

　　否定论者将法律存在的场域基础限定在狭义的共同体中，然而，他们所指涉的共同体只是各种社会联结的方式之一，在此种共同体之外，还存在其他的社会联结类型。如涂尔干指出的，除了基于共同价值和共同信仰构成的机械团结之外，还存在基于劳动分工，不同职能相互作用而联结在一起的有机团结。❶

　　在社会法学中，学者们通常不采用共同体这一术语作为法律存在的社会结构基础或场域基础，而更多地采用联合体或团体的概念。如埃利希借用基尔克提出的联合体的概念构建他的"活法"理论。只存在狭义共同体概念的埃利希时代，埃利希将共同体作为联合体的一种方式。❷ 法律多元主义也多采用团体或群体概念，阐述其中的非国家法律秩序。❸

　　由此可见，在社会法学中，法律的确需要能够存在于其中的场域基础或社会结构基础，但该场域基础并非只限于共同体，至少不限于否定论所指涉的狭义共同体，而更多的是指一种个体与个体之间的社会联结形式。共同体只是社会联结的形式之一，而且是一种限定条件较多的社会联结形式。因此，否定论直接将社会法学中法律存在的场域基础——联合体或群体的概念偷换成了外延更小的狭义"共同体"的概念，并以国际商事领域不存在共同体为由否定商事惯例法律性的论证，显然不能成立。

　　但仍须注意的是，社会学本身没有共同体的明确定义，现在该概念还有泛化的趋势，而联合体和团体在社会法学中也没有被明确界定，因此，现在广义的共同体概念的外延与联合体、团体可能存在很大重合，这些术语之间不可避免地存在混用的可能性。❹ 无论是共同体、联合体还是团体，都可以被认为是一种个体之间的社会联结方式，可以说是个人与社会直接联系的中介，是一个最广泛意义上的"小社会"。故而，社会法学上存在

----

❶　参见［法］埃米尔·涂尔干. 社会分工论［M］. 渠东，译. 北京：生活·读书·新知三联书店，2000：89-91.

❷　参见［奥］欧根·埃利希. 法社会学原理［M］. 舒国滢，译. 北京：中国大百科全书出版社，2009：57.

❸　See John Griffiths. What is Legal Pluralism? ［J］. Journal of Legal Pluralism and Unofficial Law, Vol. 24, 1986：10-13；Leopold Pospisil. The Anthropology of Law：A Comparative Theory of Law ［M］. Harper and Row Press, 1971：10.

❹　之后文中的共同体都指包括功能性共同体在内的广义共同体，而不是狭义共同体，并且共同体与联合体、团体混用。

"有社会就有法律"的古罗马法谚。

按照社会法学的研究路径，要确定商事惯例是不是法律，首先需要考察国际商事领域是否存在一个埃利希所谓的联合体，或者法律多元论学者所说的团体，或者广义共同体这一法律存在的社会场域基础。事实上，国际商事领域的确存在生成法律的联合体或共同体——国际商业社会。

(三) 国际商业社会是商事惯例形成的组织依托

某个领域是否存在一个社会共同体（联合体），首先需要了解该领域主要的社会经济活动，考察这些活动是否从地域上或功能上使该领域的活动者密切相连，并使活跃于其中的人与其他领域的人之间具备明显的界限，进而构成一个区别于其他团体的有机社会网络。因此，判断国际商事领域是否存在一个社会共同体（联合体），需要将该领域的活动，即国际商事活动作为考察的起点。

国际商事活动是跨越国界的商事活动，因此商事所具备的特征也是国际商事的固有特征，而这些特征包含了商事领域或国际商事领域能否形成社会共同体（联合体）的因素。

1. 商业的特殊性：产生商业社会的基础

(1) 商的概念

一般而言，商事又被称为"商"、商业。[1] "商"是一个源远流长的概念，不同的学科对商有不同的定义和解释。

辞义学上，无论是中文还是外文，通常将"商"解释为货物的交易或买卖，这就为国际商法和商法意义上的"商"具体限定了文字内涵与外延，构成了研究国际商法和商法之"商"的意义的基点。[2] 为了区分社会再生产过程的不同环节和阶段，经济学一般将"商"解释为以营利为目的的各种商品交换行为，即以营利为目的，直接媒介财货交易的行为。[3] 该定义不但将商限定在商品流通环节而不包括商品生产环节，还将交易对象

---

[1] 本文对"商""商事""商业"不作区分，三个词通用。

[2] 范健，王建文. 商法基础理论专题研究 [M]. 北京：高等教育出版社，2005：21-22.

[3] 范健，王建文. 商法的价值、源流及本体 [M]. 北京：中国人民大学出版社，2004：156-157.

局限于货物而不包括服务、信息、技术等新的商品形式。然而，随着现代社会中商品经济关系的巨大发展，传统意义上的商品概念已日益扩展，以营利为目的的经济活动范围日益扩大，如制造业、金融业、服务业、技术贸易等与传统商业之间的实质性差异已日渐模糊，❶ 经济学上商的定义因而有必要进行适时的修订，以便跟上市场经济的发展。

在法学意义上，商有一个基本出发点：凡属以营利为目的的事业和以营业的方式从事的行为皆可谓之商。❷ 该种解释需要注意的有两点。第一，与经济学上传统意义的商不同，法学上的商不仅包括流通领域，还包括生产领域的营利行为。具体而言，法学上的商事范围一般分为四类：一是直接媒介财货交易的行为，即经济学意义上的商，也被称为"固有商"；二是间接媒介财货交易的行为，如运输、仓储保管、居间、行纪、代办等，该类行为通常是固有商得以实现其目的的辅助行为，因此被称为"辅助商"；三是为工商提供资金融通和银行、信托，为商业提供产品的制造、加工业以及各种原始产业和出版、印刷等营利性事业；四是直接为商事活动提供服务的广告传播、财产保险、旅馆、饭店、摄影、浴池及各种娱乐业。❸ 可见，法学上，商的范围非常广泛，并且随着科学技术的发展，许多新兴行业，如信息产业、知识产权及其他高新技术产业，都能不断纳入商的领域，从而顺应市场经济实践的发展。第二，法学上的商并非指所有生产和流通领域的营利行为，而是特指一种营业活动，并非一般的交易活动，即生产和流通是为了营利的目的而持续进行时，该营业活动才能视为法学意义上的商。

由此，法学意义上的商一方面扩大了商事行为具体内容的覆盖范围，将其扩展至流通环节之外的营利行为；另一方面却限定了商事行为的实施方式，将其限于以营业的方式进行。这既有利于充分反映商业经济的实际，又有利于区分通过营业的商主体的商事行为和普通民事主体的民事交易行为，就法律调整而言，便于与其他法律部门的划分。简言之，法学上的商可以概括为以营利为目的的营业事业。本文所指的"商"或商业、商

❶ 范健，王建文. 商法基础理论专题研究 [M]. 北京：高等教育出版社，2005：22.
❷ 任先行，周林彬. 比较商法导论 [M]. 北京：北京大学出版社，2000：11.
❸ 任先行，周林彬. 比较商法导论 [M]. 北京：北京大学出版社，2000：13-14.

事即是此种含义。

（2）商业的特征

作为以营利为目的的营业事业，商事活动与其他活动具有显著区别，这些区别集中体现为商事活动所具有的特有属性。

①营利性

营利性（making profit）是指经济主体通过经营活动而获取经济利益的特性。❶

从经济生活的终极目的来看，获取交易物的使用价值应该是它的基本方面，但对于商人而言，其目的却是获得交易物的价值。以货物买卖为例，商人购买商品并不是为了自己消费，而是将购买的商品作为一种价值物，再销售出去以获取高于其购买时的交换价值，从而实现资本的增值，即营利。因此，商人交易的本质在于价值方面，而不是使用价值，营利性是商事活动的主要特征和本质属性。这就将商事交易与诸如简单的物物交换、义卖、义务提供服务等非营利的交易区分开来。

在商人行为中，通过商事活动获利，即营利，是商业本身的特点，也是商人从事商事活动的目的、动机和根本出发点。而商人追求的这种利益，是一种私利或自利，可以说，商人是为了自己的利益而大显身手。❷随着商品经济的确立和发展，自利或私利逐渐被视为人类的天然行为，而商人寻求获利既是他们的职业行为，同时也是一种正当的行为。❸

由此可见，商、商事或商业的本质在于营利，营利性是区分商业行为和非商业行为的本质特征，可以说"无利非商"是对商的质的规定性最集中的概括。

②营业性

法学上的商事活动需要具备营业性（doing business），该属性也被称为

❶ 范健，王建文. 商法基础理论专题研究 [M]. 北京：高等教育出版社，2005：32.

❷ 参见 [英] 托马斯·孟，尼古拉斯·巴尔本，达德利·诺思. 贸易论（三种）[M]. 顾为群，刘漠云，等，译. 北京：商务出版社，1982：63.

❸ 根据亚当·斯密"商业社会"的思想，如果让每个人合理地去追求他自身的利益，那么最终将会增加整个社会的财富并使之繁荣。参见张卫良. "商业社会"：英国近代早期的一种新观念 [J]. 浙江学刊，2008（3）：75-77.

经营性❶。

不同的学者对营业性或经营性的内涵存在不同的理解。日本民法学家我妻荣认为，营业存在主观和客观之别，其中客观上的营业是指"以提供特定营业为目的的综合性财产组织，即企业组织体"；而主观上的营业指经营者所实施的"持续性的同种营利行为"❷。中国台湾学者刘清波指出，所谓"营业"，"乃指继续为同种类商事行为，至于偶然所为之营利行为，不得称为营业"❸。中国大陆法学家王保树则将营业分为组织的营业和活动的营业，认为组织的营业为客观意义上的营业，是指为实现一定的营利目的而存在的具有总体财产的组织体；活动的营业即为特定主体的营业活动，即指商事主体营利的活动。❹ 受德国商法的影响，范健教授指出经营性要素或属性是特指"通过持续性的生产经营行为获取盈利并将其最终分配于投资者"❺。还有学者则简洁地提出营业是指商人以营利为目的而反复不间断地实施某种商业活动的行为。❻

虽然学界对营业的定义不同，但有关该术语基本点的判断是一致的，即营业需要具备三个要点：第一，经营活动的目的具有营利性；第二，经营活动在实践上具有连续性；第三，经营的业务活动具有同一性。营业性或者被用来指代从事经营活动的组织体，或者被用来指代具体的商行为，或者二者兼有之。无论是该种组织体，还是该种商行为，它们表示的都是营利行为的实施方式。而只有商人这一特殊的主体才能以同时具备上述三个要点的方式来实施营利行为。正如大部分国内商法典所认可的，商人是实施商事活动并以其为经常性职业的人。❼ 商人❽的职业性决定了他在一段时间内连续不断地从事某种同一性质的营利活动。组织意义上的营业性和

---

❶ 参见范健. 德国商法：传统框架与新规则 [M]. 北京：法律出版社，2003：304-307. 殷志刚. 商的本质 [J]. 法律科学，2001（6）：68.

❷ [日] 我妻荣等. 新法律学词典 [M]. 董璠舆，等，译. 北京：中国政法大学出版社，1991：46.

❸ 刘清波. 商事法 [M]. 台北：台湾商务印书馆，1986：14.

❹ 王保树. 中国商事法 [M]. 北京：人民法院出版社，2001：60-65.

❺ 肖海军. 营业权论 [M]. 北京：法律出版社，2007：23.

❻ 施天涛. 商法学 [M]. 北京：法律出版社，2003：96.

❼ 参见《法国商法典》第 L121-1 条，《德国商法典》第 1 条，《日本商法典》第 4 条。

❽ 商人是指满足商主体资格的自然人、企业、合伙等形式，而非限于自然人。

活动意义上的营业性可以说是分别指代着商人的组织形式和活动形式，因此营业性实质上指向的是商事行为的职业性，它将商人的营利行为与普通民事主体偶尔从事的营利行为（如居民出售房屋等民事交易行为）区分开来。

由此可见，营业性不但是法学上商的一个基本属性或特征，更是将法学上的商与职业商人联系在一起，强调商事行为的职业性。据此，法学上所调整的商事关系通常是商人在经营活动过程中所发生的关系。

③互惠性

前已述及，营利性是商的本质属性，商人从事商业活动的目的就在于营取利益。然而，商业活动绝不是通过单个商人的一方行为就能完成，而是需要两个或两个以上的商人之间的交易才能进行。于是，同一项商事交易中集合了双方当事人各自的营利追求。如果每个商人都毫无限制地追求自己的私利，就会妨碍另一方的利益，激烈的利益冲突将使双方拒绝与对方进行交易从而无法确立和维持商事关系。正如马克思主义经典作家指出的，"每个人追求自己的私人利益，而且仅仅是自己的私人利益……每个人都妨碍别人利益的实现，这种一切人反对一切人的战争造成的结果，不是普遍的肯定，而是普遍的否定"[1]。据此，每个商人只有将追求私利的自由限制在适当的范围内，而对对方做出一定的妥协，双方才能进行合作，在实现对方利益的同时实现自身的利益，即达到互惠的效果。[2]

可以说，每个商事合同都是双方当事人进行谈判、博弈和妥协的结果，是对双方利益进行协调的产物，合同的订立就意味着双方当事人决定以和平的方式通过交易来实现相互的利益，商事合同就是互惠的载体，不但是利己的也是利他的。而合同的履行仍然需要以互惠为指导，当事人在履约过程中才能尊重他人利益，正当行使权利和履行义务，保证合同的顺利履行，以能实现再次的商业合作和更长远的利益。

当从个体商人的视角转移到具体的商事交易时，商的营利性就成为了

---

[1] 参见张振亮. 论现代商法的基本原则 [J]. 南京邮电学院学报（社会科学版），2002（1）：6.

[2] 商事合同的双方可以从他们的合作安排中收获一些互惠优势，因为存在财富的集体创造，商事合作是一种非零和博弈。

互惠性。营利性是相对于商人从事商事活动的动机和根本目的而言的，互惠性则是商事关系得以确立和维持的前提和基础。● 由此可见，商业完全依赖于互惠，可以说，互惠性实际上支撑着商事活动的整个事业。● 在自愿的商业中，互惠是商事行为的重要要求，是交易的基本性质。

④高参与度

商人只有通过与他人之间的商事交易才能实现营利的目的，可以说商人在本质上寻求与他人建立商事关系。每个商人都自愿进入商事交往的情形中，并且他们通常是在非常频繁的基础上从事商事活动。作为职业商人，商业活动是他们的生计，所有商人都会积极追求并参与商事交往，可见，高参与度是商业的一个基本特征。

商人对商事活动的高参与度包含着重复和扩张两个方面，可以说商业就是一种处于不断扩张和重复中的活动。●

首先，商业是一种重复的活动。一次成功的商业合作会增加双方当事人彼此的信任和熟悉度，通常会引起下一次甚至长期的商业合作，即与同一交易对象重复同样的商业活动。可以说，建立可以重复的合作关系几乎是商人的普遍目标，并且往往追求商业交往越频繁越好，以便增进交易机会，实现更多的经济利益。

其次，商业是一种扩张的活动。商业的扩张性主要表现在交易对象和交易类型上。在交易对象方面，随着一个双边交易利益的实现，与其他人发展类似交易关系的动机随之出现，商人会寻求不同的交易对象来完成更多商事交易，获得更多的利益。与不同的交易对象进行的同一种交易，实质上也是该商人对该种交易的重复。在交易类型方面，当某个商人在某一特定的商事交易类型中获得成功后，积累的经济和声誉实力往往会使该商人将商业眼光投向其他的商业领域，从而开始新的商业活动，获取更大规模的利益。开展新的商业冒险活动的过程也是该商人与不同交易对象重

● See Leon E. Trakman. The Evolution of the Law Merchant: Our Commercial Heritage [J]. Journal of Maritime Law and Commerce, Vol. 12, Issue 1, 1980: 2.

● Bryan H. Druzin. Law without the state: The Theory of High Engagement and the Emergence of Spontaneous Legal Order within Commercial Systems [J]. Georgetown Journal of International Law, Vol. 41, Issue 3, 2010: 570.

● Ibid., p. 588.

复该种商业活动的过程。

由此可见，与其他领域相对固定和静止的状态不同，商业领域始终保持着动态并呈现出异常活跃的面貌。所有商人都积极投身于商业活动，不断扩张交易对象和交易类型，并频繁地重复它们。商事活动具有很高水平的参与度。

⑤自由和平等

根据经济学理论，在市场经济中，作为理性经济人的商人能够实现自身利益的最大化。只有排除对商人自由的非法限制，商人才能完全按照自己的意志自由地选择交易对象和交易内容，最大限度地实现自己的经济利益，进而从总体上实现社会财富的增加。因此，自由是市场经济和商事活动的内在要求。这种自由首先要求商人的身份自由，身份自由是意志自由的前提和根本。❶通过建构在身份自由基础上的意志自由，才能驱动商人对商事行为的合理化和效益最大化的选择，实现营利的目标。

商人意志自由的实现，需要以商人之间的地位平等为前提。只有每个市场参与者的地位平等，才不会出现一方凭借特权地位强迫与另一方建立或解除某种商事关系，才能保证商事主体自主地、独立地进行商事行为，即保证商人的意志自由。同时，平等也是市场经济和商事活动的基本要求。商事交易关系的决定性因素在于生产者是生产资料和劳动产品的独立所有人或经营权人，只有实现等量劳动的交换，才能收回生产过程中所做的耗费并获得利润，使简单再生产和扩大再生产得以进行。这要求参加交换的主体彼此承认对方是商品所有者，与自己处于平等地位。❷社会分工的不同和商品的等价交换构成了市场主体地位平等的客观基础和社会条件。

"平等和自由不仅在以交换价值为基础的交换中受到尊重，而且交换价值的交换是一切平等和自由的生产的、现实的基础。"❸自由和平等是商事交易开展的前提条件，是市场经济客观规律的要求。商人之间的地位平

---

❶ 参见徐金海. 商法源流论——以商法结构变迁为视角［M］. 北京：中国经济出版社，2011：168.

❷ 张振亮. 论现代商法的基本原则［J］. 南京邮电学院学报（社会科学版），2002（1）：9.

❸ 郑戈. 市民社会中的市民法——中世纪欧洲城市法溯源［J］. 法律科学，1994（6）：25.

等、意志自由是商事活动的一个显著特点。

⑥国际性

如上所述，商业具有扩张性。商人的逐利本质会驱使他们不断扩张业务，寻求一个更大的市场和更廉价的生产资料（包括原材料、技术、人才等）来源地来增加交易量和降低生产成本，以获得更多的利益。这就决定了商业活动绝不会局限于一隅甚至一国范围之内，正所谓"商业之活动非局部的活动，不受地方或区域之限制，而系不分畛域，超越国际界限之活动"❶。

因此，可以说商业具有天然的跨国性或国际性。即便是在主权国家抑制海外贸易的时期，仍然存在零星或小范围的对外通商现象。❷ 即使那些纯粹在一国范围内进行的商业活动，商业逐利的本质也会使这些国内商业至少具有向国际性发展的欲望和潜力。因为资本决不允许其欲望受到国家边界的阻抑。❸ 在经济全球化迅速而深入发展的当今时代，商业的国际性表现得尤其明显。

综上，商业具有营利性、营业性、互惠性、高参与度、自由与平等以及国际性等特征。这些区别于其他活动领域的特质与跨国商事领域中共同体（联合体）的形成相关。

2. 国际商业社会：跨国商事领域的共同体（联合体）

否定论者一直质疑跨国商事领域存在共同体的可能性，事实上，正是商业活动本身的固有特性造就了国际商事领域的共同体（联合体）——国际商业社会的形成。

（1）商业的特性促使国际商业社会的产生

①商业社会

虽然埃利希没有明确界定联合体的概念，但对此概念有过描述性的表述："联合体是这样一群人的存在，他们在相互关系中，承认一些行为规则

---

❶ ［美］孟罗·斯密. 欧陆法律发达史［M］. 姚梅镇，译. 北京：中国政法大学出版社，2003：334.

❷ 如中国明清实施海禁期间，仍然专门保留少量的口岸进行对外贸易。

❸ ［德］贡特尔·托伊布纳. 全球的布科维纳：世界社会的法律多元主义［G］//高鸿钧. 清华法治论衡，2007（2）：246.

具有拘束力，而且至少在通常情况下，实际地按照这些规则来规制他们的行为。"❶ 凯尔森在论述法律秩序时，也提及联合体和共同体，认为如果一个社团是一个联合体或一个共同体，是指社团中人们的行为受该联合体或共同体的秩序的调整，他们共有的就是调整其相互行为的规范秩序。❷ 可见，与法律相关的联合体或共同体的关键在于群体和秩序两个方面：一方面是一群人基于某种纽带联结为一个群体；另一方面是该群体需要具有自己的秩序，体现为群体成员受共同的规则调整。因此，如果商业活动领域满足群体和秩序两个方面的条件，则能说明商业领域存在一个共同体。商业活动的营利性、营业性、高参与度以及互惠性让这两个条件得到了满足。

a. 营利性、营业性和高参与度促使一个商人群体的形成

从事营利性营业的职业商人需要不断寻求与他人建立商事交易关系，从而将商人与商人联结起来。商业活动的高参与度特征让这种联结并非只是一种松散的联系，而构成了一个紧密的交易关系的社会网络。

高参与度具有重复和扩张的特征。重复意味着与同一交易对象再次建立交易关系，商人与商人之间的联系更加紧密。扩张一方面表现为商人寻求新的贸易伙伴，建立新的交易关系；另一方面表现为商人扩张到新的贸易领域，从而将不同贸易领域的商人以及交易关系联结起来。如此，每个商人重复和扩张的交易活动就让整个商事领域的商业活动以及商人自身都联结在一个复杂的交错的商事关系网络之中。

在这个关联网络中，伴随着当事人之间的各种义务，个人或个人的大规模集合将被拉入复杂的合作中。任何人只要不干扰他人就可以从事自己的业务是不够的，因为当事人相互承担着各种义务，在某种意义上，一个人的业务也是他人的业务。因此，在商业安排中，一个人实质上承诺了对其他人的一系列责任。❸ 因此，在这个交往领域中，商人之间的联系异常

❶ [奥] 尤根·埃利希. 法律社会学基本原理 [M]. 叶名怡，袁震，译. 北京：九州出版社，2007：81.

❷ 参见 [奥] 凯尔森. 法与国家的一般理论 [M]. 沈宗灵，译. 北京：商务印书馆，2013：158.

❸ See Bryan H. Druzin. Law Without the State：The Theory of High Engagement and the Emergence of Spontaneous Legal Order within Commercial Systems, from the Selected Works of Bryan H. Druzin, 2010：593, available at：http://works.bepress.com/bryan_duzin/3/.

紧密，商人们构成了一个联系紧密的群体。

b. 互惠性促使商人群体秩序的形成

商业活动的互惠性对形成商人群体秩序的作用体现在两个方面：

第一，互惠促使商人群体自发性规范的形成。在商业交往中，商人通过合同安排自己的商事关系，将合同以及在重复性实践基础上形成的商事惯例作为进行交易的行为规则。合同和惯例并非由第三方形成或来自一个更高的权威，而是在当事人具有通过互惠满足需要的情形中产生。这代表了一个重要特征，因为正是通过基于互惠的累积交往过程，两种法律形式的规范才产生，实质性地绕开了由第三方权威创造法律的需要。该过程如果与制定法相比，在立法机关方面，参与者自己制定了相关的规则；在法律条款方面，他们协议的条款占主导地位，当事人通过同意的合同条款创造了他们自己的"法条"，而惯例也是由从反复交互中总结到的默示理解（tacit understandings）逐渐演变而来。❶ 由此，在互惠的基础上，商人自己创造了规制其行为的规则。其中，合同是当事人之间的特定安排，而商事惯例则是商人群体共同遵守的规则。

第二，互惠维持了商人群体自身的秩序。合同和商事惯例是商人进行商事交易的行为规则。其中，合同是当事人通过谈判协商做出的互惠安排，商事惯例是由商人们长期的重复性商业做法发展而来，作为理性经济人的商人，选择重复某一商业做法必然意味着该做法符合商人利益，因此商事惯例中也包含着互惠的因素。明显的互惠因素吸引着商人自觉遵守合同和商事惯例，从而维持了商人群体的秩序。❷ 在互惠构成自觉遵守的内在动机以外，商人群体本身还通过"黑名单"、取消成员资格等方式为规则的遵守提供了一个内部的强制机制，从而在不需要借助外部强制（如国家支持的强制）的情况下，强化了商人群体秩序的维持。

由此可见，商业活动的营利性、营业性和高参与度在该领域形成了一个紧密联系的商人群体，而商业活动的互惠性不仅让商人群体产生自发的

---

❶ See Bryan H. Druzin. Law Without the State: The Theory of High Engagement and the Emergence of Spontaneous Legal Order within Commercial Systems, from the Selected Works of Bryan H. Druzin, 2010: 575, available at: http://works.bepress.com/bryan_duzin/3/.

❷ Ibid., p. 570.

行为规则，还在没有外部强制的情况下，让商人们自觉遵守规则，与内部强制一道维持着商人群体自身的秩序。因此，商业领域符合共同体（联合体）所需要的群体和秩序两个关键性条件，商事领域存在共同体（联合体），即商业社会。

而商业社会与非商业社会之间的显著区别，更加印证了商业社会这一独特共同体（联合体）的存在：a）商业社会的活动者，即商人，倾向于更频繁和持续地从事其中的活动（即商事贸易），因为该活动是他们的生计，而非商业社会的活动并不具有如此频繁的参与；b）商事活动具有扩大范围和加速的能力，其中的法律规则因而具有动态、扩散的特点，而其他领域的法律相对静态或固定；❶ c）商业社会的法律一般表达的是肯定性义务，让商人之间的联系更加紧密，而非商业社会的法律可能更多的是消极义务、对不赞成行为的禁止；❷ d）商业交往具有一个完整的交往周期，有确定的结束时间，并倾向于再次重复该周期，而非商业交往没有确定的交往期限，也无所谓再次重复的问题。❸ 商业社会的这些独特性从外在方面将其与非商业社会明显地区分开来。

②国际商业社会

作为商人共同体（联合体）的商业社会具有地域性，在不同的国家形成了不同的国内商业社会，因为各国范围内有专门从事国内商事交易的商人相互联结为一个群体，并发展着国内商事惯例等共同行为规则，具有自己的内在秩序。商业社会也具有行业性，在不同行业的商人之间形成了不同的行业商业社会，基于同样的交易对象，同行业的商人联系更加频繁和密切，在该行业中形成的行为规则也更加统一。然而，商业活动具有天然的国际性或跨国性，为了获得更大的市场和更廉价的生产资料以获得更多的利益，商人一般会具有跨越国界从事跨国商事交易的倾向，国内商业社会也会向国际商业社会发展，在当今全球化背景之中，这种倾向尤其明

---

❶ See Bryan H. Druzin. Law Without the State: The Theory of High Engagement and the Emergence of Spontaneous Legal Order within Commercial Systems, from the Selected Works of Bryan H. Druzin, 2010: 587, available at: http://works.bepress.com/bryan_duzin/3/.

❷ Ibid., p. 591.

❸ Ibid., p. 597.

显。除地域上的扩张性外，商业活动还具有行业上的扩张性，某一行业的商人会扩展其业务，从事其他行业的交易，同时，行业与行业之间也往往通过某次交易的完成而联系起来，如一项货物买卖的完成会将货物买卖行业、运输业、保险业和银行业等不同行业联结在一起，因此，行业的商业社会也存在向普遍性的国际商业社会发展。

无论国内商业社会、行业性商业社会还是国际商业社会，都是存在于商事领域的共同体（联合体）。正如埃利希将联合体区分为较大联合体和较小联合体一样❶，国内商业社会和行业性商业社会都可以被视为国际商业社会这一较大联合体的组成部分。从整体上讲，整个国际商事领域构成了一个国际商业社会。

（2）国际商业社会的构成和特点

①国际商业社会的构成

79

一般认为，国际商业社会由从事跨国商事交易的商人、这些商人组成的贸易协会以及其他无组织的商人群体构成❷，其中单个的跨国商人是最主要的构成成分。在现代国际组织兴起的背景下，各种旨在协调、编纂和制定国际商事法律的政府间国际组织和非政府间国际组织（如国际商会、国际统一私法协会、联合国国际贸法委员会）以及用于解决国际商事纠纷的国际商事仲裁机构也被视为现代国际商业社会的构成部分。尽管这些国际组织和仲裁机构并非都由商人构成，但他们所从事的工作是为便利跨国商人的商事交易服务，充分考虑商人和商业的需求，并尊重商人的国际商事实践，因此，这些国际组织和仲裁机构也可以被纳入国际商业社会之中。

正是基于国际商业社会复杂的构成成分，否定者提出国际商事领域不存在一个同质的群体，因此不构成一个共同体，同时，国际商业社会也缺乏法律的机构性创制所需要的条理分明的社会模式和结构性统一。❸ 这些否定的理由实质上与国际商业社会的社会结构相关。

---

❶ 参见 ［奥］欧根·埃利希. 法社会学原理 ［M］. 舒国滢，译. 北京：中国大百科全书出版社，2009：161-162.

❷ See Klaus Peter Berger. The Creeping Codification of Lex Mercatoria ［M］. Kluwer Law International，1999：105.

❸ Ibid.，pp. 104-105.

②国际商业社会的特征

国际商业社会呈现出以下几个显著的特征：

第一，国际商业社会具有流通性。流通性是指商人可以自由决定是否加入国际商业社会中的某个商业团体，而且原则上可以自由决定随时退出已经加入的商业团体。而商业团体本身除了具有永久性组织外，也有临时组成或解散的团体，但它们的活动性质都是国际商事业务。❶ 因此，整个国际商业社会内部呈现出流通性的特征。

第二，国际商业社会具有多层性或异质性。多层性和异质性与国际商业社会的构成相关。由于国际商业社会由跨国商人、贸易协会、相关国际组织和仲裁机构构成，他们的活动具有不同的性质，如国际组织的活动在于协调、编纂和制定商事法律，仲裁机构在于解决国际商事纠纷，即便是同样从事商事交易的商人，也因所属的行业不同或者在贸易中的角色不同，而呈现出异质的特点。但所有这些活动都属于商业专业性质。❷

第三，国际商业社会的社会结构具有平等性。尽管存在其他的构成成分，但国际商业社会是一个主要由从事跨国商事交易的商人组成的社会，以商业或贸易为主的相互依存的社会互动决定了平等关系是国际商业社会成员之间关系的基本特征。

然而，国际商业社会的这些特征不应成为否定其构成一个共同体的理由。对于否定论者所提出的异质性问题，正如前文论述的现代共同体的概念有泛化的趋势，功能性共同体就具有异质的特征❸，因此国际商业社会的异质性并不能否定其构成共同体的可能性。再者，学者卡恩曾专门研究过由买卖双方所组成、组织良好而且具有高度同质性和稳定性的国际商业社会，并指出在诸如从事欧洲债券的银行业市场等其他市场中也具有类似的倾向。❹ 可见，在国际商业社会的较小范围内也存在着同质的团体。对

---

❶ 参见柯泽东. 国际贸易习惯法与国际贸易［G］//国际贸易习惯法暨国际商务仲裁法. 中国台北：元照出版公司，2008：14.

❷ 参见柯泽东. 国际贸易习惯法与国际贸易［G］//国际贸易习惯法暨国际商务仲裁法. 中国台北：元照出版公司，2008：14.

❸ 参见本章本节标题二的论述。

❹ Kahn. P.. La vente commercial internationale, Paris, Sirey, 1961, 2 and 15. 转引自 Filip De Ly. International Business Law and Lex Mercatoria ［M］. North Holland, 1992：215.

于否定论者提出的国际商业社会缺乏法律创制的组织结构问题，实质上是他们以国家社会结构作为共同体标准造成的结果。国际商业社会以平等关系作为基本特征，而国家存在不同的社会阶级或层级，存在领导与被领导、命令与服从的关系，具有统一的组织结构，因此国际商业社会与国家相比，是一个相对分散和组织性较弱的社会。但它并不是一个无序的社会，平等商人之间自发形成的商事惯例等商人法调整着商人之间的商事关系，使国际商业社会能够有序运转。因此，否定论者认为国际商业社会尚未形成社会共同体的观点并没有充分考虑国际商业社会的特殊性。

综上所述，基于商业活动各种特征，国际商事领域存在一个社会共同体——国际商业社会。国际商业社会主要由从事跨国商事交易的商人构成，具有与国家社会结构完全不同的平等的社会结构，不应以国家的标准来看待国际商业社会，从而否定国际商事领域共同体的存在。在国际商业社会中，商人们通过商业实践自发形成的商事惯例是规制他们商事交易的行为规则，维系着国际商业社会的秩序，因而国际商业社会是跨国商事领域生成法律的社会共同体（联合体），而商事惯例则是该共同体（联合体）的法律。

三、商事惯例是国际商业社会中的法律

既然跨国商事领域存在一个社会联合体（共同体），按照埃利希的理论，该联合体（共同体）的内部秩序即为该联合体的法律。而商事惯例正是国际商业社会的内部秩序，是国际商业社会中的法律。

（一）商事惯例是国际商业社会的内部秩序

埃利希将法律与国家主权相分离，认为法律是塑造、调整社会联合体中各种社会关系的社会规范类型之一，是为联合体每一位成员分配在团体中的地位和职责的规则❶，法律的本质是一种社会秩序❷。在埃利希看来，除了用于裁决纠纷的裁判规范，联合体中更重要的是那些产生于社会并实

81

---

❶ Kahn. P.. La vente commercial internationale, Paris, Sirey, 1961, 46.

❷ 参见［奥］尤根·埃利希. 法律社会学基本原理［M］. 叶名怡，袁震，译. 北京：九州出版社，2007：125.

际支配社会一般成员的行动的组织规范，从社会成员的角度讲，就是这些成员实际遵守的行为规则。这类规范在联合体中自发形成，直接参与联合体内部法律秩序的创建，是联合体的内部秩序，是与国家实施的法律相对应的由社会实践的"活法"。毫无疑问，在埃利希的理论中，并非由主权国家制定的"活法"是比国家法更重要的法律，其也被认为是构成人类社会法律秩序的基础。商事惯例便是国际商业社会中的"活法"。

首先，商事惯例是在国际商业社会中逐渐形成的。基于商业的需要，商人之间出现了许多商业做法。由于便捷和高效，那些合理的、符合商人利益的商业做法会被同一商人反复实践，也会被其他商人采用，并反复应用于相关的商事交易中，由此，该种商业做法在某一地域形成了商业惯常做法。贸易的流动性使这些惯常做法的影响范围越来越广，逐渐成为整个商人社会普遍遵守的规则，从而演变成为商事惯例。可见，商事惯例是在商人们积极互动中通过他们的行为被构建的规则，是在国际商业社会中自发生成的规则。

其次，商事惯例是实际支配商人行为的规则。在埃利希看来，法律的主要目的是管控、规整社会秩序，而非裁决纠纷，法院的审判只是日常生活的例外情况，因此，法律规范并非只是裁判规范，更多的是那些实际支配社会生活的组织规范，或者说社会成员在日常生活中实际遵循的行为规则。具体到国际商事领域，商事惯例虽然不一定为法院所适用，但它的确为商人们所遵循。商事惯例的形成过程就隐含着商人们对惯例的遵守，只有得到商人们普遍性地遵守，商事惯例才能最终形成并固定。在惯例的形成过程中，商人们在商事交往中确立和遵守的规则形成了他们生活的一个基本和熟悉的基础，他们持续地从事这套规则，经常发现自己处在如下的情景中：他们必须求助于这些规则，以克服威胁他们构建的关系取得成功的障碍。因此，这些规则对商人而言至关重要，渗透到他们的日常生活之中。❶ 即商事惯例支配着商人的日常商贸交易活动。

现实的商贸实践也证实了商事惯例支配着商人的商事活动。如在国际

---

❶ See Bryan H. Druzin. Law Without the State: The Theory of High Engagement and the Emergence of Spontaneous Legal Order within Commercial Systems, from the Selected Works of Bryan H. Druzin, 2010: 590, available at: http://works.bepress.com/bryan_duzin/3/.

原油贸易领域，国际原油合同中都存在体现该领域贸易惯例的格式条款，特别是关于不履行条款中的不可抗力问题，均按照原油产业中的具体惯例，详细规定了诸如政治动乱、暴动或国有化而产生的合同后果。❶ 而且国际原油交易大部分都是按照合同和行业惯例正常进行，调查显示，1974年以来，88%的国际原油销售合同都没有发生有关履行的争议，即便是仅有的发生了争议的合同，其中76%都是通过当事人之间非正式的方式解决。❷ 由此可以窥见，国际原油贸易领域中商人们对商事惯例的严格遵守程度。又如，在诸如安特卫普、比利时和其他钻石国际交易市场，钻石交易者之间通常都是基于非正式的、不成文的合同，更确切地讲，是基于商事惯例和特定的贸易准则完成交易。❸

可见，在国际商业社会中产生的商事惯例实际支配着商人的商业行为，在无主权国家干预的情况下调整和规制着跨国商人之间的权利义务关系，维持着国际商业社会的秩序，因此，商事惯例是国际商业社会的内部秩序，是跨国商事领域的"活法"。正如学者所言，法律不仅仅由争议构成，也不仅仅是为了解决争议，而是独立于任何争议，支配着产生并有效适用它的人类社会的运行，而商事惯例等商人法便是此种法律。❹

（二）商事惯例是区别于其他社会规范的法律规范

由于实际支配联合体社会生活的法律规范往往与其他社会规范交织在一起，埃利希尝试着将法律规范和法律外的社会规范进行进一步的区分。在埃利希看来，法律规范和非法律规范之间的差异显而易见，否认这种差异是不可能的，但就目前的法学现状而言，确定这种差异也同样困难，所

---

❶ See Leon E. Trakman. The Law Merchant：The Evolution of Commercial Law ［M］. Fred B. Pothman & Co. Littleton，1983：47-49.

❷ Leon E. Trakman. The Law Merchant：The Evolution of Commercial Law ［M］. Fred B. Pothman & Co. Littleton，1983：52-53.

❸ See Klaus Peter Berger. The Creeping Codification of Lex Mercatoria ［M］. Kluwer Law International，1999：107-108.

❹ See Thomas E. Carbonneau. Lex Mercatoria and Arbitration：A Discussion of the New Law Merchant ［M］. Juris Publishing，1998：xx.

以他所提供的区分因素并非是一个决定性的标准，只是一些可以参考的成分。❶

埃利希认为，尽管在科学上很难在法律规范和非法律规范之间划分出明确的界限，但在实践中该问题却很少存在，因为人们往往能够直接说出某一规范是属于法律规范还是属于道德、宗教、礼仪等领域的规范。不同种类的规范触发人们不同的情感声调，人们对不同种类规范的违反也会有不同的情感反应，如违法后引起的愤怒感与违反道德引起的恼怒感、违反礼节引起的厌恶感等都悉数不同。❷ 最终，埃利希将法律规范所持有的情感声调归之于"必然之念"（opino necissitatis）❸，但没有对此做出解释。显然，埃利希的法律理论带有了一种心理学的成分。

由于心理上的情感不易确定，埃利希进一步指出法律规范的两个本质特征，以示与非法律规范的区别。一方面，至少从其起源的群体感觉上看，法律规范调整较为重要的、具有根本意义的事项。这是由法律规范构成的是联合体内部秩序的支柱所决定的；另一方面，法律规范经常用清晰、确定的词语表达，赋予那些以法律规范为基础的团体稳定性。❹ 需要注意的是，埃利希所提出的活法是实际支配生活的法律，对其的探寻更多的是通过对生活实践的观察，活法并非以文字的形式表达。因此，此处的"用清晰、确定的词语表达"实际上是指法律规范的内容是一种明确、详细的规定，而非只是一般性的表达。正如埃利希对此进行解释的，每个人根据法律规范的规定就应当容易知道他在具体的场合应当怎样行为，而采取一般表述的非法律规范只不过是一种行动的方针，在此基础上，人们还

---

❶ 参见［奥］欧根·埃利希. 法社会学原理［M］. 舒国滢，译. 北京：中国大百科全书出版社，2009：176.

❷ ［奥］欧根·埃利希. 法社会学原理［M］. 舒国滢，译. 北京：中国大百科全书出版社，2009：176-177.

❸ 此处的"必然之念（opinio necessitatis）"被其他学者解释为"人们在内心里所持的一定的规则必须遵守的确信"，不同于习惯法中的"法律确信"（opino juris），即行为者确信遵守的是法律规则。［奥］欧根·埃利希. 法社会学原理［M］. 舒国滢，译. 北京：中国大百科全书出版社，2009：177.

❹ 参见［奥］欧根·埃利希. 法社会学原理［M］. 舒国滢，译. 北京：中国大百科全书出版社，2009：179-180.

必须在具体的场合构建行为规则。❶ 由此可见，法律规范的两个本质特征分别是规定重要事项以及有明确具体的内容能够直接分配当事人的义务和职责。

商事惯例在各方面都满足埃利希就法律规范与其他社会规范的区别所提出的各项参考因素。就"必然之念"而言，由于埃利希没有给出确切的解释，其含义无法准确地确定，但实践中的商人一般不会将商事惯例划归为宗教、道德、礼仪之类的规范，并且在反复实践中商人们产生的对彼此遵守商事惯例的期待，至少隐含了需要遵守商事惯例的心理。就"规定重要事项而言"，商事惯例通常规定的都是交易中的重要问题，因为在当事人没有通过合同做出具体安排时，如果不依靠商事惯例或国家制定法，该交易便无法顺利进行，可见，商事惯例涉及的是关系到整个交易能否顺利完成的实质性事项，而不是对交易的开展无关紧要的事项。就"具有能直接分配当事人义务职责的具体内容"而言，商事惯例更是如此。商事惯例是通过商人的反复实践形成和确定的，它能够被商人模仿重复并得到扩散和传播，必然意味着其内容是详细具体的，而不仅是一种行动方针，当事人还需要在具体情景中构建具体的行为规则，否则，商事惯例无法形成一种统一的、普遍的做法。如一个仅由三个字母缩写组成的贸易术语（FOB、CIF、CFR 等）包含了买卖双方在交货、保险、清关、收货、风险转移等各方面的全部义务和责任。同时，由于商业活动往往具有技术性，与一般法律规范相比，交易中形成的商事惯例更具复杂性和充满细节性。如银行业普遍使用的《跟单信用证统一惯例》（UCP），包含了长达近 40 条的条款，覆盖了从信用证开具到兑付整个过程的各种技术细节，相关当事人的义务和责任一览无余。

尽管埃利希提出的这些因素并非法律规范与非法律规范区别的决定性标准，但商事惯例对它们的满足至少说明其具有法律规范所具备的特质。更重要的是，埃利希明确承认商事惯例是其"活法"的一种典型形式，指出在当时以法条为核心的法学研究背景下，商法是唯一一个不仅偶然，而

❶　[奥] 欧根·埃利希. 法社会学原理 [M]. 舒国滢，译. 北京：中国大百科全书出版社，2009：180.

85

且完全以实际的惯例作为出发点的法律领域，商事习惯和惯例还被正式地纳入法学。❶ 可见，商事惯例是一种确定的"活法"，是真正的法律规范而非其他社会规范。

（三）商事惯例在法律体系中的功能与作用

确定商事惯例的法律地位后，在跨国商事领域就存在商事惯例等商人法与国家法两类不同法律并存的现象，即国际商事领域的法律多元现象。按照法律多元主义理论的分析，在并存的不同类型法律中，国家法并非处于绝对优势和中心地位，非国家法和国家法之间不是简单的服从与被服从的关系，而是一种复杂的博弈、互动，甚至相互构成的关系。❷ 在一个社会领域中，究竟是国家法还是非国家法实际发挥着效力，需要具体考察该领域成员实际遵守的规范和规则。一般而言，社会成员更偏向于选择遵守具有更大优势、更符合其利益的法律。

在商事领域，商事惯例与国家法相比，商事惯例具有明显的优势：（1）商事惯例由商人们在商业实践中自发形成，它的形成过程也伴随着不同商业做法之间的博弈，因此最终确定和形成的商事惯例更能体现当事人之间权利义务的平衡。（2）在商业实践中形成和应用的商事惯例会随着商业实践的发展而与时俱进，具有充分的灵活性，适用便捷之余更能反映跨国商业的发展和商人的现实需要。❸ （3）当发生争议并提交诉讼或仲裁解决时，商事惯例具有更大的可预知性。在跨国商事交易中，法院或仲裁庭需要根据冲突法规则的指引才能适用国家法，复杂的冲突法理论和冲突法规则让要适用的作为准据法的国家法具有不可预知性，而普遍的商事惯例却能得到统一适用。总体而言，商事惯例具有满足商业需求和商人偏好、通过回避法律选择条款，避免法律选择中所涉的必要成本，从而增加整体

---

❶ ［奥］欧根·埃利希. 法社会学原理 ［M］. 舒国滢，译. 北京：中国大百科全书出版社，2009：544.

❷ See John Griffiths. What is Legal Pluralism? ［J］. Journal of Legal Pluralism and Unofficial Law, Vol. 24, 1986：39.

❸ 左海聪. 国际商法 ［M］. 北京：法律出版社，2013：17-18.

福利的意义。❶

基于商事惯例的优势和意义，商人们在实践中往往根据合同安排和商事惯例从事和完成国际商事交易，只有在发生争议时，才可能考虑到国家法的问题。因此，在国际商事领域中，在商事惯例和国家法之间的竞争中，国家法并不是占有支配性地位的法律。正如学者所言，"正是在由贸易惯例支配的商法的基础上，普遍性的商业法才仍然保持着不变并进一步地发展，尽管存在全面的国家主义"❷。

综上，商事惯例分配着国际商业社会中商人的义务和职责，实际支配着国际商贸交易，是国际商业社会的内在秩序，是区别于其他社会规范的"活法"。商事惯例具有符合商业需求和减少交易成本的优势，让其在与国家法的竞争中，并未被以国家强力所支持的国家法所支配。商事惯例是商人们在商业实践中实际遵守的规则，是社会法学下真正的法律。

第二节　实证主义视角下的商事惯例

在商事领域，常见的是用"惯例"（usage）来表达被商人们普遍遵守的商业做法，而"习惯"（custom）的表达较少被采用。这让那些严格遵守"惯例"和"习惯"概念区别的传统观点的学者将商事惯例自然地排除在习惯法的范围之外。然而，事实上，商事惯例在性质上就是一种具有法律性质的习惯法。

一、传统观点中惯例和习惯❸的区别

传统观点中，"惯例"（usage）和"习惯"（custom）是两个完全不同

---

❶　See Ralf Michaels. The True Lex Mercatoria [J]. Indiana Journal of Global Legal Studies, Vol. 14, Issue 2, 2007: 463.

❷　Aleksandar Goldštaijn. International Conventions and Standard Contracts as Means of Escaping from the Application of Municipal Law, in Clive M. Schmitthoff（ed.）, The Sources of the Law of International Trade, Stevens & Sons, 1964: 104.

❸　与惯例对比的习惯通常是指具有法律性的习惯法，而非其他事实上的习惯。

的概念。对它们的区分可以追溯到中世纪巴托鲁斯的观点。

在巴托鲁斯看来，惯例是描述重复性行为的"事实"，但它本身不是一个从法律上约束当事人的规则；而习惯是法律，它由共同体的大多数都遵守的惯例发展而来，一旦他们默示同意，就受该惯例的约束。对于法学家而言，只有习惯才是法律讨论的领域，只有习惯才创造一个具有法律义务的行为规则。❶ 可见，巴托鲁斯的观点中已经蕴含了惯例缺少让其具有法律约束力的因素（默示同意）的观点，这正是惯例和习惯的概念区别所在。

巴托鲁斯区分惯例和习惯的路径对近代法学家也产生了影响。法国的惹尼就将习惯和惯例进行区分，认为习惯需要同时具备心理上和事实上两方面要素：长期和持续地遵守某种行为还不足以构成习惯，习惯还要求人们认为该种方式行为具有法律上的约束力。因此具有惯行和法律确信两方面要素的习惯是一种独立于制定法的真正的法律渊源。而惯例只是一种通常遵守的事实性行为模式，不具有法律约束力。❷

因此，在传统的观点中，惯例和习惯具有共同的重复性行为（惯行）这一客观因素，但惯例不具备习惯的"默示同意"或"法律确信"这一主观因素，主观因素是二者的区别所在，也是将惯例排除在习惯法之外而划归为事实的根据。

然而，从前文对习惯法构成要素的论述可知，一类惯例是否具备主观要素（无论是中世纪的"默示同意"，还是现在通说中的"法律确信"），对其习惯法地位的确定并不是决定性的。因而，传统理论中以"法律确信"（或"默示同意"）的缺乏为由将惯例排除在习惯法之外存在固有的问题。

二、商事惯例和商事习惯

受传统观点的影响，商事惯例和国际商事习惯也往往被学者们赋予不

---

❶ Emily Kadens. The Myth of the Customary Law Merchant [J]. Texas Law Review, Vol. 19, Issue 5, 2012: 1164.

❷ Filip De Ly. International Business Law and Lex Mercatoria [M]. North Holland, 1992: 146-148.

同的含义。

德国学者霍恩认为，国际商事习惯是获得国家认可，并由国家强制力保证实施的惯例，而国际商事惯例尚处于国际商事习惯的前一阶段，是习惯做法或交易道德发展为具有规范性作用的阶段。中国学者徐国建进一步指出，国际商事习惯由于业已为国家确认，并由国家强制力保证实施，因而它具有国内法律所具有的一般法律约束力，其适用不需要当事人的选择，而商事惯例尚不具有该种约束力，只有经过当事人的选择才能适用。❶这些学者甚至不是以是否具有"法律确信"为标准区分商事惯例和国际商事习惯，而是深受奥斯丁式的实证主义法律观的影响，认为基于主权国家意志的参与，商事惯例才成为具有一般法律约束力的习惯法。

还有部分学者以是否经过国际制法机构的制定和编纂为标准区分商事惯例和国际商事习惯。如施米托夫就认为，国际商事习惯（custom）是由国际组织制定，具有相当程度的肯定性，是造法渊源，而商事惯例（usage or practice）只是国际商事习惯的雏形，是未经国际组织制定的惯常做法，是商业习惯的最初或试验阶段的形式，并且只有前者才是商人法的法律渊源。❷中国台湾学者柯泽东也持类似观点，认为"同一类活动及行为依经常划一之方法、模式及规格作业，同一业之买卖依同一习惯重复其事，故而产生商业社会整体对若干实务上习惯之认同感与确认性，此构成国际贸易习惯法形成前之需要性与继续性——即习惯法形成前之试验阶段所应具有之实质要素与心理要素。然后国际习惯法乃经国际社会商业之购买者与出卖者整体组织制定确认之"。❸虽然这些学者并不是以"法律确信"为标准进行的区分，但仍体现出他们认为商事惯例的约束力不及国际商事习惯的观点。

更多学者在论述过程中则是以"法律确信"为标准，他们对惯例和习惯的区分体现在国际贸易领域，认为国际商事习惯是正式的法律渊源，而

---

❶ 徐国建. 国际统一私法法源研究 [J]. 比较法研究，1993（4）：361.

❷ ［英］施米托夫. 国际贸易法文选 [M]. 赵秀文，等，译. 北京：中国大百科全书出版社，1993：150.

❸ 柯泽东. 国际贸易习惯法与国际贸易 [G] //国际贸易习惯法暨国际商务仲裁法. 台北：元照出版公司，2008：13.

商事惯例只是一种事实性的行为模式。❶

　　然而，也有学者意识到，习惯和惯例只是程序上的区别而没有实质上的区分，在国际商事领域，甚至程序上的区别也不存在。如法学学者 Fou-chard 就指出，习惯和惯例的区别纯粹是程序上的原因；国内法院不可能知道所有的惯例，当事人因此必须提供它们存在的证据。与此相反，作为法律规则的习惯不必被证明并可以被最高法院审查。在国际商事仲裁中，该原理不再适用，仲裁员被假定知道商事惯例，对他们而言，商事惯例和商事习惯之间不存在实质性区别。❷ 我国也有学者持类似观点：在商事法实践中，由于商人的自治性如此地明显，以至于法院和仲裁机构在很多情况下直接使用商人之间的通例，因此，在商事法上，习惯和惯例往往被不加区别地混同使用。❸ 如 ICC 制定的《跟单信用证统一惯例》就被命名为"*Uniform Customs and Practice for Documentary Credits*"，用"custom"命名一个国际组织编纂的商事惯例。

　　因此，有学者强调商事惯例和商事习惯的混同绝非只具有名称上的意义，在他们看来，二者是同一的，因为商事惯例实质上就是一种具有法律性质的习惯法。

三、商事惯例构成习惯法

　　商事惯例❶不存在传统习惯法的"法律确信"，也不存在主权国家意志的参与（以立法或司法形式），但这些都不能成为否定商事惯例具有法律地位的理由。按照前文对习惯法构成要素的分析，惯行是否构成习惯法最重要的是有无机制或因素赋予它法律约束力。而商事惯例的形成过程表明，的确存在赋予其法律约束力的机制。

（一）产生于商业实践的商事惯例的约束力

在商事惯例的形成过程中，无论商人们是基于便利、效率，抑或其他

---

❶ See Filip De Ly. International Business Law and Lex Mercatoria ［M］. North Holland, 1992：158.
❷ See Filip De Ly. International Business Law and Lex Mercatoria ［M］. North Holland, 1992：221.
❸ 任先行，周林彬. 比较商法导论 ［M］. 北京：北京大学出版社，2000：100.
❹ 此处对商事惯例构成习惯法的论述同样也适用于国内商事惯例。

理由选择重复某一特定的商业做法，当该种商业做法被商人共同体的大部分人所遵守时，商业做法构成了商事惯例，从而处于了这样一种境地：当惯例在其中运行的情形具体化时，几乎贸易中的所有人都遵守该惯例；几乎贸易中的所有人都期待其他所有人都遵守该惯例；至少在其他人都遵守的情况下，几乎贸易中的所有人都乐意遵守该惯例。❶ 由此，商人们的反复实践产生了一种对遵守惯例的相互期待。共同体的商人不但对他人遵守惯例有所期待，自己也乐于采取合作行为，遵守惯例，整个商人共同体在事实上形成了遵守惯例的共识。这种期待和共识被学者们理解为一种类似于承诺的交换和社会契约❷，即类似于商人们彼此承诺遵守惯例，因而产生了遵守惯例的义务，商事惯例因此对商人具有了约束力。由此可见，商事惯例的约束力来源于一种对遵守惯例的期待。

然而，这种对遵守惯例的期待内嵌于商人对具体商事惯例的反复实践之中。商人们的反复实践不但产生了遵守惯例的期待，赋予该种期待合理性和正当性，反复实践还是商人彼此对遵守惯例的共同期待的表现形式。一方面，正是由于商人共同体对惯例的重复实践和普遍遵守，才使人有理由相信该惯例在现行交易中也会得到遵守，从而赋予了对遵守惯例的期待的合理性；另一方面，在商事惯例的形成过程中，作为理性人的商人，选择按照某一特定的商业做法进行交易，是因为该商业做法在实践中具有意义，即满足商业需求或符合商业利益。越来越多的商人重复该种商业做法从而形成的重复性行为模式或惯行，绝非只是商人之间的简单模仿，而是承载了商人们追求的价值和目标。❸ 因此，承载特定价值和目标的惯行赋予了对遵守惯例的期待的正当性。与此同时，商人彼此间对遵守惯例的共同期待只能通过在商事交易中再次遵守商事惯例体现出来，从整体上看，就表现为商人共同体普遍按照惯例行事的一致实践。正如美国 Hand 法官

---

❶　See Clayton P. Gilletite. Harmony and Stasis in Trade Usages for International Sales［J］. Virginia Journal of International Law，Vol. 39，Issue 3，1999：725.

❷　See Jules Coleman. The Practice of Principle in Defence of a Pragmatist Approach to Legal Theory［M］. Oxford University Press，2001：76. 转引自范立波. 论法律规范性的概念和来源［J］. 法律科学（西北政法大学学报），2010（4）：26.

❸　See Gerald J. Postema. Custom，Normative Practice，And the Law［J］. Duke Law Journal，Vol. 62，Issue 3，2012：715.

在 Kunglig Jarnvagsstyrelsen v. Dexter & Carpenter 案❶中指出的，当这种类型的惯例已经在一个活跃的商事共同体中变得统一时，就应该有足够的理由认为：惯例回应了基于对它的信任而进行交易的人的需要。商人们的反复实践反映的是商人进行交易所基于的默示的预设（tacit presupposition），即从商事实践中产生的对遵守该商事惯例的期待。与施米托夫并称为"现代商人法之父"的法国比较法学者戈德曼也曾强调，商人以某种方式重复性的行为就足以证明他们意识到自己受到所遵守的这种行为规则的约束。❷由此可见，使惯例具有约束力的"遵守惯例的期待"，内嵌于反复的商业实践（惯行）中，反复的商业实践不仅产生了而且体现着遵守惯例的期待，因此，正是在商人们反复的商业实践过程中产生了商事惯例的约束力。

产生约束力的期待内嵌于惯行中的事实，与波斯特玛的观点相契合。波斯特玛在习惯法构成要件的主客观一体化论中分析道："我们应当集中于参与者的行为，而不是态度；不应该在行为之外界定'法律确信'这样的额外因素，而应该清晰地表达参与者独特的行为并考虑该行为的法律规范性特征。我们不应当询问必须给惯行（usus）增加什么因素，而应当询问惯行（被理解为有意义的行动而不是纯粹的行为）是什么、它如何开始的、如何渗入参与者的想法和选择。"❸ 因此，对商事惯例约束力的探寻应将分析的重点放在商人们在做什么，而不是他们在想什么上。❹ 可见，商事惯例具有赋予其约束力的有效机制，并不需要法律确信这一主观要素存在，正如学者所言："商事惯例并不需要有商人心理上的法律确信就具有对商人的约束力，仅凭惯例践行者彼此存在某种可推定的期待，就足以产生遵守惯例的义务。"❺ 这也正是 Berman 和 Trakman 将惯例的研究从所谓

❶ Kungling Jarnvagstyrelsen v. Dexter & Carpenter, 299 Fed. 991 994-95. (S. D. N. Y 1924).

❷ Berthold Goldman, Rapport General, in Le role de la pratique dans la formation du droit, pp. 164, 175-177. 转引自 Filip De Ly. International Business Law and Lex Mercatoria [M]. North Holland, 1992: 212.

❸ Gerald J. Postema. Custom, Normative Practice, And the Law [J]. Duke Law Journal, Vol. 62, Issue 3, 2012: 718-719.

❹ J. C. Gary. The Nature and Source of the Law, 285 (2d ed. 1921). 转引自 Harold J. Berman. The Law of International Commercial Transactions (Lex Mercatoria), Emory Journal of International Dispute Resolution, Vol. 2, Issue 2, 1987: 286.

❺ 左海聪. 国际商法 [M]. 北京：法律出版社，2003：16-17.

"规范性习惯"转移到"行为性习惯"❶ 的原因所在。

内嵌于反复实践中的惯例践行者的期待使商事惯例具有了约束力，产生了商人遵守惯例的义务。而这种约束力是否具有分析实证主义法学中法律上的意义，或者说是否属于法律约束力，则可以通过哈特的法律理论获得解释。

（二）商事惯例的法律约束力

如果说遵守惯例的期待只是赋予商事惯例以约束力，而尚不能确定是否是法律约束力，哈特的法律原理则表明，商事惯例的这种约束力正是一种法律约束力。

在哈特的法律规则说中，除国内法律体系中的法律规则的法律效力由承认规则赋予外，其他法律规则的法律效力来源与规则的"内在面向"相关。

按照哈特的观点，行为的规律性只是规则的外在面向，社会规则还存在"内在面向"，即被群体成员所"接受"：成员不但将规则作为自己行为的标准，而且在某成员发生偏离或有偏离之虞时，会遭到其他成员的批判，并且对于偏离的批判被成员认为是正当的，或者是被证立的。而当对违反社会规则的批判而施加的社会压力主要是或经常是身体上或实质上的制裁时，即使这些制裁并非由官员严密地加以界定及执行，而是由社会大众来实施制裁，仍会倾向于将这些规则归类为原始或初步形式的法律。❷因此，在哈特的理论中，对于非国家法律体系中的社会规则，根据内在面向中社会压力的类型可以将法律规则和其他社会规则区分开来，尽管这类规则被哈特划归为"原始或初步的法律"。

商事惯例即满足该种法律的界定。在跨国商事实践中，商人们将商事惯例作为行为的指引，总是惯常遵守着商事惯例，会依据商事惯例提出权

---

❶ See Harold J. Berman. The Law of International Commercial Transaction（Lex Mercatoria）［J］. Emory Journal of International Dispute Resolution，Vol. 2，Issue 2，1987；Leon E. Trakman. The Evolution of the Law Merchant：Our Commercial Heritage-Part Ⅱ：The Modern Law Merchant［J］. Journal of Maritime Law and Commerce，Vol. 12，Issue 2，1981.

❷ 参见［英］H. L. A. 哈特. 法律的概念［M］. 2 版. 许家馨，李冠宜，译. 北京：法律出版社，2006：82.

利主张。当一方当事人违反惯例，损害了另一方当事人的权利时，另一方当事人会据此诉诸仲裁或诉讼请求赔偿或其他救济。仲裁庭或法院也会以商事惯例为依据做出裁决，对违反惯例的一方实施诸如金钱赔偿等实质性的制裁。而整个国际商业社会也可能通过诸如"黑名单"、撤销成员资格等损害当事人商誉的方式对该商人实施制裁。即便是这种损害商誉的制裁方式，对商誉即是交易机会的商人而言，也是相当严厉的实质性制裁。按照哈特的理论，这些实质性制裁让商事惯例与道德、宗教等社会规则区分开来，成为"初步的或原始的法律"。尽管哈特与凯尔森一样，以国内法律秩序为中心，将习惯法、国际法等归为一种"原始的或初步的法律"，带有一种对其法律地位的贬低，但他们仍然承认了非国家法的存在。因此，商事惯例尽管只是哈特所谓的"原始或初步的法律"，但仍然具有法律约束力。

由此可见，内嵌于反复实践中的惯例践行者的期待赋予了商事惯例约束力，而哈特的理论印证了该种约束力属于法律约束力。因此，虽然没有法律确信，也没有主权国家意志的参与，商事惯例本身却存在一种赋予其法律约束力的机制，由此，商事惯例是具有法律效力的习惯法，是一种与制定法并列的法律规范。

四、商事惯例补充性法律规范（suppletive legal norm）的定位

从以上论述中已经得出，商事惯例是一种具有法律约束力的真正的法律。但有学者否认商事惯例具有客观法律约束力的品格，其理由是"当事人被认为自由地援引它们，选择的自由性排除了将惯例付诸一个不可避免的制裁的可能性"❶。居住在法国的叙利亚律师 Kassis 则更加详细地指出，当事人可以经常减损商事惯例，商事惯例不会构成习惯法。仅仅是当事人知道他们可以在商事惯例之外缔约的事实将表明，这些惯例从未被视为必须遵守的法律规则，因此商事惯例不是正式的法律渊源，也不能被视为是

---

❶ Peter E. Benson. Francois Gény's Doctrine of Customary Law, Canadian Yearbook of International Law, Vol. 20, 1982: 277-278.

商人法的真正渊源。❶ 在这些学者看来，当事人可以自由地排除或减损商事惯例的适用，因此其不可能具有习惯法那样的因当事人确信它是法律而必须遵守的强制性，进而否定了商事惯例的法律性。然而，这些否定观点却忽视了商事惯例所处的法律领域。商事惯例处于私法领域，一个充分尊重当事人意思自治的法律领域，当事人可以任意减损或排除惯例的适用，但并不意味着这些惯例不是法律。

在民法理论中，我国学者通常将民商事制定法法律规范区分为强制性规范和任意性规范。前者是指当事人必须遵守的法律规范，后者是指当事人可以通过约定排除或减损其适用的法律规范。根据功能的不同，任意性规范又被区分为解释性规范和补充性规范。解释性规范是指在当事人意思不完全或不明确时用以阐明其意思，以便发生法律效果的任意性规范；补充性规范则是指在当事人未就相关事项做出自主决定时，替代当事人自主决定的任意性规范❷，二者分别发挥着解释和补充合同的功能。与此不同，法国和德国的民法理论则将法律规范分为强制性规范和补充性规范（suppletive norm）❸，他们的补充性规范（suppletive norm）对应着我国民法理论中的任意性规范，同样区分为当事人意志表达模糊时进行解释的推定式补充性规范以及当事人没有明确意志时，直接适用的处置性补充性规范，❹二者可视为对应我国民法理论中的解释性规范和补充性规范。尽管法德民法理论中的补充性规范（suppletive norm）与我国民法理论中与之相对应的任意性规范存在一定的区别，但二者都具有任意性，当事人可以采取措施避免该类规范的适用。

法德学者一般认为，补充性规范（suppletive norm）除了具有任意性外，也具有强制性（impérative）特征，但这种强制性（impérative）不同于强行性规范的"强制性"，后者的强制性是指当事人必须遵循（obligato-

95

---

❶　Filip De Ly. International Business Law and Lex Mercatoria [M]. North Holland, 1992: 229-230.

❷　王轶. 论合同法上的任意性规范 [J]. 社会科学战线, 2006 (5): 229-230.

❸　为与我国民法理论中属于任意性规范之一的补充性规范相区别，法国和德国民法理论中与强制性规范相对应的补充性规范在文中一般在其后加上英文名，以示区分。

❹　许中缘. 论任意性规范——一种比较法的视角 [J]. 政治与法律, 2008 (11): 63-64.

rie），禁止提出任何保留或修改。补充性规范（suppletive norm）的强制性则是针对当事人约定不明或没有协商的内容，补充性规范当然地适用，当事人须经特别约定才能排除其适用。两种强制性的不同与对应的法律规范背后的原理相关。强制性规范在于维护国家的"公共秩序或者最高利益"，因此禁止当事人排除适用，而补充性规范（suppletive norm）是法律对"私人利益的平衡"，因为遵守当事人意思自治允许当事人通过约定排除，但在当事人没有约定时，则必须适用。❶ 我国民法学者也逐渐认识到与法德补充性规范（suppletive norm）相对应的任意性规范的强制性，认为当事人不能任意性地排除诸如解释性的任意性规范，同时，在当事人没有约定或约定不明的情况下，补充性任意性规范具有适用上的强制性。❷

从性质上讲，商事惯例便是这样一种补充性法律规范（suppletive legal norm）。商事惯例是经过众多单个当事人通过长期的协商和博弈形成，它的确立是商人们自己对相互利益协调和平衡的结果，比国家制定法中的补充性规范（suppletive norm）更能体现当事人之间的利益平衡。在当事人意思自治优先的私法领域，允许当事人根据自己的合同安排处理相互的权利和义务关系，排除商事惯例的适用。但由于商事惯例体现着商人共同体对商人之间的利益的平衡，带有维护"私人秩序"的意义，就如法德民法理论中的处置性补充规范一样❸，只有在当事人对此有明确排除时，才不适用商事惯例。这也正是许多欧洲国家的国家法和诸多国际条约中规定❹，无论当事人选择了何种准据法，只要没有明确排除商事惯例，都要考虑商事惯例的原因所在。

基于此，当事人可以自由选择排除商事惯例，从而在商事惯例之外缔结合同的事实并不能否定商事惯例的法律性。商事惯例是一种任意性的习

---

❶ 许中缘. 论任意性规范——一种比较法的视角 [J]. 政治与法律，2008（11）：63-64.

❷ 刘铁光. 论补充性任意性规范的目的及其实现——以保证期间为例的验证 [J]. 西南政法大学学报，2014（8）：104.

❸ 许中缘. 论任意性规范——一种比较法的视角 [J]. 政治与法律，2008（11）：64.

❹ 如1981年法国《民事诉讼法典》第1496条、1986年荷兰《民事诉讼法典》第1054条、1897年瑞士《联邦国际私法法规》第187条、1994年意大利《民事诉讼法典》第834条、1998年《德国民事诉讼法》第1051条、2003年西班牙《仲裁法》第34条；1961年《欧洲国际商事仲裁公约》第Ⅶ条、1975年《国际商会仲裁规则》第13条、1985年UNCITRAL《国际商事仲裁示范法》第28条等。

惯法，是补充性的法律规范（suppletive legal norm），即便在分析实证主义法学下❶，也可以证立它的法律性。

　　构成分析实证主义法学下习惯法的商事惯例，还具备分析实证主义法学对实在法所要求各种实证要件。

---

　　❶　奥斯丁式高度的实证主义法学理论除外。

第三章

商事惯例与制定法的关系问题

第一节 商事惯例"同质性"学说的理论支撑

若想研究商事惯例和制定法之间的关系，就必须要明确："当代创新性阐释学的内在逻辑，是建立在对阐释对象原生性内在构型的'重新发现'之上的。"此时，我们必须把商事惯例和制定法放在同一个水平面比较方可得到相对合理的结论。

德国著名的法社会学家托伊布纳教授提出了"全球的布科维纳"的法律思想，他指出：经济交易的跨国法是没有国家的全球法的最成功范例。全球的布科维纳所涉及的远不止经济法，也不仅仅限于经济领域，而是涉及正在发展自己的全球法的世界社会的各个领域。正如吉登斯教授所指出的，它们是在"脱离"国家、官方国际政治和国际公法的条件下进行的跨国企业的内部法律体制，是国家法首要和强有力的替代者。全球化与非正式法律的类似结合可以在劳动法中发现；在那个领域，作为私人方的企业和工会是主要的法律制定者。技术的标准化和职业的自我管理与世界范围的官方国际政治最低程度的干预协调一致。

在托伊布纳教授看来，全球化带来的不仅是经济的相互交融，而且是法律的去国家边界化。在全球经济条件下，全球法的边界不是由维护核心

"领土"而形成的，也不是由康德所说的、通过对民族国家基础上的联盟的扩展而形成的，而是由"无形的社团""无形的市场和分店""无形的职业共同体"以及"无形的社会网络"而形成的，它们超越领土边界但却要求以真正的法律形式出现。而商事惯例正是这种法律形式的最集中体现。在他看来，法律的发展并不是单纯依靠外力作用来实施和实现的。法律发展的内部耦合作用才是真正实现法律创制和发展的核心动力。所谓法律发展的内部耦合，是指在法律自发发展中诸要素之间相互作用的过程。具体到国际商法领域而言，在商业交易中，由于高度的专业化，各种话语实现了相互交接。在商人群体中的个体必须与这种专业话语相对接才能融入这群体之中。另外，商人群体内部的争端解决机构通过争端的解决，将这种专业话语进行进一步的强化与稳定，反过来加强了这种自发性生成的法律结构。因此，托伊布纳教授甚至宣称，国际商法是一种从商人业务中形成的规则，这种规则产生于法律的边缘，在它的边界围绕着的是经济与技术过程，法律不过是对社会主体经过沟通而在内部所进行的反复行为形成的既成事实的一种速记而已。

另一位学者德鲁任博士则从法哲学的高度分析了商事惯例的形成过程。在德鲁任博士看来，商事惯例的形成取决于国际商事交往的互利性和高度契合性。德鲁任博士将国际商事法律的形成比喻成在一块原木上使用锯子进行锯断的过程。其中交互性就像原木用锯子磨蹭后形成的很浅的缝隙。在国际商事交往中，由于当事人的角色是不一定的。可能在这次交易中一方扮演的是卖方角色，而下一次交易中他就可能转换为买方的角色了。在这种互动过程中，双方的期待都是通过交易行为获得相应的利益。在此条件下，双方的博弈必然达到一种均衡的状态。这种状态在某次具体的交易中可能会有所偏离，但是在一个较长的时间段内，在商人社会内部，不同的商事主体相互接触并进行交易，在这种反复的交易过程中，建立起了一种双方共同认同的行为模式。由此，一种更高级别的游戏规则便在这种反复的交易中形成并固定下来了。

库特教授从法经济学角度分析了去中心化的灵活法律在复杂经济条件下的优势。在经济交往层面，国家立法如果过分强调集中性，本质上是计划经济和集权政治的产物。真正民主法治国家的立法应该尊重经济活动群

99

体中已然存在的客观惯例。他明确指出："与一般法律的自上而下地自觉产生不同，商法是自下而上地自发地产生的。"❶ 这些惯例本身对商人群体中的行为是有约束力的。仲裁者和司法者必须在争端解决的过程中尊重这些规则。

此外，法理学家和法经济学家的理论也认为自发产生的商事惯例能够成为具有法律性的规范性体系。根据传统的法学理论，法律制度的秩序本身是金字塔式自上而下的结构。不过在国际商事法律领域中却可能存在另外一种秩序结构。富勒教授称该秩序结构为水平型秩序结构。在其代表作《法律的道德性》一书中，富勒教授指出："法律作为一种单向度的控制人类行为的要求这一观念不太容易被适用于习惯法和国际法。法律的这两种表现形式被描述成平面式的秩序，而我们倾向于将一个国家为它的公民制定的法律想象成单单拥有一个垂直性的维度。我们也将会看到，在据称完全被制定法所占据的法律系统中，我们也不得不处理习惯的角色问题。在习惯明显被当作一种决策标准的场合时，这种角色变得十分明显，比如在美国的《统一商法典》中，处处都会发现对商业习惯的参照。但是，习惯法（我们主要是指在人际互动中逐渐发展起来的默示承诺）不仅在成文法解释中，而且在帮助填补任何制定法系统中都存在的空白中扮演重要的、尽管往往是沉默的角色。在不同的制定法系统中，一般不太显眼的习惯的角色会有显著的不同，但我们可以肯定地说，构成习惯法的那些默示预期总是会进入到实际实现合法性理想的过程之中。"

可见，富勒教授认为：默示的预期在社会中对规则的形成会产生十分重要的影响。具体到商事惯例领域，商人们之间的反复交易会产生一种"经验性的预期"。这种预期会在某种程度上产生一种相互的约束力。譬如，对要经过远途运输的货物应该进行防水性的包装就是典型的这样一种客观需要，同时商人们会对这种需要产生预期。当一个商人没有按照这种客观要求安排自己的行为时，就会违反对方商人的预期。另外，在商事交易中，由于交易的客观情况复杂多变，这就要求商人们之间必须对新情况进行相互的通知，对合同进行及时的修改以应对新情况。这些都形成了相

❶ 肖飞云. 商法学的逻辑起点 [D]. 湘潭：湘潭大学，2012.

应的惯常性做法。这种惯常性做法并不是由主权国家的立法所确定的，也并不需要国家的强制力来保障实施，而是产生于商事交易的实践之中，由一种社会过程来保证其有效性。在商事交易的过程中，成功的或者必不可少的交易经验被商人们记录下来，并且这种记录不是静态的，它会随着交易的拓展而不断传播。尤其是在当今社会信息高度发达，交易分工专业性高度提高的情况下，这种趋势会更为明显。

哈耶克教授同样驳斥了传统实证主义法学派所认为的法律是国家和统治阶级意志的观点。在其代表作《法律、立法与自由》一书中，哈耶克教授指出法律秩序有两种：一种是制定秩序，用希腊语"taxis"来指称之；另一种秩序是自生性秩序，即"kosmos"，是在社会中自发形成的。商事惯例正是这种"自发性的内部秩序"的典型代表。商事惯例的出现与发展并不是哪个法学家或者立法者发明的产物，甚至国际商会所出版的各种商事惯例文件也只是一种对既有商事惯例事实的记录的产物。在这个过程中，默示的约定发挥着不可或缺的作用。"默示的约定本身是借由和另一个交易者产生关系，建立一种重复的互动模式。因此国际商事交易对国际贸易惯例具有更高的依附度，在此条件下，贸易双方当事人所为之约定系属全面性高质量约定，而高质量的约定包含了两个相关贸易法之方面：一者为重复不断的贸易，另一者为创造明确的互动循环，此两种概念不可分离来观察，互动循环必须靠重复不断贸易始可产生。重复不断的互动本身就是国际贸易之精髓"。正是在这种反复的重复的交易中，商人的博弈会逐渐趋近于一种平衡的状态，进而发展为一种经验性的认知，固化在商人的脑海之中，形成了固定的预期，使其具有了法律的可保护性。

由此可见，具有广泛约束力的商事惯例产生约束力的根本原因在于其是国际商事交易反复实践的总结❶，是较贴近交易需要的。国际商事规则形成的根本着力点在于当事方的意思自治，通过彼此之间意思的沟通以及知识的扩散与传播，来形成一种交相呼应的规则机制，最终形成规则体系。换言之，与国内法律的形成模式不同，商事惯例的生成更多的是通过"接触（engagement）—沟通（communication）—形成（formation）—扩

---

❶ 田晓云. 论国际商事惯例及其适用 [D]. 北京：对外经济贸易大学，2007.

散—（diffusion）—承认（recognization）"这种生成模式而逐渐实现的。在此过程之中，周而复始的交易和商人之间逐步形成的行为的互信，会使得一种通用的行为模式逐步地体现出来并自我形成规则体系。

商事惯例的产生可以说是商人社会对国家制定法规则供给不足的一种自发性回应。这是因为，作为相对稳定的国家制定法不可能细化到对每一种具体的行业交易类型进行个性化的规定，但是每个具体的行业交易却又实实在在地存在其自身的个性与特点。这种规则的"缝隙"正好为商事惯例的存在与适用提供了充分的空间。例如，在国际谷物交易中，谷物行业协会就会联合制定标准契约书，这种标准契约书十分细致和具有权威性，会成为行业内不分国籍的商人们进行交易的根本性范本，具有明显的惯例性质。伦敦谷物交易协会自 1877 年成立以来一直致力于谷物交易规范化的工作，其核心目的就在于对国际谷物市场交易契约做出统一与标准化的规定。目前其已经制定出 60 余种标准合同契约书，被国际谷物交易所普遍采用。这些标准契约书强调要适用同业惯例上的合乎公允原则于买卖合同、租船合同、载货证券及海上保险等。[1] 并鼓励组合运用依存谷物商事惯例于契约书中，及采用仲裁程序作为商务争端解决之主要方法。后来经过逐步推广，被普遍接受为具有极高权威之标准合同文本，又经司法机构反复的确认与支持，使得该格式合同文本具有了普遍性的约束力。非该协会的谷物商也接受了该合同标准范本，并且在一些案件中优先于其本国法来进行适用。另外联合国欧洲经济委员会制定的《工业机械产品买卖一般交货条件》也是为了调和不同国家的法律冲突而产生的。在此共同条件的酝酿过程中，充分听取了业内专家和相关贸易商的意见，是基于上述专家每日作业中所感知的知识与经验，通过对交易经验的总结来寻找交易的最佳规则模式。其以特定的公约机械产品之供应、厂房设备建造为规范对象，提供可能被共同接受之条款作为谈判磋商的基础，逐步实现确实性的利益共同点，而最终实现对标准条款、交货条件的制定。此等机械工业标准条款的制定是基于实务贸易之经验，而不是死扣法律概念。例如，在机械和厂房交易过程，此种惯例对于不可抗力条款的约定效力，既不采用英美法

---

[1]　蔡秉叡. 两审海商法下承运人制度之比较 [D]. 上海：上海海事大学，2003.

上的合同落空（frustration）之说，又不采用大陆法上的阻碍履行之力说（force majeure），而是采用了"救济"（reliefs）的概念。这是由机械交易本身的特殊性质所决定的，机械交易与其他产品交易不同，从买卖合同签订到交货再加上交货后的产品保障期间，合同的履行时间远远长于一般的货物交易合同。在这么漫长的履行合同期间，契约的履行较容易受各种外来因素的影响，同时不可抗力的因素种类又较为容易确定，因此，在机械贸易中，不可抗力条款制定得相较于其他产品贸易的条款更为灵活与宽松，以便合同的缔约方在外来不可抗力发生时，可以及时地免除责任，退出合同。与前述谷物合同两相比较会很清楚地发现，由于谷物合同受自然环境变化的不确定因素影响较多，其对合同履行的轻重大小较为难以确定，为了防止缔约方任意寻找借口免除其履行义务，故不可抗力的条件较为严苛。

总之，前述学者认为，自治性的商事惯例在很大程度上产生于商事交易行为的一致性。基于这种行为的一致性，就可以认定某种具体的交易行为模式构成了可以推广的普遍性规则，进而产生与国家制定法所类似的"规范体系"，这种规范体系是与国家法同质的，甚至是可能产生"竞争关系"的。

第二节　对商事惯例法律同质性学说的批判

如前文所述，强调商事惯例与国家法具有"同质性"观点的学者大多坚信以下事实：商事惯例从本质上说是商人社会对非国家规则的需要和交易中一种客观经验的总结。这种经验性的总结从本质上来说是源于事实的，但是如果经过反复验证，其就有可能向规范性的法律规则进行演变，从而导致了"具有规范性特征"的商事惯例的出现。商事惯例从性质上来说只是与国家立法的形成方式不同，是一种自我生成并自我控制的规则，是所谓"第三类法律秩序"。但是，它毫无疑问是具有"规范性"的规则体系。因此，商事惯例与国家制定的法律具有"同质性"，且适用范围也可能是相互"重叠"的。前面那些学者的论著正是基于这样一种"共识",进而从不同角度阐述了商事惯例产生和形成的基本原理。如托伊布纳教授的立场在于:法律系统不是由规范独自构成,在其背后还存在一种针对规范的"法律沟通"(legal communication)。这些沟通具有经验可观察性,是社会系统的一部分,属于社会系统中的"事实",所以可以用社会学的方法来研究法律沟通。同时,在运用社会学方法研究法律沟通时,由于法律指向的是社会系统中的"应然性"沟通这种事实,所以法律系统中的沟通又是涉及"应然"的沟通,必须赋予这种沟通以规范性特征。在国际商事交易领域,商人们不仅仅关注既有事实是怎样的,而更关注他们的行为应如何进行安排。因此,商事惯例必须被"中心化"地通过文字固定下来,才对商人们具有实际的指导性意义。经过仔细推敲不难发现,托伊布纳教授所提出的立法去中心主义可能过分夸大了非中心主义立法的作用,因此,自创生理论只能从应然的角度解释商事惯例的形成动力问题,但无法解释商事惯例形成的实然形貌和内容。所以,笔者认为这是一种不完备的理论。德鲁任博士和库特教授的理论则是从自由主义法学派的理论基础出发,强调法律应该尊重社会的既有事实和实践,因此,惯例的作用在商事法律体系内是不可或缺的。两者从不同角度叙述了惯例形成的原理和进路,看似缜密和精巧,但却是一种玄而又玄的理论,很难与国际商事法律的实然状态相呼应。

当然,我们必须承认单纯依靠国家制定的国内法以及使用冲突法指引准据法的方法确实会不适应国际商事交易的客观需要。但是,是不是由于这种不适应就必须要另起炉灶地发明一套新的完全不同于国内法律的规则体系,其必要性大不大?退一步而言,即便有此必要性,那么通过所谓的自治性路径创造一种完全不同于国内法的所谓"自治性商事惯例"的体系是不是就一定是最为有效和合理的?

前述三位强调建立独立和完整意义上的"自治性法律秩序"的学者都只是从一个侧面论证了商事惯例的构建问题,并未全面对该问题加以证明。托伊布纳教授的法律过程"去中心化"理论事实上是要求在制定法律规则以及运用法律规则时,必须从一种多元互动的立场来看待法律规则。其强调仲裁裁决、商人行为与法律规则的相互影响和渗透。他称这一过程为法律过程互动耦合，但是，这种多元互动的耦合并不能建立一套"中心化的规则"。然而，真正能够成为系统化的法律规则体系，一个核心的要求就是规则必须要以一种"集中"的"成体系"的形态来表现出来，尽管这种形态的最终确定肯定要考虑各种"去中心化过程"的客观要求。但过分地强调交易中零散形成的各种"惯例"只能使得规则虚无化、碎片化，这恐怕也是为商人们所强烈反对的。库特教授通过高深的经济学模型证明了法律必须尊重社会中自发形成的惯例，此理论无疑是国际商法发展中的重大创见。但是，其论证的中心却一直离不开司法这一国家行为过程。或许是由于英美法特有的判例法传统，要求法官在进行裁决时，必须既要尊重成文法，同时也要用判例的方式来发展法律。此时便不得不借助社会中已然形成的惯例作为证成其裁判的理由。但是，对于国际商法来说，既然要以国际统一实体法的形态存在，那么我们就不得不将各种规则成文化，而成文化的过程势必要把规则提前抽象出来。这显然与英美法的方法论是有所区别的。两种完全不同的推理模式和方法论恐怕会让库特教授高端的经济学模型失去假设前提和基础。德鲁任博士虽然通过大量的哲学逻辑模式证明了自治性惯例形成的可能，但是他却恰恰没有指明自治性的惯例到底形成了哪些具体的规则。这就像在一起犯罪案件的侦查过程中，有大量的证据证明嫌疑人有充分的犯案动机、犯案时间以及犯案的技能，可就是没有其犯案行为的确切证据。在这种情况下，显然无法认定该嫌疑人是有罪的。同样道理，没有具体规则的实体内容和运用的确切证据，是根本无法证明自治性法律秩序能够独立存在、独自发挥作用的。

事实上，笔者坚信之所以包括哈耶克教授和富勒教授在内的著名学者都强调不能让国家来垄断法律的制定权力，从根本上来说乃是基于这样一种担心：国家垄断立法权，可能会让法律与社会现实以及应然的道德相脱节，进而影响法律正义的实现。但是，由于商法的高度技术性，所以制定法并不会因为利益群体的捕获而出现立法的"道德风险"，以致出现侵犯商人社会群体的根本利益的情况。即便出现这种情况，商人的最佳回应方式就是通过法律选择的方法来排除。❶ 相应地，为了争取让更多的商事交

❶ 张钦. 涉外合同法律适用中对弱者的保护 [J]. 中国社会科学院研究生院学报，2013.

易主体选择国家的法律，国家甚至可能主动采取灵活方针来对待各种自治性规则。因此，我们认为哈耶克教授和富勒教授的理论应该不能完全适用于构建国际商事法律制度的实践。

综上，笔者认为上述将商事惯例过分拔高为与国家法相同质的规则体系的观点只是看到了商事惯例的一个极为侧面的特质，而忽略了商事惯例本身"事实性"的根本特征。

第三节 商事惯例与国家法非同质性的依据

那么，自治性的商事惯例能否独立地建立起一套真正的"自治性秩序"，从而与国家法以一种相互重合的、同质化的方式存在并处于一种竞争关系呢？这可以说是坚信商事惯例与国家法具有同质性的主张者们的核心诉求。但在笔者看来，这种诉求只能说是一种"阳春白雪"的理想化状态，自治性的商事惯例最多只能以一种辅助性的方式来辅助商法的统一化过程，并不能成为一种体系化的规则，而绝对地独立于国家制定法之外。在当事人没有明示选择的情况下，不可能优先于国际条约等国家制定法来适用。总结起来，以下几种事实的客观存在决定了商事惯例不可能形成一套与国家法相提并论进而可相互竞争的规则体系。

首先，商事惯例根本不能形成一套"自足"的法律规则体系。根据商事惯例的基本定义，商事惯例是商人间通过自发行为形成的一种规则。这就决定了该规则的具体性和技术性。❶ 其往往与法律所要求的一般性和抽象性是迥异的。需要指出的是，商事惯例并不会形成一层新的法律秩序而高于国家制定的法律。例如，我们通过比较在国际货物贸易中最常用的商事惯例 Incoterms 和国际商事条约 CISG 的内容，可以很清晰地发现：虽然都是调整国际货物贸易的规则，但是两者在调整的问题上并没有相互冲突，从而需要进行权衡优先适用谁的问题。Incoterms 主要调整的是货物交

---

❶ 刘勇. 论世贸组织《反倾销协定》若干特点 [J]. 国际贸易问题，2008（2）：113-118.

易中运输责任的分配、保险投保以及风险转移等问题，这些问题不论是CISG 还是在国内法中，都是允许当事人自行约定的。而 Incoterms 的适用从根本上来说还需要以当事人选择了某个贸易术语为前提，且所谓的适用也仅仅在所涉及的贸易术语范围内来设定当事人之间的相关权利和义务。选择了贸易术语并不意味着排除掉 CISG 和相关国家国内法的约束，因为，包括 Incoterms 在内的几乎所有商事惯例，通常只能调整很狭小范围内的权利义务。这些权利义务由于过于狭小和具体，以至于根本不可能与国家制定的法律（包括国际商事条约）发生调整范围的竞合乃至冲突。尤其是在商事交易双方某一方不知道商事惯例存在和内容情况下，无法再用保护一方当事人合理期待的理由对商事惯例的约束力进行合理解释。此时，如果再强调惯例具有规范效力的话，实际上是将一种超出当事人预期的行为规范强加于当事人，而这种规范的产生又严重缺乏"合法性"依据，在这种情况下，商事惯例就会失去其适用的基础。因此，在当事人没有明确选择商事惯例的情况下，也就不存在商事惯例的效力是否优先于国家制定法的问题。从某种层面来说，两者由于作用的法律层次空间并不重合，因此形成了一种相互支持但又彼此互不干扰的共生状态。

其次，商事惯例同质说的认同者为了证明商事惯例的法律性又创设出另外一类惯例之概念范畴，并强调这类商事惯例是商人们在商事交易中普遍遵守的，具有"公开性""明确性""稳定性"的特征。这实际上是典型的将商事惯例与一般法律原则相混同的观点。● 例如，左海聪教授指出国际商法作为一种以商事惯例为核心的自治法，具有较大的变动性和灵活性，因此尤其需要一般法律原则发挥功能。他举例说根据 CISG 第 7 条的规定，凡公约没有明确解决，但又属于公约范围的问题，应该按照公约所确定一般原则来解决问题。同时一般法律原则也可以形成一些具体的规则，来解决国际商事案件。这种观点同样很难经得住推敲。商事惯例本身的存在就以"细节""灵活"为特征，这根本是与法律之"规范性""稳定性"两大特性相冲突的。为了使商事惯例获得更多人的认同，同时还要让其具备明确性和规范性，就不得不去寻找一些原则性的规范来证明这些

● 参见田晓云. 论国际商事惯例及其适用 ［D］. 北京：对外经济贸易大学，2007.

"大家都认同的惯例"的存在。自治性商法浪漫主义者❶称之为"商法十诫"。英国的穆斯提尔大法官就曾经总结出国际商法中稳定存在的这些惯例性规则，例如：(1) 契约必须信守；(2) 善意原则；(3) 合同缔结不得显失公平；(4) 不可抗力免责；(5) 根本违约时非违约方的合同解除权；(6) 减损义务；(7) 沉默不表示同意；(8) 在解释合同时必须尽量使合同有效；(9) 合理时间内不行使权利即为放弃权利；(10) 违约方的合理责任。

但是，这些所谓的公认的"自治性商事惯例"真的能成为解决实际案件的规则吗？通过仔细分析后，答案显然是否定的，因为，商事惯例应是为世界所有文明国家和商人所承认与接受的。但是综合既有的判例，真正引用所谓公认的惯例性准则来进行断决的案件寥寥无几。就国际商事合同每个具体争讼的案件来说，每个都有具体而复杂的情况。因此，试图用这些原则性的规则来断案似乎是非常困难的，最多只能充当一种"一般性指导原则"（general guide principles）。就像上帝虽然给了摩西雕刻有十条诫命的石板，但是摩西不可能用这十条诫命去判断所有以色列百姓之间的争讼，上帝还必须给摩西具体的律法，即《申命记》上记载的那些具体的行为规则，才能让摩西成为以色列的第一个士师。从某种意义来说，所谓对国际商事一般规则的总结，也不过是对古罗马法和现代商品经济客观要求的一种国际性拓展罢了。

而且，从另外一个角度来说，即便每个人对上述十条一般性的商事惯例没有异议，但是放在不同的国家就会有不同的理解和相异的法律后果。比如，英美法中的预期违约允许受到损害的一方当事人做出选择，其可以选择单方面解除合同，也可以选择继续履行合同然后请求损害赔偿。但是大陆法系中却是以给予非违约方以不安抗辩权来试图达到相类似的法律功能。区别之处在于，受损害的当事人没有单方面解除合同的权利，他只能暂时性地中止履行合同，若想解除合同，只有通过起诉的方式请求法院确认该合同的解除。此外在英美法中的合同落空原则和大陆法的不可抗力制

---

❶ 参见王华胜. 中世纪商法：浪漫与怀疑主义之争 [D]. 中国石油大学学报（社会科学版），2013，29（6）：48-53.

度虽然表面上看有一定的类似性，但是在具体问题上两者却呈现出完全不同的法律后果。合同落空有时会显现出类似大陆法上情势变迁规则的后果❶，有时又可能适用在不可抗力的场合。而大陆法的不可抗力制度却表现得较为单一，只有在出现不可预见、不能克服、不可避免的情况下才可适用，因此，所谓的一般性惯例只是在一些抽象的概念上能够满足普遍性法律所要求的"普遍性""一致性""稳定性"的特性。❷ 但这些基本一致的法律原则和法律理念对具体案件的解决可能并没多大的帮助。正如雷德芬和亨特教授所指出的那样：由于各国法律规则不一致，只有某些基本概念是相同的。因此商人之间的一般性惯例还不足以构成一套完善的法律规则以解决现代商业交往中产生的复杂问题。甚至这些一般性的原则之间也存在着矛盾和冲突。这种现象古已有之，对此英国的科迪博士经过研究后发现，中世纪商人们所普遍接受的所谓"商人法"，不过是一些抽象的一般性法律原则的集合，几乎没有任何实质上的实践意义，也解决不了任何法律问题。以诚实信用和契约必须信守为例，这可说是中世纪为商人们普遍遵行的一般性法律原则。但是在实践中出现两个原则相互冲突的场合下，商人法庭并没有创造出更加高明的解决此类冲突的方法。在一个涉及运输的案件中，契约必须信守就很有可能和情势变迁原则产生剧烈的冲突，如果没有硬性的成文法对其进行调整，单凭一般法律原则是根本无法解决的。即便是根据"公平正义的原则"来进行断案，也往往会落入法官或仲裁员的主观意识的认识中，从而造成越适用自治性的商事惯例，越容易让裁判者任意裁判的现象。❸ 总之，将一些一般性法律原则混同为商事惯例本身，有将规则在道德层面过度拔高的嫌疑。这显然与法律判断本身中立性和技术性的根本要求相背离。

---

❶ 钱锦宇，赵海怡. 情势变更原则的理论超越与完善 [J]. 西安电子科技大学学报（社会科学版），2004（3）：94-99.

❷ 李婷. "恶法亦法"的理由及其在当代中国的价值 [J]. 长沙大学学报，2016，30（4）：59-61.

❸ Peter Berger. The Creeping Codification of Lex Mercatoria [M]. Hague：Kluwer Law International，1999：11-13.

第四节　商事惯例与制定法的相互支撑作用

虽然商事惯例与国内法在很大程度上性质是完全不同的，但这绝对不意味着商事惯例和制定法不能相互依存并且共同发挥作用。可以说商事惯例在某种程度上是独立于制定法存在的。

虽然，国际商事规则所调整的是国际间交易，但是国家事实上在其中发挥的作用是十分有限的。从历史上看，在17世纪以前，欧洲几乎没有任何与国际商事活动相关的法律规则存在。相应地，在波罗的海和地中海等贸易发达的领域出现了大量海事惯例，例如：《罗德法》《奥莱龙法》《维斯比海事法》，这些法典是商人自发地发展起来的，它不是各地王侯的法律。[1] 究其原因，主要是因为当时的欧洲王侯国家处于一种分裂割据状态，政府职能非常有限，根本无暇顾及复杂的海上贸易。这种现象随着现代意义的主权民族国家的出现，得到了很大改变，以法国商法典、德国商法典为代表的一大批优秀的商事法典都将国际商事交往纳入调整范围之内，即便是具有强烈判例传统的国家也对海上贸易进行了成文的立法活动。当一项国际交易出现争议面临可能适用不同国家的法律所产生的法律冲突时，则由法院地国的冲突法来进行指引。很明显，在这种大的立法背景下，国际商事法律规范所能够发挥作用的空间被大大压缩了。但是，第二次世界大战结束以后，随着和平的到来以及战后重建工作的展开，国际商事交往空前活跃。而且，随着科学技术的不断进步以及金融行业突飞猛进式的发展，主要针对国内法律关系的商事立法和通过以空间管辖为根本范式的冲突法规则体系变得越来越不能满足日益复杂的国际商事交易的需要。正如Berger教授所总结的那样：美国的法院所使用的冲突法规则正遭到激烈的批评，通过冲突法寻找准据法本质上与炼金术无异，冲突法的整个方法论

---

[1] [英] 施米托夫. 国际贸易法文选 [M]. 赵秀文，等，译. 北京：中国大百科全书出版社，1993：6.

就像一个充满泥浆的沼泽，只有博学而古怪的法学教授才能真正理解根据其结论而得到的判决结果。比如，在 BOT 建设合同和跨国股票掉期交易这样的国际商事交易中，这些交易可能会包含很多性质完全不同的合同，在没有法律选择条款的情况下，冲突法和某一个国家的国内法将难以圆满地解决其中复杂又相互矛盾的法律问题，最流行的最密切联系原则和法律关系分割法所选择的所谓最合适的准据法会破坏合同的经济一体性，最终导致合同争议的解决进入一种死循环。❶

总之，随着经济交往的加深，国际商事交易对规则的需求呈现不断加深的趋势，当主权国家的立法所提供的制度不能满足商事规则的需要时，商事交易并不会进入一种"法律真空"状态。因此，我们认为，传统实证主义法学中所坚信的只有国家才能为社会立法以及在纠纷中只能适用国家所制定的法律的观点是十分值得怀疑的。尤其是，随着经济全球一体化趋势的加强，各国相对独立的法律制度体系更是在很大程度上成为了国际商事交往的一种障碍，传统的冲突法解决方法并不能从根本上解决上述问题。国际商事社会正迫切地呼唤统一性的实体规则的出现，而这种统一性的实体规则从本质上不应受制于国家的政治边界，经济全球化正在让国家的政治边界变得毫无意义，法律去边界化正在使得传统的冲突法遭遇到前所未有的挑战，国家最多只能作为一个规则提供者而存在，且并不是唯一的规则提供者。国际商事规则正在不可逆转地呈现出多元化的趋势，单个国家的"政府利益"也逐步地让位于商事社会的全球利益之下，换言之，一种全球化的商事秩序正在形成，这种法律的形成过程并不依赖于传统的国家正式立法行为。❷ 显然，这种完全不同的法律秩序是以商事社会中商人之间的高度自由与意思自治为核心的，国际上通常称这种规则为商人法规则（lex mercatoria rules 或 law of merchants rules）。

国际商事规则之所以能够相对独立的另外一个原因在于，其与国家立法生成逻辑模式不尽相同。传统的国家立法采用的是一种自上而下的结构

---

❶　Peter Berger. The Creeping Codification of Lex Mercatoria［M］. Hague：Kluwer Law International，1999：11-13.

❷　Matthias Lehmann. From Conflict of Laws to Global Justice［M］. SJD Thesis of Columbia University，2011：135-138.

模式。国家立法机关通过对社会需求的观察，然后将自身对于该社会关系的理解加入法律规则之中，在这种法律生成模式下，整个法律架构是从外部被塑造出来的。而国际商事规则与此不同，其构建核心在于交易双方的高度契合性（high engagement）和互惠性（reciprocal gains），商人通过反复的交易从而使得另外一方产生了相应的合理预期。为了获得自身财富的增加，交易的双方不得不承认双方均可接受的交易规则，这些交易规则从本质上是不需要国家来进行强制规定与执行的。承认一项涉及财产交易的法律规则并不因为有一个强有力的个人或者机构在用强制力来威胁以保证实施，而是因为这个组织中其他的个体在按照其预期来安排自己的行为，商事行为的基础便植根于这种相互的期待，当这种对特定的行为模式的期待被扩散开来后，一种独特的商事社会的规则机制就逐渐成熟并能够发挥作用了。❶

美国著名学者 Fuller 认为，相对于国家权力下的"垂直规范的系统"，还存在一种"水平的规范形式"。相对于垂直规范系统，水平规范系统之可预测性所借助的并非强制力。Fuller 教授认为在市场中一定会有法律规范是与市场状态融合的，二者不会脱钩而分离，规范市场之法律是由市场逐步形成的，并非单由立法程序运作即可一蹴而就，从而达到规范目的，若为之仅会造成规范和现实之冲突，否则法律仅为昧于现实的规范阻碍。❷还有学者指出，国际商事规则不应过分考虑国家的利益，应当重点发挥商事社会本身的作用来解决问题，例如，Petersmann 教授指出：对于国际商事争端的解决，很多律师都倾向于思考此争端究竟该归入哪个国家管辖，会影响哪个国家的利益，而没有充分考虑当事方自治的这种宪法性权利以及争端解决中国家的权力界限问题。有充分的证据表明，欧洲从中世纪开始就有这样一种传统：商事规则的实施在很大程度上依赖于非国家强制力以及社会惩罚的作用，这些规则往往倾向于将自己看成当事方的代理人和

---

❶ Bryan Druzin. Law without the State: the Theory of High Engagement and Emergence of Spontaneous Legal Order within Commercial Systems [J]. Georgetown Journal of International Law, Vol. 41, No. 1, 2010: 567-568.

❷ 许乔茹. 新现代商人法之概念与实用 [D]. 国立台湾大学硕士学位论文, 2011: 37.

合同自由的维系者，而较少地去考虑国家等第三方的利益。❶

总之，国际商事规则形成的根本着力点在于当事方的意思自治，通过彼此之间意思的相互沟通以及知识的扩散与传播，来形成一种交相呼应的规则机制，最终形成规则体系。换言之，与国家法律的形成模式不同，国际商事规则更多的是通过"接触（engagement）—沟通（communication）—形成（formation）—扩散（diffusion）—承认（reorganization）"这种生成模式而逐渐产生的。在此过程之中，周而复始的交易和商人之间逐步形成的行为互信会使一种通用的行为模式逐步地被异化出来而自我形成规则体系。从这个意义上讲，法律是可以自我繁殖的，一次交易成功所产生的经验片段会透过国际网络进行传播。正如著名法社会学家托依布纳教授所指出的：国际商事规则便代表了全球经济法的一部分，这种经济法在外缘运行，直接与全球的经济组织和交易在"结构上耦合"。它是一种从律师业务中形成的规则，这种规则产生于"法律的边缘"，在它的边界围绕着的是经济与技术过程❷，法律不过是对社会主体经过沟通而在内部所形成的反复行为既成事实的一种速记而已❸。

一般而言，国家立法更多地体现了其国内的文化特色和民族特性，例如，大部分伊斯兰国家由于宗教原因禁止收取违约金的逾期利息。非洲一些国家，如阿尔及利亚的法律禁止出口商退运或转卖在途货物。这些规则毫无疑问是有碍国际贸易顺利进行的。退一步说，即便上述现象不具代表性，那么国家所制定的法律在很大程度上必须对其所需要规范的社会关系具有普遍性的意义，虽然普遍适用是法律区别于其他规范的一个根本特征。然而，过于抽象和僵化的规则对于各具特色的具体行业所能够发挥的作用是十分值得怀疑的。例如，国际石油合同对于政治和技术因素的影响非常敏感，因此，通过长期的交易实践，石油供销商和买家通过合同制定

❶ Ernst Petersmann. Constitutional Pluralism and Multilevel Governance of Interdependent Public Goods [M]. Oxford：Hart Publishing，2012：275.

❷ ［德］贡特尔·托依布纳."全球的布科维纳"世界的法律多元主义 [J].高鸿钧，译.清华法治论衡，2007（2）：254.

❸ ［德］贡特尔·托依布纳.法律：一个自创生系统 [M].张骐，译.北京：北京大学出版社，2004：53-56.

了非常复杂详细的违约责任和不可抗力条款，甚至规定了完整的合同解释规则，这些规则甚至已经完全超出任何一个国家的合同法所能规定的语义极限。又如，在国际工程建筑合同中，复杂的技术和施工标准已经远远超出了一般合同制度所能够承受的极限范围，一些合同法中的规定可能在大型工程施工中变得毫无意义，因此，相对独立于国家一般合同法的新的规则便势在必行了。FIDIC条款就是这样一种将施工事实法律化的典型代表，其必须充分并且多才多艺地适应国际工程建筑合同的文化背景，为了节约交易成本，任何一个当事方都不可能对于每个建设合同进行重新谈判，那么事实上，FIDIC标准条款作为一种高度专业化的规则体系，就发挥着和法律一样的作用。❶

可见，与传统的国家立法不同，国际商事交往往往对规则的要求更加具体、更加具有专业性。在那些特别专业的领域，国际商人法规则中的某些规范可能会发挥更加巨大的作用，进而解决不同国家的文化差异和法律冲突等复杂棘手的问题。

通过以上论证，我们可以很清楚地发现，与传统的法律生成模式不同，国际商人法规则以一种极为特殊的状态而独立地产生并演进着。这清楚地告诉我们，在国际商业交往过程中，法律的多元形态表现得十分明显，国家并不是商事活动唯一的立法主体。相反，国际商事社会在国际商事治理的规则制定过程中发挥着更加巨大的作用，虽然表现的形式不尽相同，发挥作用的渠道略有差别，但是这些非国家治理规则显然属于法律的范畴，能够为各商事活动主体甚至是国家设定法律上的权利与义务。

第五节　国家和国家法对国际商事规则的双重支持作用

前文已经解释了为何商人法与一般的国家立法相对独立的特征。但是另外一个更加重要的问题是：国家在国际商事规则体系的构筑中究竟能够

---

❶　Michael Douglas. The Lex Mercatoria and the Culture of Transnational Industry [J]. U. Miami International Law & Comparative Law Review, Vol. 13, No. 1, 2006：389-390.

起到什么作用？毋庸置疑，在目前的国际社会现实下，国家仍然控制着整个国际社会最核心的力量。很难想象，一个规则体系能够在没有国家支持的情况下健康发展并发挥作用。[1] 在此，笔者强调，国家和国家法律对于商人法的生成与发展具有双重支持的作用；相应地，商人法也并不排斥国家法律，并能够对国家法律的发展产生积极的反作用。

国际商事规则体系之所以需要国家力量对其进行支撑，一个重要原因便在于国际商事规则作为一种国际商事社会的自治性规则，本身具有一定程度的缺陷，这些缺陷也是为对商人法的怀疑论者所诟病和攻击的。作为一种能够调整国际商事关系的法律规则，其理应具备法律应有的六个特征，即可适用性、公正性、可预见性、权威性、延续性以及可直接强制执行性，传统意义上的商人法规则很难符合这六个特征中的后四种。[2] 由于商人法从刚刚产生开始往往以惯例和习惯的形式存在，那么在这种情况下其可预见性、权威性以及延续性便会大打折扣，甚至被攻击为"一群学究在黑暗中进行的法律戏法"。因此，他们得出商人法至少不是一般意义上可以被适用的法律的结论。对此，一位美国学者总结道：商事习惯和法律之间的界限还是很明显的，后者是通过法条表现出来的，而前者是通过反复的不可见的行为被折射出来的。法律可以直接通过国家所提供的"公共物品"来得以直接的强制执行，而所谓的商事规则则必须依赖于商事群体的自觉接受，换句话说，商事习惯规则的拘束力，其本质不是自上而下的强制力，而是取决于这个群体的其他成员的行为，因此，法律和商事习惯从这个意义上来说还是存在很明显的界限的。[3]

对于以上怀疑商人法规则的观点，我们可以看出商人法要想取得真正的正当性，必须要尽量满足前述六要件中后四要件的基本要求，那么整个商事治理规则的发展就至少要从以下两个方面取得突破：首先，不论形式如何，其至少必须被成文化和正式化，并广泛传播。其次，虽然我们强调

---

[1] Ralf Michaels. The Mirage of Non-State Governance [J]. Utah Law Review, Vol. 53, No. 1, 2010：33-34.

[2] Keith Highet. The Enigma of The Lex Mercatoria [J]. Tulane Law Review, Vol. 63, No. 1, 1989：623-626.

[3] Emily Kadens. The Myth of the Customary Law Merchant [J]. Texas Law Review, Vol. 90, No. 1, 2012：1163-1164.

商事社会共同体对违反商事治理规则的间接处罚作用，但不容否认的是任何规则体系获得高效的强制执行手段是保持其生命活力的重要因素。那么，获得直接的强制力执行保证就是必要和必需的。❶ 而国家对商人法的支持就能很好地解决前述问题。令人欣慰的是，国家的愿望与国际商事社会的愿望不谋而合。世界主要国家都认识到，现有的国家之间的商事法律冲突将阻碍各国之间的经济交往，这对谁来说都是无益的。而制定统一的商事规则是繁荣世界经济的重要举措，是一个多赢的安排。在此，有必要纠正一个错误观念：国家和国家的法律在商人法体系构建中并不是同一的。根据柯里提出政府利益分析说，国家利益和适用国家的法律是一致的，即适用了哪个国家的法律，哪个国家的利益就能够得到满足，否则这个国家的利益将受到损害。❷ 这种观念，在目前经济全球化的大背景下，对于各国之间的商事交往来说是十分苍白的。适用取代国内商法的国际统一的商事规则，不但不会给国家利益带来损害，反而会繁荣本国经济，增强商人信心，进而强化国家对经济的掌控能力。从实践来看，从 CISG 公约的起草、生效以及实施，到对 UNIDROIT 的讨论、宣传乃至适用，世界主要国家都采取了一种非常积极的态度。这些规则毫无疑问都是对以往不成文的商人法的编纂与升华。以我国为例，我国开始对 CISG 条约也心存芥蒂，并对其中很多条款提出了质疑。但经过实践证明，该条约对于发展我国经济实力，促进外贸发展的积极意义是巨大的，因此我国对该条约的态度就变得越发积极。2013 年 1 月，我国正式通知联合国秘书长撤回对 CISG 公约中第 11 条关于合同形式的保留，这看似放弃了我国在条约中的进行自主选择的权利，但事实上，这是使我国法律与国际商事规则真正接轨的重要举措，此举意义重大，也为其他国家做出了表率。

另外，商人法实施的根本渠道是通过国际商事仲裁进行的，国家对国际商事仲裁的支持从某种意义上就体现了国家对商人法的支持。自 1958 年

---

❶ 虽然有学者认为，中世纪时行业协会可以提供商事规则执行所需的公共物品，但这种模式显然不能套用在现在日趋复杂的商事交易中。参见 Oliver Volckart. Are the Roots of the Modern Lex Mercatoria Really Medieval？[J]. Southern Economic Journal，Vol. 65，No. 3，1999：437-442.

❷ [澳] 迈克尔·温考普. 冲突法中的政策与实用主义 [M]. 阎愚，译. 北京：北京师范大学出版集团，2012：16-19.

《纽约公约》缔结以来，世界几乎所有的经济贸易大国对此公约都采取了比较积极的态度，到目前为止，已有 148 个国家参加了该公约。虽然该公约也允许成员国对依据商人法做出的裁决不予执行，但是各国对不予执行裁决的做出都采取了十分慎重的态度。以美国为例，自 1970 年以来，美国只有 2 次拒绝根据国际商事规则所做出的仲裁裁决，且仅仅是部分拒绝。尤其是在利比亚石油公司诉美国太阳石油公司仲裁案（Libya v. Sun Oil）中，美国高等法院甚至驳回了太阳石油公司以国家安全为理由对由国际商会依据国际商事规则而做出的裁决不予执行的抗辩。❶ 我国也对涉外仲裁裁决采取了坚定支持的态度，根据最高人民法院《关于人民法院处理与涉外仲裁及外国仲裁事项有关问题的通知》中的规定：如果认定仲裁裁决具备民事诉讼法第 260 条情形之一，或承认执行仲裁裁决不符合我国参加的国际公约的规定或者不符合互惠原则的，在做出不予承认执行的裁定前，必须逐级上报最高人民法院，待最高人民法院答复后，方可裁定不予执行。由此可见，国家对于构建统一跨国商事合作法律体系的决心是十分坚决的。

但是，同时需要指出的是，从长远和宏观来看，如果商人法在发展的过程中完全不尊重国家立法，那么在长期的国际经济合作中，也会大大加大国家的立法与司法成本，这样也同样会导致国家对商人法产生厌恶感。由此，我们认为：一方面国际商事规则的出现本身并在某种程度上替代国家立法的作用本身不会对国家的根本利益造成巨大的冲击，而另一方面国际商事规则又必须从某种程度上借用国内法已然成熟的一些优秀规则。从实践来看，商人法在发展的过程中也确实在着力借鉴各个法律的优秀规则要素。美国康奈尔大学法学院曾经将 UNIDROIT 中的所有规则进行了比较性研究，发现其中 83% 的规则可以从主要国家的商事立法中找到踪迹。❷ 此外，施米托夫教授在进行 CISG 条款起草时也充分考虑了大陆法、英美法乃至社会主义法各自的规定，以保证该公约出台后能够得到广泛的认

---

❶ Alec Sweet. The New Lex Mercatoria and Transnational Governance［J］. Journal of European Public Policy，Vol. 13，No. 5，2006：639.

❷ Michael Bonell. Towards a Legislative Codification of the UNIDROIT Principles？［J］. Uniform Law Review，Vol. 12，No. 2，2007：234-238.

同。当然，相应地，国内法也完全可能受到商人法的影响来不断完善自己，以我国为例，我国1999年的《合同法》就在很大程度上借鉴了CISG公约的先进规定，其中将电子商务合同视为合同的书面形式更是走在了国际立法的前列，这些都是与国际商事规则对国家立法的渗透分不开的。

通过上述分析我们应该可以认识到，虽然在某种程度上，国际商事规则的重要组成部分"商人法"是相对独立于国家立法存在的，即国家的立法更多地体现了政治上的割据和国家统治阶层的主权，而商人法更多地体现了经济上的一体化趋势，但这并不能表明，国际商事规则作为一个整体可以完全脱离国家而存在，更不可能完全地排斥国家的立法，相反我们看到的是国家和商事社会在商人法中的良性互动，国家对于国际商事规则的支持是这个规则体系能够进一步发展的必要前提。从来就不存在无国家的商事规则，但这种独特的规则体系的发展与繁荣恰恰是为了超越国家边界以及各国国内法律的一种状态。❶

第六节　小　结

随着经济的发展，交易习惯将发挥越来越重要的作用。目前我国在交易习惯的适用问题上，基本是对《联合国货物销售合同公约》相关制度的移植。但这种直接纳入的适用方法存在诸多弊端，很可能会使当事人之间的交易陷入不确定的、难以预测的泥潭，也容易诱发司法腐败现象。因此，必须对交易习惯的司法适用加以严格的限制，防止出现裁判者以交易习惯为工具曲解合同甚至代替当事人拟定合同的现象。

建议在未来的《民法典》或其他法律文件中对交易习惯的司法适用做如下限制："一、交易习惯者，非以下情形不得认为对当事人具有法律约束力：1. 当事人在合同中明示选择或者在一审庭审辩论终结前一致援引某具

---

❶ Ralf Michaels. The True Lex Mercatoria Law Beyond the State [J]. Indiana Journal of Global Legal Studies, Vol. 14, No. 2, 2007: 465-466.

体交易习惯的；2. 交易当事人能够证明交易习惯已为对方当事人所默示接受的，但当事人未有机会提出反对的情况除外；二、主张适用交易习惯的当事人应提供交易习惯存在和对对方具有约束力的证据，以及交易习惯的具体内容，但交易习惯的适用涉及第三人利益或公共利益的除外；适用交易习惯的内容不得违反法律、行政法规中的强制性规定，不得与诚实信用以及等价有偿等基本法律原则相冲突。"

第四章

商事惯例的司法适用地位和适用方法

第一节 商事惯例适用的理论分歧

在国外司法界和理论界，对于商事惯例的适用，有着不小的争议。有一派学者将商事惯例作为交易的外部规则体系来予以适用，而另外一派学者则认为应该在司法实践中排除对商事惯例的适用。两者孰优孰劣，笔者试图使用交易成本控制的理论对商事惯例的两种适用方法加以分析和论证。

一、直接适用论

从可以获得的资料来看，最早将商事惯例成体系进行适用的国家是英国。[1] 在英国，商事惯例被认为是在交易过程中所依赖的一种客观事实，这种客观事实只要被法院认为足够"著名"，就可以认为是合同中的"默示条款"，将对当事人产生实体上的权利和义务。[2] 后来，学者对英国的判例进行研究后，将英国直接适用商事惯例作为判决的实体性法律性规范的

---

[1] 杨圣坤. 合同法上的默示条款制度研究 [J]. 北方法学，2016（2）：132-133.
[2] Holderness v. Collinson, 7 B. & C. 212, 108 Eng. Rep. 702（K. B. 1827）（Eng.）.

条件进行了总结，认为只要符合"确定、合理、著名"三个要素，就可以将商事惯例直接适用于合同之中，并对当事人产生法律上的约束力。❶ 其中，确定是指当事人的行为模式必须已然被明确而具体地确立下来。❷ 合理则是一种外部标准，是指在当事人之间确立的行为模式，必须在外部的一个好事的旁观者（officio bystander）看来是符合常理的，只要进行类似的交易就必须按照这种约定俗成的行为标准来为之，否则合同就不可能缔结。❸ 而著名（notorious）则是指这种商事惯例广为交易者所熟知，且足以引起司法者的注意。❹ 当符合以上三个标准时，法官便可以将商事惯例作为当事人之间的一种默示约定，将商事惯例视为合同的条款，并据此对当事人之间的权利义务进行设定。

　　20 世纪 30 年代，美国为统一各州的商事交易法律，制定了《美国统一商法典》。这部法律的起草的核心思想之一便是将商事惯例以及交易过程纳入当事人的协议之中，以期减少法律和商业实务之间的罅隙，保证司法审判的结果能够真正满足商业社会群体中当事人的实际需要。❺ 在起草过程中，卡尔·卢埃林（Karl Llewellyn）的现实主义法学思想可以说起到了至关重要的作用。在卢埃林看来，整个美国的发展从根本上是建立在"交易经济"基础之上的。他认为，法院的首要任务是执行合同而不是构建所谓的"分配正义"。能否使"交易"本身获益，是判断一个法院司法能力强弱的健全标准。❻ 为了达到这个目标，法律就要做好两件事情：首先是要还原真实环境，以判断当事人在合同中的真实目的和真实的意思。其次，如果合同本身不健全，就要根据合同所依托的商业环境来判断当事人为实现合同的目的应该按照哪些行为模式来安排自己的行为，而不是死

121

---

❶　Richard Austen-Baker. Implied Terms in English Contract Law ［M］. Edward Elgar Publishing, 2011：86，88.

❷　Cunliffe-Owen v. Teather & Greenwood. ［1967］

❸　[英] P. S. 阿狄亚. 合同法导论 ［M］. 赵旭东，等，译. 北京：法律出版社，2002：213-214.

❹　See Moult v. Halliday，［1898］1 Q. B. 125（Eng.）；Re Matthews ex parte Powell，［1875］1 Ch. D. 501（Eng.）.

❺　David Snyder. Language and Formalities in Commercial Contracts：A Defense of Custom and Conduct ［J］. 54 SMU Law Reviews 620，622（2001）.

❻　Karl Llewellyn. The Effect of Legal Institutions Upon Economics ［J］. 30 Acta Biologica Et Medica Germanica，1925：57，67 .

抠合同的字眼使合同过于僵化，以至于损害整个社会的商业利益。因此，他特别强调在商业司法审判中将当事人在商业交易中所依托的商事惯例和交易过程整合（incorporating）到合同中去，并作为合同所依托的上下文环境（context circumstance）。❶ 由此推之，在确定当事人交易中的权利义务时，不但要考虑合同白纸黑字的明示规定，更要根据交易中当事人的行为、交易的过程以及相关商事惯例来确定。总之，《美国统一商法典》将商事惯例拔高到一个前所未及的高度，甚至可以高于法律的明文规定来对当事人产生法律约束力。

在大陆法系的德国的司法实践中也给予商事惯例以非常重要的适用地位。德国的相关判例甚至赋予了商事惯例以圣祝功能（consecrating function）和纪律功能（discipline function）。其中前者是指通过商事惯例，法官可以确定当事人在没有明确意思表示的前提下的真实交易意图；而后者则是商事惯例可以规范当事人的交易条款，甚至可以用商事惯例中一般人的意思代替当事人的意思。❷

在西方两大法系主流国家司法实践的影响下，《联合国货物销售合同公约》（以下简称《公约》）也将商事惯例作为重要的裁判依据予以规定。《公约》第 9 条明确规定了商事惯例在国际货物贸易中的适用地位。美国的外交代表和以施米托夫为代表的起草人一起以"新商人法"这一口号来实现他们的立法意图，并希望将他们所认同的商事惯例植入未来国际贸易中的每一个合同中去。❸ 虽然，美国等西方国家的这种主张遭到了来自社会主义国家的一些异议，但还是基本被公约的正式文本予以采纳。❹

---

❶ Alan Schwartz, Karl Llewellyn and the Origins of Contract Theory, in The Jurisprudence of Corporate and Commercial Law 19, 20 (Kraus & Walt ed., Cambridge University Press 2000).

❷ Helge Dedek. Not merely facts: Trade Usage in German contract Law, in Trade Usages and implied terms in the Arbitration ages, 94 (Fabien Gelinas ed., Oxford University Press 2016).

❸ Stephen Bainbridge. Trade Usage in International Sale of Goods: an Analysis of the 1964 and 1980 Sales Conventions [J]. 24 Virginia Journal of International Law, 1984: 638.

❹ 例如，当时的捷克斯洛伐克的代表主张在商事惯例前面加上"商事惯例不得与公约的规定和原则相违背"的限定语，这是由于该国认为商事惯例通常是模糊的，经常需要专家来认定，这对交易当事人来说很不公平。南斯拉夫的代表主张必须证明商事惯例是所有国家都共同认可的方可依照公约予以适用。我国代表则主张应该在商事惯例前面加上"合理的"限定条件。参见 United Nations Conference On Contracts For the International Sale of Goods [M]. United Nation Publishing, 1991: 263.

正是受到《公约》第 9 条的影响，我国多数学者认为在民商事交易领域内，特别是在国际商事交易领域内存在具有普遍的且天然统一的商事惯例体系。这种规范体系是为所有商事交易当事人所共同遵守的。基于此点，商事惯例具有普遍的法律约束力。❶ 在此逻辑下，国内交易似乎也应该受到国际上所普遍认可的那些商事惯例的约束。因此，我国学者在探讨商事惯例时，也倾向于认为商事惯例是存在于法律规范之外的一种客观的规范体系，两类规范体系在适用对象和适用方法上并不存在本质上的区别。甚至两类规范体系之间存在某种"竞争关系"，因而需要探究两者之间的效力层次关系。例如，梁慧星教授认为"若法律规定从习惯或当事人明示依习惯以排除任意法规范，习惯优先于法律适用"❷。左海聪教授也认为："商事惯例以规则的形式确立了当事人之间的权利义务，具有普遍性、权威性、可执行性；一方当事人对这些习惯规则的违反，将损害另一方当事人的权利，经另一方当事人诉诸仲裁或诉讼，损害方将承担民事责任，而且行业协会也可以对违规者进行惩罚。"❸ "相对于国家制定的法律来说，商事惯例往往更为具体，应优先于国家制定法中任意性规则适用。"❹

可见，独立适用的方法的核心在于把商事惯例视为一种当事人之间的默示约定和缔结合同时的一种客观环境，只要这种商事惯例足够著名，法律就推定当事人同意该商事惯例并对其发生约束力，从而将商事惯例整合到当事人之间的交易合同中去。

二、排除适用论

近年来，西方出现一些学者，他们对于商事惯例能否单独构成一类法律渊源，并且单独发挥约束当事人交易的作用持怀疑态度。例如，有学者通过考察中世纪到现代的商事惯例规则后发现所谓的商事惯例根本不具备

---

❶ 吕文学. 国际工程管理中的国际习惯与国际惯例 [J]. 国际经济合作，2015 (6)：68.

❷ 梁慧星. 民法总论 [M]. 北京：法律出版社，1996：22.

❸ 左海聪. 从国际商法的特质看《民法典（草案）》中的国际商法渊源条款 [J]. 国际法年刊，2013：314.

❹ 左海聪. 国际商事条约和商事惯例的特点及相互关系 [J]. 法学，2007 (4)：100.

法律规则的任何特征，最多只能称之为一种"商业技术"而已。❶ 还有学者认为，商事惯例这种非国家制定的所谓"规则"并不能起到规制商事交往中当事人行为的效果，也达不到人们所期待的治理目的。❷ 还有学者指出，商事惯例不具备稳定性的特征，单纯通过这种极易变化的规则来进行断案就是一种谎言（fiction）。❸ 此外，还有学者使用实证主义方法，通过对仲裁和司法审判的案例进行统计，以检视商事惯例能否成为法院断案的依据。例如，有学者梳理了从 1975 年到 1995 年 20 年间美国谷物和饲料协会的仲裁裁决结果，发现在所有的仲裁中，仲裁人都不允许让商事惯例变更当事人之间的合同约定，也不允许超越法律来适用商事惯例。即便一个与贸易法规相冲突的商事惯例广为交易当事人所熟知，裁判者也不能适用商事惯例来确认当事人之间的权利义务。总之，商事惯例在适用上根本不能成体系地被仲裁庭所适用。《美国统一商法典》所确立商事惯例向合同中进行整合的法律制度正在受到实践的挑战。❹ 国际仲裁层面，情况也极为类似，有学者对国际商会受理之仲裁案件中的仲裁条款进行了全面的调查和问卷，发现在当事人进行仲裁法律选择时，只有 3%~4% 的仲裁条款选择商事惯例或所谓"公认的国际惯例"作为其合同准据法。而且当事方这种极少选择自治性国际商法规则的情况在进入 21 世纪后根本没有改观。国际商会统计报告的数据显示，选择非国家立法性规则的比例进一步减少到 1%~2%。其中在 2000 年国际商会仲裁庭审理的 541 个商事仲裁案件中，只有 7 个选择了所谓的"一般法律原则"。而将"国际法""商事惯例""公认的国际惯例"作为合同准据法的情况更是非常之少，通常不超过 1~2 个。当然，在统计范本中，大概有不到 20% 的合同中的仲裁条款并没有选择指定任何法律，那么根据《国际商会仲裁规则》第 17 条第 1 款

❶ Emily Kadens. The Myth of the Customary Law Merchant [J]. 90 Texas Law Review, 2012: 1170, 1176 .

❷ Ralf Michaels. The Mirage of the Non-state Governance [J]. 2010 Utah Law Review, 2010: 38, 39.

❸ J. H. Baker. The Law Merchant and the Common Law Before 1700 [J]. 38 Cambridge Law Journal, 1979: 298.

❹ Lisa Bernstein. Merchant Law in a Merchant Court: Rethinking the Code's Search for Immanent Business Norms [J]. 144, University of Pennsylvania Law Review, 1996: 1787.

的规定，可以适用仲裁庭认为合适的法律规则。但是，实证数据同样显示，最后仲裁庭几乎没有选择这类规则来进行裁决。❶

总而言之，上述学者认为商事惯例不能单独发挥法律渊源的作用，不能成为当事人之间确定权利义务的依据，更不可能被整合进合同之中发挥超越法律中任意性规定的作用。商事惯例只能作为推断当事人在交易过程中的主观意图的一种辅助性规则来予以适用，并且在适用商事惯例时必须充分考虑当事人是否同意将商事惯例作为合同条款的一部分加以遵守和履行。当事人必须在确知商事惯例存在的情况下，用明示或者默示的方式表示同意受该商事惯例的约束的前提下，才可以将商事惯例纳入当事人之间的合同中。

探究两类对商事惯例的适用方法的争论，其核心争论焦点在于商事惯例能否成为一种体系化的外部规则，能否在司法适用中直接被法官查明并被法官能动地整合进合同之中。独立适用论的学者认为：商事惯例是任何合同所依托的背景，尤其是在当事人的合同约定出现瑕疵或者没有约定的情况下，商事惯例可以作为补充当事人意思的规则来发挥递补性功能和修正性功能。而独立适用否定论者则认为在司法实践中，不能直接适用商事惯例来确定当事人的权利义务。商事惯例最多只能成为民商事交易中的辅助性规则，不能将商事惯例直接纳入合同之中，在进行司法裁判时，只能根据合同目的和法律的规定来确定和分配当事人的权利义务。

第二节　商事惯例的司法适用路径

基于前文已然分析出的商事惯例的多元性法律特征，便引发了一个法律问题，那就是商事惯例在司法过程中的适用方法问题。显而易见，如何对惯例进行适用会在很大程度上对案件的判决结果造成影响。对此，左海

❶　Christopher R Drahozal. Contracting Out of National Law: An Empirical Look at The New Law Merchant [J]. 80 Notre Dame Law Review, 2005: 538, 539.

聪教授认为，在不考虑强行法规则的前提下，商事惯例的适用与一般法律适用的方式并无不同，且应优先适用："任意性的商事惯例应优先于条约适用，因为这些习惯和惯例往往就更为具体的事项做出规定，而且更能体现商人的实践和合理期待。"❶ "在自治的国际商法领域，当事人意思自治原则是一项基本原则。当事人通过自己相互协商确定项之间的权利义务，当事人议定的相互间权利义务在不违反法律强制性规定的前提下优先于法律中的任意性规定。在国际商事案件的法律渊源适用问题上，同样也是越能体现当事人意思的渊源越能优先得到适用。由于商事惯例更贴近当事人的商事实践，其内容往往较公约和国内法更具体，更能体现当事人的合理期待，更能体现当事人的意思，因此应该优先于国际条约和国内法的规定。"❷ 在左海聪教授看来，商事惯例从本质上讲就是一种法律，因为"法律是以规定当事人权利义务的方式确立的、可以强制执行的规则，当事人违反该规则将承担由国家强制力保证实施的责任。商事惯例以规则的形式确立了当事人之间的权利义务，而一方当事人对这些规则的违反，将损害另外一方当事人的利益，另一方当事人诉诸仲裁或者诉讼，违反一方将被裁定和承担相应的民事责任，行业协会也可以对损害方实施惩罚。因此，商事惯例是法律"。❸ 他的核心观点可以归结为一句话："商事惯例不但应该在司法过程中予以主动适用，而且应该优先适用。"

左海聪教授的观点在一定程度上是具有合理性和前瞻性的。在国际商事实践中确实应该尊重当事人的意思，也应该尊重国际商事交易中被总结出来的合理的实践经验。但是，根据前文的表述，既然商事惯例具有很强的"事实性"特征，那么司法机构究竟能否像适用法律那样直接适用各种商事惯例呢？

在通常情况下，如果当事人没有明示选择某个商事惯例，法院原则上不能依职权（ex officio）来适用惯例。当事人必须证明该惯例或习惯做法的存在。在 UNCITRAL 对 CISG 的起草文件报告中甚至对 CISG 第 9 条中惯

---

❶ 左海聪. 国际商事条约和商事惯例的特点及相互关系 [J]. 法学，2007（4）：100.

❷ 左海聪. 从国际商法特质看《民法典（草案）》中的国际商法渊源条款 [M]. 中国国际法年刊（2013 年卷），北京：法律出版社，2014：314.

❸ 左海聪. 国际商法 [M]. 北京：法律出版社，2013：17.

例和惯常性做法的存在的举证责任分配进行了说明。❶ 在不能证明惯例和
惯常性做法存在并对当事人有约束力的情况下，司法机构显然不大可能适
用所谓的惯例，而且即便当事人拿出某成文的商事惯例，其还须证明对方
知道该惯例存在并同意受其约束（主观条件），或者要证明该惯例是为特
定行业所广泛熟知并经常遵守的。因此，在笔者看来，左海聪教授认为商
事惯例可以无条件优先适用的想法是一种非常理想化的思路。因为如果作
为法律，法官应该依职权主动去进行适用。这也是法官知法（jura novit
curia）原则的根本要求。但是商事惯例却是要求当事人去进行证明的。因
此，商事惯例具有非常强的事实性。

此外，本专题前面也曾谈及，所谓的商事惯例在很大程度上并不一定
是被国际商人社会所普遍接受的，有大量的地方性、行业性的商业惯例往
往是存在差异甚至是相互抵触的。以 CIF 术语为例，既有国际商会制定的
Incoterms 对其内涵进行的解释，也有国际法协会制定的《华沙—牛津规
则》，甚至还有国内机构制定《美国对外贸易定义》来对该术语进行的解
释。这些解释之间虽然在根本原则上是相同的，但是在许多细节上也存在
差异。❷ 因此，法院在通常情况下不宜主动去适用商事惯例，而是将其作
为一种允许当事人主张和证明的事实问题来予以认定；在认定具体的商事
惯例对涉案当事人有拘束力后方可予以优先适用，这无疑与一般国家制定
的成文法律的适用方式有着天壤之别。

左海聪教授指出：普遍性的商业惯例在司法实践中，尤其是在自治性
的仲裁的法律适用中，如果在不考虑强制性规则的前提下，被普遍接受的
国际商事习惯规则是无条件优先于国际商事公约和国内法的规定来予以适

127

---

❶　UNCITRAL Digest of Case Law on the CISG—2008 Revision art. U. N. Doc. A/CN. 9/. SER. C/
DIGEST/CI SG/9，available at：http：//www.uncitral.org/pdf/english/clout/digest2008/article009.pdf.

❷　例如，根据 Incoterms 2010 的规定，卖方必须在装运港交付货物后风险才可转至买方。但
是《华沙—牛津》规则第 5 条却允许卖方在装运港之外的地方交给承运人保管，同样视为履行了
交付义务并且风险转移。因此，Incoterms 与华牛规则相比较，显然对卖方的交货责任要求得更为
严格。又如，根据美国对外贸易定义（RAFTD）的规定，在 CIF 项下，要求卖方投保之范围包括
战争险，但是 Incoterms 就没有这样的要求，即便买方要求增加这种险别，也必须由买方支付相应
费用。参见 Juana Coetzee. Incoterms：Development and Legal Nature - A Brief Overview ［J］.
Stellenbosch Law Review，Vol. 13，2002（1）：129-130.

用的。对此，笔者承认，如果有一些商事惯例发展得非常成熟，以至于真正达到了众所周知的程度，成为了某种类似于"公理性"的存在，也可以考虑允许法院对其进行直接适用。也有一些司法判例支持了上述观点。例如，在一个瑞士的判决中，法院指出："即便 Incoterms 没有明示或者默示地被包含在合同条款之中，其仍然可以作为解释合同条款的根据。"❶ 又如在 "China N. Chem. Indus. Corp. v. Beston Chem. Corp" 案中，法院也指出：鉴于当事方选择了 "CIF Berwick, Louisiana" 作为双方的贸易条件，那么 Incoterms 1990 就应该作为解释合同双方履行义务的依据。❷ 由此可见，虽然存在着与其矛盾的其他惯例，但是 Incoterms 似乎得到了更广泛程度的认可。❸ 可是，即便如此，适用这些为人们所广泛熟知并经常遵守的惯例，最好也应该在法律、司法解释中或者指导性判例中明确予以规定哪些商事惯例可以不经当事人同意而被法院所直接援引，以彰显我国司法机关"依法裁判"的社会主义法治审判理念。例如，最高人民法院 2005 年颁布的《关于审理信用证纠纷案件若干问题的规定》就明确将 UCP 认可为可以直接优先适用的国际惯例。

不过，似乎也有与前述完全相反的立法例。根据我国最高人民法院最新公开征询意见的《最高人民法院关于审理独立保函纠纷案件若干问题的规定（征求意见稿）》第 7 条的规定：独立保函约定适用《见索即付保函统一规则》《国际备用信用证惯例》等相关交易示范规则，或担保人和受益人在一审法庭辩论终结前一致选择适用相关交易示范规则的，人民法院应当认定相关交易示范规则构成保函条款的组成部分。未经保函约定或当

---

❶ Tribunal Cantonal［Higher Cantonal Court］du Valais（Switzerland）, 28 Jan. 2009, available at：http://cisgw3.law.pace.edu/cases/090128s1.html.

❷ China N. Chem. Indus. Corp. v. Beston Chem. Corp., No. Civ. A. H-04-0912, 2006, available at：http://cisgw3.law.pace.edu/cases/060207u1.html.

❸ 但是，在 Incoterms 2010 版的出版说明中指出，如果国际货物贸易的交易方想使用该术语解释通则来规范他们之间的交易的话，必须明示选择该术语解释通则。因此，国外有学者主张对于贸易术语的使用解释来说，必须当当事人证明他们双方事先已然同意选择将贸易术语解释通则作为他们之间协议的解释参考。否则不能仅仅因为当事人选择了贸易术语就直接适用 CISG 第 9 条第 2 款的相关规定，将 Incoterms 作为解释贸易术语下各种义务的依据。因此，上述两个案件在今后的指导意义可能是要大打折扣的。参见 William P. Johnson, Analysis of Incoterms as Usage Under Article 9 of The CISG［J］. University of Pennsylvania Journal of International Law, Vol. 35, 2013（2）：422-423.

事人一致选择，一方当事人主张保函适用交易示范规则的，人民法院不予支持。[1] 从该条规定我们可以很清晰地发现，所谓商事惯例必须被双方当事人共同同意才能适用。而且，是把这种国际惯例视为保函协议的一部分，并不认定其为准据法。但如果只是一方当事人主张适用商事惯例，即便这种商事惯例确实已为该行业人所熟知，人民法院也不得适用该惯例，而只能根据该司法解释第 5 条的规定，适用保函担保人经常居所地的国家国内立法。所以，认为商事惯例的任意性规定无条件优先适用于国内法中的任意性规定的观点显然是没有法律依据的。

即便是被国内法律认可为可以优先适用的商事惯例，在适用过程中，也不宜机械地一概优先于国家制定的法律进行适用。笔者就发现一个非常典型的反例，在跟单信用证的实践中，就存在由于商业惯例与国际商事条约发生冲突而要优先适用国际商事条约的例证存在。目前在跟单信用证问题上，最有名的商事惯例为国际商会第 600 号出版物，即《UCP600》。该规则 2007 年通过，被认为是信用证领域最为权威和广为人知的商事惯例，在某种程度上其已然具备了公理性国际商事习惯的性质，可以被法院直接适用。[2] 该规则第 14 条规定，银行应在 5 个工作日内审查卖方所提交的单据与买方开立的信用证的要求是否一致。"并仅以单据为基础，以决定单据在表面上看来是否构成相符提示。"同时其第 16 条规定："当单据存在不符点时，其可以依其独立判断联系申请开证人放弃不符点，否则其可以对信用证拒付。同时如果开证人不放弃不符点，银行不得承兑或者支付信用证，否则将承担民事责任。"对此，施文策尔教授指出："信用证和贸易合同的相互独立事实上要求卖方必须提交在任何层面来说都是清洁的单据。否则，将会导致银行的拒付，从而让买方在事实上逃脱（avoid）合同

---

[1]　该司法解释经过征求意见修改了若干稿，并仍在继续修改中。但是该条内容只是条目数发生了改变，内容则基本没有发生变化。笔者所依据的是 2013 年 12 月第 4 稿的内容。参见 http://www.court.gov.cn/spyw/mssp/201312/t20131206_189960.htm，2014 年 9 月访问。

[2]　左海聪. 从国际商法特色看《民法典（草案）》中的国际商法渊源条款［M］. 中国国际法年刊（2013 年卷），北京：法律出版社，2014：312-313.

的约束。"❶ 但根据 CISG 第 25 条的规定，只有在达到根本违约的前提下，也就是事实上一方的违约导致剥夺了另一方有权依据合同所期待达到的后果时，才能允许另一方宣告合同无效来退出合同。我国《合同法》第 94 条也明确规定：只有在一方违约行为导致合同的根本目的不能实现的情况下，非违约方才有权解除合同。而《UCP600》的审单标准事实上等于加大了卖方交货的相符义务，当卖方不能提交与信用证要求相符的单据时，往往意味着其丧失了获得银行付款的权利。即便他所提交的货物根本没有达到根本违约的程度，由于单据的不符就可能导致其丧失该货物买卖合同，这种情形在买方不放弃不符点的情况下，买卖双方矛盾会显得更为尖锐。那么，在这种情况下应适用《UCP600》的规定还是适用 CISG 的规定就直接关系到法院是否判决买方要承担违约责任的问题。在这类案件中，如果以《UCP600》作为商事惯例或者商事习惯来优先适用对于卖方来说是极为不公平的。因此，笔者认为国际惯例并不是在任何情况下都得以优先适用于国际商事条约和国内法。应该具体问题具体分析，或者列举出适当的例外以维护国际商事交易的实体公正与公平。

第三节　对商事惯例适用进行限制的必要性

对于是否应该对商事惯例的适用进行限制，似乎可以通过成本衡量的方式进行论证。这是因为，不论是直接适用论者还是排除适用论者都同意交易成本理论的分析框架。支持直接适用的学者认为适用商事惯例可以减少当事人在交易中的交易成本。例如，加州大学伯克利分校的罗伯特·库特认为：自发产生的商事惯例更容易被交易当事人所"内化"，让其遵行更为便利、更贴近交易实践本身，从而可能大大减小商事交易的成本。国

---

❶ Ingeborg Schwenzer. The Danger of Domestic Preconceived Views with Respect to the Uniform Interpretation of the CISG: The Question of Avoidance in the Case of Nonconforming Goods and Documents [J]. Victoria University of Wellington Law Review, Vol. 36, 2005 (4): 795-805.

家在复杂经济条件下，应重视商事惯例在交易中所发挥的客观作用，防止裁判的主观化以及国家制定法的沙文主义。❶ 排除适用论者则持相反的观点，认为适用商事惯例不但不能减少当事人之间的交易成本，反倒可能为当事人之间的交易增加人为的障碍。例如，堪萨斯大学的德拉祖尔教授指出：适用商事惯例等非国家制定的规则，由于其不成文且不成体系，往往会使法官和仲裁员进入一种"自我中心"的意识状态之中，依照这类规则做出裁判与依据成文法和司法判例做出裁决相比往往更加难以预测，无形之中会增加主体的交易成本。❷

　　笔者通过分析发现，基于商事惯例本身存在如下几个性质会导致司法机构在适用这种规则之后无形之中增加当事人的交易成本，这是由商事惯例的自身性质所决定的，现分别予以论证说明：国内外大多数学者在研究适用商事惯例等非国家制定的规则时，似乎都同意将适用商事惯例对交易中可能产生的成本变量分为三大种类：（1）确定成本（specification cost），是指当事人在谈判、起草合同时，确认合同条款之含义、目的以及履行标准的成本；（2）解释成本（interpretive cost），是指法院在查明和适用商事惯例时所承担的司法成本；（3）管理成本（administrative costs），是指运行商事惯例制度时所面临的外部交易成本。❸

一、商事惯例的非普遍性增加了交易的解释成本

　　主张直接适用商事惯例的学者大多坚信，作为自发产生的商事惯例存在普遍性特征，并能够通过当事人的意思自治而自我选择、自我进化。商事惯例和国家的制定法不同，会通过这种自我进化和自我选择过程自发地趋向统一。因此，相较于通过麻烦的冲突法规则去寻找具体交易的准据

131

---

❶ See Robert Cooter. Structural Adjudication and the New Law Merchant: a Model of Decentralized Law [J]. 14 International Review of Law and Economics 215, 231 (1994). Also See Robert Cooter. Decentralized law for a complex economy: the structure approach to adjudicating the new law merchant [J]. 146 University of Pennsylvania Law Review, 1678, 1688 (1996).

❷ Christopher R. Drahozal. Private Ordering and International Commercial Arbitration [J]. 113 Penn State Law Review 1036, 1039 (2009).

❸ Christopher R Drahozal. Usage and implied terms in the United States, in Trade Usages and implied terms in the Arbitration ages 117 (Fabien Gelinas ed., Oxford University Press 2016).

法，不如去适用统一的商事惯例来实现国际商事交易的规则统一和裁决结果的确定。❶

但在笔者看来所谓"国际共同认可的商事惯例"很可能并不存在。《公约》中所强调商事惯例或者商事习惯的说法，更多的是美国等一些发达国家试图将其国内的做法拓展于国外的一种表现。从《公约》的适用来看，各国国内法院经常将本地的商事惯例直接作为商事惯例来进行适用。例如，美国法院在对国际贸易中商事惯例进行解释时，采用的几乎都是美国所特有的一些商事惯例❷，此外，大陆法系的奥地利同样也出现了在国际贸易中适用国内商事惯例的案例❸。虽然，有学者对法院的上述做法提出了批评的意见❹，导致美国法院在较近的案例中开始注意不将其本国的商事惯例直接适用于国际贸易合同之中，但是，所谓的改变也仅仅是将外国的商事惯例作为法院在查明事实中的调查对象而已❺。

事实上，商事惯例与国家法相比，更加五花八门，甚至一个国家内的不同地区就存在着差异巨大的不同商事惯例，为世界上所有交易主体所共同遵守的商事惯例很可能是根本不存在的。❻ 这一点也可以从布莱克法律词典中 trade usage 的词条中得到印证，在该词条中基本采纳了《美国统一

---

❶ 坚信这种观点的学者的主要著述有 Harold J. Berman & Colin Kaufman. The Law of International Commercial Transactions（Lex Mercatoria）[J]. 19 Harvard International Law Journal, 1978：221, 240. Leon E. Trakman. The Law Merchant：The Evolution of Commercial Law 18, 23（Fred B. Rothman & Co. 1983.）Juana Coetzee. Trade usage：Still law made by merchants for merchants? [J]. 28 South African Mercantile Law Journal, 2016：85, 107. Alec Sweet. The New Lex Mercatoria and Transnational Governance [J]. 13 Journal of European Public Policy, 2006：627, 646. 国内学者如左海聪. 国际商事条约和商事惯例的特点及相互关系 [J]. 法学, 2007（4）：97-101；孙希尧. 国际海事商人法断思——一个民间法的角度 [J]. 甘肃政法学院学报, 2007（6）：25-31；等等.

❷ Treibacher Industrie, AG. v. Allegheny Techonlogies Inc.（11th Cir, 2006）. 又见 Delchi Carrier sPA v. Rotorex Corp（2nd Cir 1995）. 还见 Chicago Packers, Inc v. Northam Food Trading Co.（7th Cir 2005）.

❸ Appellate Court（Oberlandesgericht）Graz 9 November 1995 [6 R 194/95] available at：http://cisgw3.law.pace.edu/cases/951109a3.html.

❹ Larry Dimatteo. The Interpretive Turn in International Sales Law：An Analysis of Fifteen Years of CISG Jurisprudence [J]. 34 Northwestern Journal of International Law & Business 299（2004）.

❺ Ferreri Silvia. Remarks concerning the Implementation of the CISG by the Courts [J]. 25 Journal of Law and Commerce, 2005：107, 111.

❻ Christopher R Drahozal. Contracting Out of National Law：an Empirical Look At The New Law Merchant [J]. 80 Notre Dame Law Review, 2005：530.

商法典》第 1-205 条的定义："商事惯例（惯例）是指在某一地区、某一职业或者某一行业中常为人们所遵守，以至于有理由预期其在有关争议交易中也会得到遵守的任何交易的惯常做法和交易做法或交易方法。"❶ 可以预见，相对于国家之间的成文法律冲突，商事惯例的查明和适用更加复杂和棘手，而商事惯例的不成文性更是进一步加大了这种查明、适用以及解释的司法成本。因此，将商事惯例直接适用于民商事交易尤其是国际民商事交易，不但不能减少司法机构的法律解释成本，反而会大大加大这种成本的付出，可谓得不偿失。

　　直接适用论的支持者可能会使用国际商会所编纂的《贸易术语解释通则》来进行辩护，认为各国至少在贸易术语的认识和规则适用上无疑是高度统一的。但是以下两个问题直接适用论的支持者恐怕无法回避：问题一，除了国际商会以外还有许多其他的国际组织甚至是国家都对贸易术语制定了解释性文件。例如，国际法协会制定的《华沙—牛津规则》、美国商会制定的《美国对外贸易定义》等，这些规则与国际商会制定的解释版本存在着不小的冲突。问题二，即便是国际商会制定和编纂的贸易术语解释通则，其内部不同版本之间也存在着不小的冲突。众所周知，国际贸易术语经历了 1953 年、1967 年、1976 年、1980 年、1990 年、2000 年、2010 年 7 次版本修改，其中以 1990 年及 2010 年的修改最为巨大。❷ 需要特别注意的是，国际贸易术语本身并不是法律，新版本的出现并不导致老版本的失效。因此，在当事人选择了某种贸易术语后，法院不能当然地选择新版本的贸易术语确定当事人的权利义务。例如，我国的司法机构就没有注意到这一点，对贸易术语的解释显得比较随意。在"广州市龙岗山医疗器械有限公司买卖合同纠纷案"中，法院指出：结合本案的具体案情，从龙岗山公司提交的其与江西省赣南医学院第一附属医院之间的招投标资料看，其中的《机电产品采购国际竞争性招标文件》明确载明所涉及的交易采用 CIF 贸易术语，应按照国际社会所普遍认可的《国际贸易术语解释通则》

133

---

❶ Black Law Dictionary, 2887（Bryan A. Garner ed, 7th ed West 2014），又见美国法学会. 美国统一商法典及其正式述评 [M]. 孙新强，译. 北京：人民大学出版社，2004：29.
❷ 黄培真. Incoterms 2010 之研究 [J]. 台湾海洋学报，2010（2）：3.

2010 版的规定来进行解释，卖方应在装运港向买方交货并完成风险转移。❶
与这个案件类似的案例还有很多，大都采用了一个原则，即将国际商会的
《国际贸易术语解释通则》2010 版直接认定为当事人之间所应当遵循的商
事惯例来确定当事人的相应权利义务。❷ 但是，法院并没有解释如何确定
必须使用国际商会制定的《贸易术语解释通则》来对合同所选择的贸易术
语进行解释，也没有询问和确认当事人所希望适用的贸易术语版本，就直
接选择使用了最新版本的《贸易术语解释通则》来确定当事人的权利义
务，似乎很不妥当。

由此可见，商事惯例从本质上存在区域性和碎片性的特征，所有交易
当事人共同认可的普遍性的商事惯例很可能并不存在。因此，法院在适用
商事惯例时，必须特别确认商事惯例的国别、区域以及行业等属性，尤其
要先确认当事人对商事惯例的选择情况后，方可对具体的商事惯例予以适
用，否则就可能造成错误的裁判。特别是不宜在当事人没有明示选择或援
引的情况下，将国外的和国际组织制定的示范性规则识别为交易当事人
"普遍遵守的"商事惯例进行适用。

笔者认为，正是由于商事惯例本身并不具有普遍性和统一性，所以如
果对其不加鉴别地进行适用，不但不能减小当事人之间的交易成本，反而
很可能会造成对当事人交易真实意思的一种曲解和误判，从而大大加大当
事人之间的交易负担。而对于商事惯例的查明反过来也会给法院的司法审
判带来非常巨大的负担。❸

---

❶　广州市龙岗山医疗器械有限公司与国霖国际贸易（上海）有限公司买卖合同纠纷案
（2014）穗中法民二终字第 848 号。

❷　浙江蓝之梦纺织有限公司诉桑马士国际洋行有限公司国际货物买卖合同纠纷案
（2014）浙金商外初字第 7 号；无锡大华制衣有限公司与丹马士环球物流（上海）有限公司海上
货运代理合同纠纷上诉案（2012）沪高民四（海）终字第 159 号；徐州徐腾木业有限公司与
HOUTWERF INTERNATIONAL B. V 分期付款买卖合同纠纷上诉案（2012）苏商外终字第 0032 号；
上海飞远物流有限公司诉温州市鑫远进出口有限公司等海上货运代理合同纠纷案（2008）甬海法
温商初字第 57 号；等等。

❸　我国目前的法律如何查明商事惯例并无具体的规定，这就造成在司法实践中商事惯例的
查明显得非常随意，有时法院会责令当事人提供商事惯例的内容。但是也有很多情况是由法院依
照职权采取走访调研的方式获取商事惯例的内容，也有法院通过传唤专家出庭作证的方式来进行
查明，情况五花八门。西方有学者通过实证方法研究，发现商事惯例的查明往往带有当事人的主
观色彩。法院在适用商事惯例时由于无法深入了解商事惯例的内容，在通过询问相关证人对商事

二、商事惯例的不确定性增加了交易的确定成本

由于商事惯例本身是不成文的，导致商事惯例在权利义务设定的外部边缘标准问题上表现得相对模糊。如果在处理当事人纠纷时直接适用商事惯例，会给交易当事人权利义务的确定增加非常巨大的不确定性，而且非常容易使交易的法律问题的处理陷入一种道德化的争论中去。例如，在"重庆信心农牧科技公司与重庆两江包装司产品购销合同纠纷案"中法院对于出卖方将货物发票盖章后交付给买方是否能够证明买方已经付款的交易习惯产生了不同的认识。一审法院认为发票是结算凭据，根据一般的交易习惯，卖方将发票交与买方执有，就意味着买方已经向卖方支付其货款。但是上诉法院和再审法院认为，双方之前的交易习惯是卖方先开票，买方次月付款。遂判决买方向卖方支付剩余货款。该案后来被重庆市检察院抗诉而进入了再审程序，经再审审理后法院支持了上诉判决。[1] 从该案曲折的审判历程中我们不难看出，民商事习惯在不同地区和不同当事人之间千差万别，如果完全将裁判寄希望于这种不确定的行为规则，很容易给司法带来不必要的麻烦，使裁判成为相互扯皮的举证游戏。因此，笔者坚持对成文合同解释方法应当优先适用于民商事习惯的效力判定。合同的生命在于解释，而解释的依托必须是合同文字本身。裁判者应首先考虑依照体系解释方法对合同进行系统解读，应当结合合同的上下文，推知当事人没有约定或约定不明条款的真意；不能推知的，才可以考虑民商事习惯的参照解释意义。

随着社会的进步，交易变得越来越复杂，相对模糊和不确定的商事惯例将更容易被不诚实的交易当事人利用。例如，在国际贸易中，货物的价格条款往往约定以发货当天伦敦期货价格指数来确定货物的交易价格。根

（接上注）
惯例是否存在的感性认识后就通过简易程序认定商事惯例的存在，根本没有采取数据统计的方式来科学地认定是否存在于商事惯例不符的情况，究其原因就是因为法院无法负担如此之大的司法成本。参见 Lisa Bernstein. Customs in the Courts［J］. 110 Northwestern Law Reviews, 2015：79, 81.

[1] 参见（2007）荣法民初字第 10490 号；（2007）渝五中民终字第 2316 号；（2008）渝五中民再字第 56 号。

据很多地方的商事惯例，在不违反合同目的的前提下，由于要准备货物，适当地晚于合同约定的发货时间，对于信誉良好的商家来说被认为是允许的。❶但是假设此时卖方知道价格将会上升，故意适当地拖延货物的发货日期，此时买方将会承担货物价格上涨所带来的不利后果。而且买方根本无法通过诉讼来追究卖方这种不诚实的行为，因为举证卖方故意拖延发货时间的成本非常之高，几乎是"不可能完成的任务"。此时，适用所谓的商事惯例就很可能导致不公正的判决结果。又如，卖方和买方以 FOB 的成交条件签订了一份购买含氮化肥的合同，合同约定的单价是 2000 美元，数量 200 吨，含氮量不得少于 22%。但是由于价格上涨，导致卖方发货时交付了 190 吨含氮量为 18% 的化肥。如果买方想起诉卖方的话，卖方可以抗辩说根据商事惯例，买卖双方约定的货物重量和含氮量都是约数，减少上面的数量是商事惯例所允许的。❷在此情形之下，买方想证明卖方的故意欺诈同样也非常困难。以上两个案例表明商事惯例具有很大的不确定性，非常容易在交易中被滥用，从而增加当事人之间的交易确定成本。

　　另外，商事惯例是处于不断变化之中的，而且对当事人能否产生约束力的标准又非常模糊。在我国现有的司法体制下，根本没有统一的机构对商事惯例的形成及其具体内容进行认定，司法实践在对商事惯例的认定中往往带有非常强的任意性和个案性。这就导致商事惯例形成的标准和内容非常模糊，无法形成具体的明线规则（bright line rules）❸。例如，在"南京仙龙工艺品有限公司国际货物买卖合同纠纷案"中，法院认为"根据此前的交易，双方采用了 CIF 贸易术语，D/P 付款方式。订单 SS37026，自原告邮箱收到邮件时，合同已经成立"❹。在该案件的审理过程中，法院没有对原告收到邮件就可以导致合同成立这一所谓商事惯例的约束力以及确

❶ 张锦源. 国际贸易实务详论 [M]. 台北：三民书局，2014：357.

❷ Columbia Nitrogen Corp. v. Royster Co., 451 F. 2d 3 (4th Cir. 1971); Heggblade Marguleas-Tenneco, Inc. v. Sunshine Biscuit, Inc., 131 Cal. Rptr. 183 (Cal. Ct. App. 1976) 在该案件中卖方主张在土豆交易中存在普遍遵守的商事惯例，这种商事惯例认为在合同中约定的土豆的蒲式耳数是约数，在交付时允许出现一定数量的偏差。

❸ Richard Craswell. Do the Trade Custom Exist?, in The Jurisprudence of Corporate and Commercial Law Theory, 124, 127 (Kraus & Walt ed., Cambridge University Press 2000).

❹ 南京仙龙工艺品有限公司诉 TREVOR JAMES ROZIER 国际货物买卖合同纠纷案 (2010) 宁商外初字第 4 号。

定性进行确认，就根据前一次的交易条件断定双方后一次交易合同已然成立的事实。这样通过所谓的商事惯例直接在当事人之间确立义务的做法毫无疑问也是很不合适的。同样的情况出现在"别尔西封闭式股份公司国际货物买卖上诉案"中，法院在审理过程中发现卖方在前几批货物交货中没有按照合同的约定提供运单或签收货物凭据，买方没有提出异议。在第五批货物交付后，买方以此为理由要求卖方承担违约责任。法院认为"双方对前几批货物的交接货方式已经认可并形成商事惯例，现买方以卖方未能提供运单或签收货物凭据为由主张卖方违约，依据不足，故对其诉讼请求不予支持"[1]。法院同样没有说明卖方依据的是什么商事惯例，该商事惯例又是如何对双方当事人产生约束力的。在如此依据不足的情况下，司法机构就直接判决卖方免于承担交付合同中约定的运输单据的义务，其正当性显然有值得怀疑之处。类似的判决越多，越会给我国的司法公信力和对外形象造成不良的影响。

总之，在笔者看来，在司法机构没有对商事惯例进行统一认定的情况下，就任意地以当事人之间存在的商事惯例为理由改变当事人之间的交易条件、变更当事人的权利义务是非常不妥且危险的。这无疑有夸大商事惯例作用的嫌疑。在司法裁判的法律推理过程中不能忽视每笔合同交易的情况和交易背景都处于一种动态的变化过程中；更不能先入为主地认为前一次的交易行为就应当被后一次交易所遵守；绝对不能忽略每笔交易所存在的差异与个性；绝不能让法官越俎代庖地代替当事人在合同中加入一个并不存在的条款，甚至是拟定一个新的合同。这会导致案件与案件之间同案不同裁，削弱了司法裁判的可预测性，增加当事人交易中的确定成本。

鉴于商事惯例的不确定性，有西方学者提出应该通过对商事惯例渐进编纂的方式来实现商事惯例的成文化和体系化，以此确定和固化不成文的商事惯例。[2] 在此思路指引之下，国内有学者将一些国际组织编写的示范性法律文件归入商事惯例的范畴。例如，肖永平教授认为"罗马统一私法协会"制定的《国际商事合同通则》就属于对商事惯例的编纂，对通则的

137

---

❶　别尔西封闭式股份公司与天津市中联伟天商贸有限公司国际货物买卖合同纠纷上诉案（2011）津高民四终字第 181 号。

❷　Peter Berger. The Creeping Codification of Lex Mercatoria, 4, 7 (Wolters Kluwer 2010).

适用就是对商事惯例的适用。❶ 对此，笔者不能认同肖永平教授的观点，因为从性质上来讲，《国际商事合同通则》这类示范性文件属于"国际商事法律重述"。从起草过程来看，该法律文件的规则制定的核心方法是通过比较法的方法对各国合同法、买卖法、租赁法等法律制度进行示范性的整理与重述，是"法律事项全球化的重要步骤"❷。换言之，这类法律文件是全球不同法系、不同国家的国内法学者共同智慧的结晶，与交易群体内部自发形成的商事惯例有着本质上的区别。因此，将《国际商事合同通则》视为一种商事惯例的观点是很值得商榷的。❸

鉴于商事惯例自产生之时就具有不成文性和自发性的特点，并且时时刻刻处在不断的变化之中，因此根本无法通过成文法的方式对其进行系统性、一般性的编纂并使其稳定、明确下来。而司法本身要求适用明确和稳定的规则，特别是要求必须有明确的适用范围和效力层级。因此，适用商事惯例不但不能强化司法裁判的可预测性，反而会使得裁判坠入混乱的迷宫之中，从而大大提高民商事交易的确定成本。

三、适用商事惯例增加司法的管理成本

主张直接适用商事惯例的学者和法律工作者一般认为商事惯例是可以直接适用于当事人的。这些人主张，民商事交易的法律规则从本源上源于习惯法，因此在民商事交易领域，习惯的约束力是民商法产生约束力的根本原因。❶ 但是，这种说法很明显忽略了法律和习惯的效力来源和效力属性的问题。众所周知，法律是国家通过立法权而为当事人设定的行为规范，在当事人没有明示排除的前提下，法律规范就对当事人产生默认的约束力。但习惯特别是商事惯例则完全不同，这类规则仅仅是一个群体或者团体通过自己的行为自发形成的，具有自下而上的特征。这导致商事惯例

---

❶ 肖永平."一带一路"与国际民商事争议解决会议发言记录稿 [R]. 2017 (3)：36.

❷ Joseph M. Perillo. Unidroit Principles of International Commercial Contracts：The Black Letter Text and a Review [J]. Fordham Law Review, 1994 (63)：281.

❸ Celia Wasserstein Fassberg. Lex Mercatoria-Hoist with Its Own Petard? [J]. 5 Chicago Journal of International Law, 2004：80, 81 .

❶ 许中缘. 商法的独立品格与我国民商法的编纂（上）[M]. 北京：人民出版社, 2016：20.

本身并不必然对当事人产生默示的法律约束力。❶

在支持商事惯例直接适用理论的学者看来，商事惯例对当事人产生约束力的效力来源，主要来源于当事人的意思自治。❷ 这种理论主张的逻辑起点是：商事惯例产生于当事人之间的合同交易，在合同交易中当事人可以通过意思自治来选择并设定各自的权利义务，经过不断的博弈，当事人之间的权利义务会达成一种平衡，最终形成一种当事人之间的默契。换言之，通过反复交易，当事人之间会产生一种"经验性的预期"，这种预期便是商事惯例产生的根本源泉。❸

笔者对这种理论在具体的交易过程中所带来的效果抱有较为悲观的态度。一方面，该理论似乎人为地夸大了意思自治的外延。意思自治是指合同当事人可以自由选择处理合同争议所适用的法律的国际私法原则。❹ 有时也指当事人可以自由安排自己的行为，不受其他人的干涉。❺ 但无论如何，意思自治原则没有"默示地接受当事人合同约定以及法律规定以外的商事惯例的约束"的含义。商事惯例如果对当事人发生法律约束力，必须以当事人明示或默示地同意该商事惯例为前提，换言之，当事人必须对某个具体的商事惯例产生"法律确念"（juris opinio），这个具体的商事惯例才可以对当事人产生法律约束力。❻ 但是，在商事惯例的适用问题上，支持直接适用商事惯例的学者对此问题关注明显不够，在没有任何证据表明当事人默示地同意商事惯例的情况下，就认为商事惯例对当事人产生了法律上的约束力。❼ 这种观点在立法上有非常清晰的反映，不论是《公约》

139

---

❶ Bruce L. Benson. The Spontaneous Evolution of Commercial Law [J]. 55 Southern Economic Journal, 1989: 646-647.

❷ Peter Nygh, Autonomy in International Contract, 179 (Oxford University Press 1999).

❸ Bryan Druzin. Law Without The State: The Theory of High Engagement and the Emergence of Spontaneous Legal Order Within Commercial Systems [J]. 41 Georgetown Journal of International Law, 2010: 586.

❹ 李凤琴. 国际合同法律适用发展趋势研究：以意思自治原则为中心 [M]. 合肥：安徽师范大学出版社，2013：12.

❺ 侯佳儒. 民法基本原则解释意思自治原理及其展开 [J]. 环球法律评论，2013 (4)：84.

❻ Roy Goode. Usage and Its Reception in Transnational Commercial Law [J]. 46 International and Comparative Law Quarterly, 1997: 10.

❼ Emily Kadens. The Myth of the Customary Law Merchant [J]. Texas Law Review, 2012 (90): 1164-1165.

第9条第2款的规定，还是我国《合同法解释二》第7条的规定，都只是要求在当事人"知道"某个商事惯例的情况下，裁判者就可以直接适用该商事惯例。该规定的逻辑明显存在漏洞，因为"知道"和"同意"无论是在语言含义上还是法律意义上都有着本质上的区别。如果当事人仅仅是知道一个商事惯例的存在就必须受到其约束，势必严重地侵犯了当事人的选择权。在现实的司法实践中，如"大连银行沈阳分行执行异议案"中法院认为："从一般商事惯例来说，交存保证金的比例一般由作为付款人的银行根据开具银行承兑汇票出票人的信誉决定交存保证金金额的比例，一般为汇票金额的30%～50%，最高交存100%，最低的可以不交存……按照当前一般的商事惯例和实际操作，银行承兑汇票的出票人在出票的同时完成承兑行为，在国际上各个银行业交易中是应当也是必须的，这也符合相关的票据法律规定，否则收款人是不会接受票据的。"❶ 但是，法院在适用商事惯例时，没有论证该商事惯例产生和存在的范围和目的，更没有对商事惯例适用的范围、适用条件加以论证和说明，就将其他交易主体的行为模式套用在本案中。这明显带有一种非常强烈的"先入为主"的思维模式，也就是将法官个人在大脑中形成的"正确的"行为模式识别为"商事惯例"施加于交易当事人，忽略了交易的具体个性，最终发生法官代替当事人拟定和解释合同现象。

事实上，在《公约》起草之时该问题就已经引起了我国政府的关注和担心。在对公约草案进行讨论时，我国代表提出第9条第2款中的习惯或惯例必须是"合理的"❷。不过，对商事惯例进行合理性判断仍然不能解决当事人是否真正同意该商事惯例对其产生约束力的问题，而是法官等第三方对合同能否适用商事惯例、适用什么商事惯例的一种主观价值判断，并不能直接反映当事人的真实意思。因此，在笔者看来适用商事惯例不但不能体现当事人的意思自治，反而是侵犯当事人交易自由的一种表现。作为一种价值判断的合理性判断，如果不通过司法程序对其加以限制，不啻于

---

❶ 大连银行股份有限公司沈阳分行与抚顺市艳丰建材有限公司、郑克旭案外人执行异议之诉案（2015）民提字第175号。

❷ United Nations Conference On Contracts For the International Sale of Goods，263（United Nation 1991）.

允许法院用并不属于当事人意志表达的共性外部规则去代替当事人之间的个性化约定，无形之中会让司法者任意地根据他的意愿和秉持的价值取向来解释并不由他来履行的合同。这等于是让法官替代当事人重新订立合同、修改合同的内容，会无形之中增加司法腐败的机会。同时，依赖商事惯例来解释合同也给合同本身增加了额外的不确定因素，会给民商事交易带来许多负面的影响。❶

总之，商事惯例由于并没有经过交易当事人的同意，如果不加限制地直接适用很可能会发生对某一方不合理的异化效应，排除了交易弱势群体一方的合理利益和期待。同时，也大大增加了司法者利用商事惯例的不确定性进行任意擅断的风险。

另一方面，所谓商事惯例在很大程度上是由垄断寡头所制定的"法外规则"。有学者在研究商事惯例的产生过程时发现，商事惯例有时候并不总是寻求当事人利益平衡和交易效率。商事惯例本身极有可能带有政治功能和目的。例如，《国际贸易术语解释通则》中的那些贸易术语，虽然表面来看是任意性的，但是其却被牢牢嵌入了海运提单和标准化合同之中，从而成为一种较为稳定的商事惯例。这类商事惯例往往可以发挥远远超出其字面含义的功能，具有确定国家商业竞争力的作用，英国正是通过标准化合同和贸易术语营建并巩固其强大的海运产业优势。在英国的标准交易合同下，煤炭交易当事人的商事惯例是选择 CIF 术语，而石油以及棉花的交易则要求选择 FOB 术语。在该两种术语下，CIF 术语下是由出口商选择船东，英国在此贸易上是出口大户；而 FOB 术语则是由进口商选择船东，英国在该贸易上是进口大户。在英国，进出口商和船东往往是相互控股的关联关系。正是通过这种交易关系，他们可以相互支持来共同获得利益，并把他国的航运商挤出英国的市场之外。❷ 再如，国际商会制定的《托收统一规则》中第 11 条规定："即使托收银行主动地委托其他银行办理托收业务，如托收银行所传递的指示未被受托银行所执行，托收行不承担任何

141

---

❶ Gessner. Volkmar. Contractual Certainty in International Trade：Empirical Studies and Theoretical Debates on Institutional Support for Global Economic Exchanges，13，15（Hart 2009）.

❷ A. Claire Cutler. Globalization，the Rule of Law，and the Modern Law Merchant：Medieval or Late Capitalist Associations？［J］. 8 Constellations 489（2001）.

责任。"该条款明显不合理地排除了托收委托人索赔的权利，构成了对托收行不公正的偏袒。造成这种情况出现的原因，无非是该规则的制定者就是作为托收交易当事人的托收银行。由于该规则巨大的影响力，出现了不利于托收委托人整体利益的公共选择效应。此情形显然构成了商事惯例加大司法过程中制度管理成本的一个非常有力的证据。

此外，商事惯例还可以在很大程度上让商人社会群体规避国家的强制性规则，如反垄断法、税法、消费者权益保护法、证券法等的强制性规则。自治性的商业习惯很可能使法律的私有领域和公共领域发生了融合，但这种融合却是为了一个非常狭小的商人群体服务的。❶

可以说，如果对商事惯例不加限制地进行适用，既可能会给司法机构过大的自由裁量权去改变当事人的交易内容，增加司法腐败出现的可能性；也会加大交易中强势的"大玩家"不合理的话语权优势，进而造成交易整体的不公平性。无论从哪个角度来说都会大大增加法律制度对交易的管理控制成本。

四、适用商事惯例减少交易成本的情形

当然，适用商事惯例也有可以大大减少交易成本增强合同可预测性的情形。有时当事人会以明示选择的方式选择某个商事惯例规则，或是在庭审辩论中双方都依据某个商事惯例主张自己的权利或是进行抗辩。在这种情况下，如果当事人没有适用异议，法院或仲裁机构可以根据商事惯例的内容确定当事人之间的权利义务，因为在此情境中，商事惯例是经过当事人同意的，当事人接受了该商事惯例作为其交易合同的一部分。此时，商事惯例应当与合同条款具有相同的法律效力，应优先于法律的任意性规定来予以适用，但是仍不能违反法律、行政法规的强制性规定。

---

❶　A. Claire Cutler. Private Power and Global Authority Transnational Merchant Law in the Global Political Economy [M]. Cambridge University Press，2007：216-217.

第四节　商事惯例适用的程序

由于前文所述商事惯例存在的非普遍性、不确定性等特征，所以不能对当事人产生当然的约束力。在此思想指导之下，笔者认为应该对商事惯例的适用做出如下限制，以维护交易当事人的合法权益。

一、当事人有权选择商事惯例来确定交易中的权利义务

从这个意义上来说，目前我国立法在商事惯例的适用问题的规定中多有矛盾和不妥之处：一方面，我国法律目前认为只要交易当事人知道某个商事惯例的存在就要受到商事惯例的约束，这显然侵犯了交易当事人的选择权；另一方面，我国法律规定在涉外民商事法律关系中，在国际条约和我国法律没有法律规定的情形下，可以适用国际惯例。❶ 在这两种情形下，都侵犯了交易当事人的选择权。如前文所述，商事惯例只有在当事人接受的情况下，才可以对当事人产生约束力，所以必须对司法机构适用商事惯例的自由裁量权力进行限制：当事人有权选择商事惯例作为确定他们之间交易的权利义务的依据，司法机关应该尊重当事人对商事惯例的选择。具体而言，可以比照当事人协议选择外国法作为他们之间法律关系的准据法的规定来解决这个问题，因为这两者都是由于当事人对某个本不当然具有约束力的外部规则通过选择的方式来使之具有法律约束力的。参照我国《涉外民事法律关系适用法》第 3 条和《最高人民法院关于适用〈中华人民共和国涉外民事关系法律适用法〉若干问题的解释（一）》第 8 条的规定，可以规定在当事人明示地选择了某个具体的商事惯例或者在一审庭审辩论终结前，共同援引某个具体的商事惯例的情况下，人民法院或者仲裁机构可以适用商事惯例确定交易当事人之间的权利义务关系。

---

❶　我国法律没有规定商事惯例和国际惯例之间的区别和鉴别方法，可以认为两者在法律性质上是相同的。国际惯例本身就是跨国民商事交往中的商事惯例。

二、司法机构需确认商事惯例对当事人的约束力

在当事人没有选择商事惯例的情况下，司法机构若想适用商事惯例，则必须要责令主张适用商事惯例的当事人证明商事惯例能够对交易相对方产生约束力这一事实的存在，否则，司法机构不能适用商事惯例。同时，如果不主张适用商事惯例的当事人能够证明其不知道该商事惯例存在的，商事惯例同样不可适用。

即便是相关国际组织或境外机构制定或者编纂的成文的商事惯例，司法机构也必须确认当事人是否同意该商事惯例的适用并且要确认所适用的成文的商事惯例的内容和版本，在交易当事双方无法对商事惯例的适用达成一致意见的情况下，司法机构不得任意确认适用成文的商事惯例。

还有应特别注意保护当事人对商事惯例提出反对意见的权利，如当事人在交易过程中，未获得机会对商事惯例的适用和内容的确认提出反对意见的，商事惯例也不应予以适用。

三、当事人有义务提供商事惯例的内容

主张适用商事惯例的当事人有义务提供商事惯例的具体内容，在司法机构指定的期限内如果没有正当理由未能提供商事惯例的内容时，司法机构须排除该商事惯例的适用。此外，除非涉及第三人的利益，司法机构不能主动依职权调查商事惯例的存在和其具体内容。

如果当事人请求由相关专家来证明某种商事惯例的存在，同样应该在程序上予以限制：第一，当事人应证明该专家的利益和他的利益是相互独立的，否则就不能采信该专家的意见。第二，应该严格限制专家的人员范围，只有国家相关部委认定的权威机构的权威人员才可作为专家来证明商事惯例的内容和约束力。第三，专家在发表意见时，不能仅仅通过他的个人感性认识来认定商事惯例的存在，必须拿出切实的数据等可信证据证明该商事惯例确实是被从事该类交易的绝大多数当事人所普遍遵守的。最后，专家提供有关商事惯例内容和约束力的意见后，如果事后证明该意见与实际情况不符，则该专家应该承担相应的法律责任，以防止出现不负责任的意见陈述，干扰司法机构对商事惯例的适用。

四、商事惯例不得与法律、法规的强制性规定相冲突

商事惯例的内容不得与我国法律和行政法规中的强制性规定相冲突，不得违反我国的公序良俗，此外，还不得明显偏离交易中的公平公正以及诚实信用等基本法律原则和价值理念。例如，国务院在 2002 年颁布实施的《技术进出口管理条例》第 29 条中明确规定："技术进出口合同中，不得含有下列限制性条款……"在学理上，该条被称为"限制性商业习惯禁止规则"。该条规定了 7 类国际技术贸易中经常出现的限制性习惯条款，其共同特征是一方利用自己在谈判中的优势地位强迫他的交易相对方接受不合理的习惯性条款约束。在与之类似的情况下，就算交易当事方明示或默示地接受了这类不合理的商事惯例且没有提出反对意见，该商事惯例或格式条款也应被认为是无效的。总之，与我国强制性法律规则及原则相冲突的商事惯例，自始不能产生法律约束力。

145

五、小结

正是由于商事惯例适用的非普遍性特征与不确定性特征，商事惯例适用程序应该更加具体与细化。商事惯例首先必须是具备法律约束力的，同时，应更加强调给予当事人选择商事惯例的权利，规制司法机构适用商事惯例的自由裁量权。对于在交易中选择商事惯例的一方当事人其有义务提供商事惯例的内容，并证明在此交易中的商事惯例的适用能对双方产生法律约束力。商事惯例适用程序还应不断规范与完善。

第五章

商事惯例发挥作用的局限性

第一节　法律语境下对商事惯例的特征功能分析

根据权威的《布莱克法律词典》的解释，商事惯例是在商人社会中基于交易实践而自发形成的规则。在司法中，一个非常重要的问题就是：如何看待这种自发性和民间性规则的性质和效力，以及其与国际商事法律制度中其他法律渊源间的适用顺序。如果这两个问题弄不清楚，很容易导致在商事司法审判过程中，错误地适用这类自治性规则，从而破坏商事法律关系的稳定性和可预测性。

商事惯例是一个比较宽泛和综合的概念，其最初的核心内涵是指商人之间在国际商事交易的过程中，通过实践而自发形成的一种惯常性的做法。CISG第9条赋予了这类做法以法律地位："（1）双方当事人业已同意的任何惯例和他们之间确立的任何习惯做法，对双方当事人均有约束力。（2）除非另有协议，双方当事人应视为已默示地同意对他们的合同或合同的订立适用双方当事人已知道或理应知道的惯例，而这种惯例，在国际贸易上，已为有关特定贸易所涉同类合同的当事人所广泛知道并为他们所经常遵守。"但很明显，该法条也指明了商事惯例具有明显的分层性。

第一类惯例是具体的交易当事人可以通过明示或者默示的行为建立起

一种惯常性做法。这种做法就会对建立该种做法的当事人的后续行为产生约束力。

第二类惯例是如果某种习惯性做法不能满足前述条件，那么这种做法就必须为双方都知道或理应知道且默示地同意，且该习惯性做法必须在国际贸易上为贸易所涉的合同的当事人广泛知道并被他们经常遵守。

因此，我们可以很清楚地认识到在国际商事交易中惯例应该是分层次的：第一层次的惯例是特定当事人之间的习惯性做法，这种习惯性的做法只要在特定当事人之间已然确立，就可以对双方当事人产生约束力。例如，在"意大利科玛克股份公司与上海迅维机电设备有限公司国际货物买卖合同纠纷案"中，法院认为当事人在 2006 年至 2007 年 2 年间建立的长期委托代理关系就构成了他们之间已然确立的习惯做法，因此判定意大利的公司违反了合同的默示性约定❶。

第二层次惯例不是在特定的当事人之间所形成的，而是在商人社会和商事交往中形成的普遍性惯例，则需在两种情况下才能对当事人产生约束力。要么，这种惯例被当事人所选择作为一种共同的同意来适用于他们的交易关系；要么，就是某种惯例必须发展到一定程度以致为"特定贸易所涉同类合同的当事人所广泛知道并为他们所经常遵守"。此时，即便不经当事人选择也可确认其法律约束力。

故此，国际贸易惯例从内涵上可以分为如下三大类：（1）特定当事人之间的习惯性做法（practice）；（2）普通的贸易惯例（usage）；（3）为特定贸易当事人广泛知晓并普遍默示遵守的贸易惯例，为行文区分笔者称之为国际贸易习惯（convention）❷。这三者对商人社会的约束力是不尽相同的。虽然有学者主张，贸易惯例似乎应该都对当事人产生普遍的、同等的法律约束力。❸ 譬如，左海聪教授认为如何判定何种商事惯例具有法律确信而成为国际商事习惯是一个困难的问题。商事主体在遵守惯例和习惯

147

---

❶　上海市高级人民法院：意大利科玛克股份公司与上海迅维机电设备有限公司国际货物买卖合同纠纷上诉案，（2011）沪高民二（商）终字第 18 号。

❷　《布莱克法律辞典》对这两种惯例有明确的区分，且在贸易法中做了特别的强调：虽然很多规则都是在 Usage 的基础上形成的，不过其不具有法律的性质与效力；但 Conventions 则不同，其具有默示的强制性，除非当事人合意排除。参见 Black Law dictionary, 2009 editions.

❸　左海聪. 国际商事条约和商事惯例的特点及相互关系 [J]. 法学，2007（4）：98.

时，通常并不考虑其是惯例还是习惯，而是同样遵守。仅凭惯例践行者彼此存在某种可推定的期待，就可足以产生遵守的义务。❶ 对此笔者认为，该观点只能说反映了国际惯例发展的一种最理想的可能，但却肯定是与实际的法律现状不吻合的。该观点还有把问题理想化、简单化的嫌疑。首先，惯常性做法仅仅是当事人之间的某种已然存在的事实，并不是具有普遍约束力的法律规则，其也不可能直接发展为法律。只能说是在特定的当事人之间的一种可以推定的期待。其次，如果当事人没有明示地选择适用某种在商事社会形成的惯例的情况下，要想认定该惯例对于当事人有约束力，必须证明该惯例是为人所"广泛熟知"的❷，且双方当时都应该知道该惯例，并明示或默示地愿意接受其约束❸。但这种惯例能否被司法机构采纳，通常要由主张该惯例具有约束力的当事人来予以举证证明。除非法律明确授权，通常不能由法院依职权加以适用。❹ 事实上，在商事交往中往往会形成很多习惯性的做法，但是这种做法并不都是当然地能够对当事人产生约束力的，往往需要很长的一段时间来获得普遍的认同，在此过程中，主张适用的某种惯例的一方往往很难得到有权机关的支持。对方只要主张并举证某些负责任的商人未按照所声称的惯例行事，便可轻易地推翻某种惯例的适用。例如，CIF 价格条件在很早便在合同中采用，但是它的真正性质和法律效果直到 1911 年才被英格兰法院所承认。❺

即便是已然形成惯例在某些情况下也并不是为全体商事社会成员所当

---

❶ 左海聪. 国际商法［M］. 北京：法律出版社，2013：17.

❷ 在奥地利最高法院的一个裁决中，法院认定泰赛根法（Tegernseer Gebräuche）是为德国和奥地利木材商所广泛熟知的惯例，该法要求买方必须接收货物，如果其认为货物不符合合同约定，其必须在验货后或者可能验货后 14 天内，向卖方发出其认为木材不符合合同约定的书面通知，否则将可能丧失索赔的权利。参见 Oberster Gerichtsh of Austria, 21 Mar. 2000, available at：http://www.cisg.law.pace.edu/cases/000321a3.html.

❸ 在美国华盛顿州立法院的一个判决中，法院认为在华盛顿州，所有的商人都认为如果附有一张带有销售条款的票据的口头订货构成了一种单方的允诺，一旦卖方按照买方的要求发货，合同便已然成立。参见 Barbara Berry, S. A. de C. V. v. Ken M. Spooner Farms, Inc., (W. D. Wash. Apr. 13, 2006)；District Court for the Western District of Washington United States 13 Apr. 2006, available at：http://www.cisg.law.pace.edu/cases/060413u1.html.

❹ Leonardo Graffi. Remarks on Trade Usages And Business Practices In International Sales Law［J］. Journal of Law and Commerce, Vol. 29, 2011（3）：278.

❺ 郑远民. 现代商人法研究［M］. 北京：法律出版社，2001：102.

然接受的，不同地区的商事惯例甚至比不同国家的法律相互冲突的情况还要明显。在国际商法最为辉煌的中世纪时期，即使是那些早已汇编成册的所谓商事习惯，例如，共同海损的理算，也有证据表明在至少中世纪时期没有获得商人们的普遍同意。❶ 这种情况延续到今天也没有什么改变，哪怕是最为商人们所广泛熟知的 CIF 术语中关于对保险的购买问题也与保险业的商事惯例存在着冲突。例如，根据 Incoterms 2000 的要求，卖方必须自费为货物运输办理保险，保险的金额应当是货物的整个价值加 10%。这10%的溢价被国际商会解释为是为了保障买方的最低的预期利润损失。❷ 但是，很多地方性的保险惯例，只要求卖方投保货物的全部价值的保险即可。当出现纠纷时，能否直接适用 Incoterms 的规定就显然成了一个非常棘手的问题。除了俄罗斯的一个仲裁裁决支持了买方 110% 溢价保险价值的主张外，其他司法裁决均没有支持买方的这一主张，因为法院认为 Incoterms 此时与其他保险商业惯例发生了冲突，并不能反映当事方的真实意思。❸ 所以，并不能当然地认为所有惯例都能够对当事人产生约束力，否则只会让国际商事交易陷入更加混乱的境地。

　　首先，对于特定当事人的惯常做法之所以能够在特定当事人之间产生法律约束力，并不是由于商事惯例本身具有天然的法律约束力。因其只能约束某个具体特定交易的特定当事人双方，对其他交易的当事人并无约束力。但由于法律尊重双方当事人基于特别的事实而产生的一种信赖关系，这显然属于一种事实问题。例如，当双方当事人已然建立起一种非常稳定的长期交易关系后，如果他们前面每一次的交易中都采用了某种固定的交易模式，那么对方就有理由相信在未经特别通知的情况下，下一次的交易也会采用相同的行为模式。CISG 并未规定到底几次相同的交易行为能够构成此种惯常性的做法，但是却有仅凭两次相同的交易行为不能构成这种惯

149

---

❶　Emily Kadens. The Myth of the Customary Law Merchant ［J］. Texas Law Review，Vol. 90. 2012 (5)：1179.

❷　Jan Ramberg. ICC Guide to INCOTERMS 2000：Understanding and Practical Use ［M］. ICC Publishing，1999：121.

❸　Leonardo Graffi. Remarks on Trade Usages And Business Practices In International Sales Law ［J］. Journal of Law and Commerce，Vol. 29，2011 (3)：286-287.

常性做法的判例。❶ 不过，如果有充分的证据表明双方有意建立此种长期的交易关系，并改变了自己的经济或行为状态的话，将可以认定在双方之间已然构成了此种所谓的惯常性做法。❷

之所以法律要求当事人遵循在特定当事人之间基于先前交易行为所产生的惯常性做法，事实上是因为这是国际贸易中普遍遵行的善意原则的一种具体体现。换言之，国际贸易特别重视交易人行为的前后一致性，禁止后行为否认前行为效果的原则（venire contra factum proprium）。由于国际商事交易往往是大宗长期的交易，维系交易的关系的根本基础乃是双方之间的一种信任关系。如果这种信任关系被破坏，那么将极大地损害作为商事群体共同利益的交易安全，因为，商人在选择交易对象时将不得不首先花费大量的人力物力去核实交易相对方的信誉和以往的交易记录，这无疑将成为国际商事交易的巨大成本。交易的便捷性是国际商事交易所吁求的一个重要价值，按照以往的既定习惯性做法来形成某种交易默契无疑会大大加大交易的便捷性。由于国际商事交易的标的具有大宗性的特点，因此一旦交易方本着一种信赖来改变自己的状态，将会给对方造成极大的负担，信赖的落空意味着交易方可能会承受致命性的损失，因此，法律必须保护善良交易人的此种合理期待和信任。例如，如果交易双方在先前的交易中形成了在很短的时间内交货的交易惯常做法，而此时间是短于 CISG 第 33 条 c 款所规定的在合理时间内交货的规定的，此时卖方不得以公约的规定作为抗辩理由来免除其违约责任；更不得依照国内法要求（例如，我国《合同法》第 62 条第 4 款的规定）给予其宽限期为由来免除其违约责任。即便是在国际社会上已经形成了通行的交货时间惯例，也不得优于当事人之间所形成的该种特定的惯常性做法的要求。

因此，惯常性做法之所以能够优先于国内法乃至国际公约和其他国际惯例和合同的约定来以最为优先的地位予以尊重，并不是由于这种惯常性做法是法律。相反，其几乎不符合法律规则的任何构成要素。对这种做法

---

❶ Zivilgericht Basel Switzerland, 3 Dec. 1997, available at: http://www.cisg.law.pace.edu/cases/971203s2.htm.

❷ Franco Ferrari, Relevant trade usage and practices under UN sales law, The European Legal Forum, Issue5, 2002: 275.

的尊重与保护的核心缘由是基于对当事人之间的相互信赖而产生的一种既成事实的尊重。这种事实反映了当事人在交易中所形成的一种相互信赖关系，而这种信赖关系正是维系国际商事交易的最核心、最基础的价值之一。

其次，对于未被普遍接受的商事惯例，只有在当事人选择的情况下才能成为相关法律关系的准据法。与惯常理解不同的是，笔者认为商事惯例本身并无普遍接受性，因此，不能想当然地认为惯例是所有商人都必须遵守的法律渊源。在司法机构所适用的惯例中的相当一部分惯例都带有地方性和本地性的特征。例如，在"S. A. de C. V. v. Ken M. Spooner Farms, Inc."案和奥地利最高法院所裁决的德奥两木材公司的买卖纠纷案中，当事人所引用的所谓惯例都是带有明显区域性（regional）的惯例。而且惯例从初步形成到得到商人们的普遍认可是一个过程，在这中间需要较长的时间。也就是说在很多情况下某个具体的惯例可能并不是被商人们所普遍接受的。这种一般性的商业惯例占据了惯例的绝大多数。[1]

再以国际土木工程承包合同中的 FIDIC 条款为例。虽然，该合同范本为国际土木工程师协会所制定，但由于国际土木工程师协会是民间组织，在全球化的背景下，民间组织的惯例制定具有间断性和灵活性的特点。[2] 而且 FIDIC 范本中明确规定这些条款只是供土木工程合同之缔约方参考之范本。德国学者摩尔曼教授和舒尔曼教授明确指出从其中难以推导出普遍有效之法律规范。[3] 此外，除 FIDIC 之外世界上亦有其他著名的规范条款。[4] 在这些合同一般条件范本中，诸多制度规定差异较大，司法机构也

---

[1] Christopher R Drahozal. Contracting Out of National Law: an Empirical Look At The New Law Merchant [J]. Notre Dame Law Review, Vol. 80, 2005 (2): 530.

[2] 张康之. 论全球化背景下的组织模式变革 [J]. 天津行政学院学报, 2015 (1): 31.

[3] Mallmann, Bau - und Analagenbaovertrage nach den FIDIC - Standard bedingungen, Beck, 2002, S. 41. 又见 Sherman, Kommentierte Vertragsmuster, Beck, 2005, S. 15.

[4] 国际上比较著名的合同范本仅笔者通过 google 搜索就发现有以下 5 种：（1）Australian Standard General Conditions of Contracts (1997). (2) The Institution of Civil Engineers United Kingdom The Engineering and Construction Contract, Second Edition, 1998. (3) American Institute of Architects (USA) AIA Document A201-1997, General Conditions of Contracts for Constructions (1997). (4) The World Bank. Standard Bidding Documents, Procurement of Works (1995). (5) Joint Contracts Tribunal for The Standard Form of Building Contract (1980). 等等.

认为迄今为止尚未有统一的惯例存在，仅有一些十分原则性的规定如契约必须信守、情势变更等为所有工程商所共识，但此并不是由于广泛运用 FIDIC 契约条款之结果❶，且原则并无法直接解决复杂的工程纠纷。

再者说，从实证主义角度来看，笔者通过查询我国法院根据 FIDIC 条款进行判决的案件，发现这些案件援引 FIDIC 的共同前提是当事人在合同范本中选择了 FIDIC 作为其合同依据，法院始得援引。此情况更加说明了 FIDIC 是必须通过当事人的援引选择才能适用之普通惯例或者说就是其名称所表征的那样仅仅是一种合同范本。标准合同是无论如何不能被视为一种"法律"的，而只能被视为一种事实。

不过，需要指出的是：虽然商事惯例效力具有很大程度的事实性，但如果这种"事实"被广泛传播，久而久之形成了商人圈内一种"约定俗成"的普遍性认同时，惯例的效力状态完全有可能从事实的约束力转换为普遍性的规则性约束力。例如，我国台湾地区著名学者柯泽东教授曾经分析了"国际商事习惯法"的形成条件和形成过程，他指出："但吾人不否认经过长期的契约交易，惯例可能进而形成习惯法之潜力。譬如在国际贸易上对某一具体问题之解决或看法，在若干个别企业所制定之既成交易均以相同之模式缔结，而一般法院，实务家以及司法机构又有确认上述规定之巧合，则此法律问题乃形成习尚惯例，复经权威机构确认之结果，而成为真正国际共通之习惯。"❷ 毋庸讳言，商事惯例往往体现着商人社会中某一行业的特殊需要和特殊经验，可能是最适合国际贸易行业的做法。例如，根据我国《合同法》第 117 条的规定："因不可抗力不能履行合同的，根据不可抗力的影响，部分或者全部免除责任，但法律另有规定的除外。当事人迟延履行后发生不可抗力的，不能免除责任。"从该条规定，我们可以认识到"不可抗力"在国内法的适用中仅仅是当事人的一种免责条件。但是在国际贸易中不可抗力已不再仅为单纯的免责条件，更有"中止合同"的作用。换言之，在国际贸易中，由于出现不可抗力可以暂缓合同的履行，而非仅仅免除当事人的违约责任。此种对不可抗力法律后果的解

❶ 陈自强. 整合中之契约法［M］. 北京：北京大学出版社，2011：244.
❷ 柯泽东. 国际贸易习惯暨国际商务仲裁［M］. 台湾：元照出版公司，2008：24.

释和理解在一定程度上得到了商人的认可，最终导致司法机构逐步接受了商人社会对此问题的习惯性做法，并赋予其优先适用的法律效力。在合同没有明确约定的情况下，司法机构确认不可抗力仅为"延长履行合同义务"的原因，而非契约义务即刻免除之原因。❶ 这种情况的出现很好地证明经过商人的反复实践可以形成对贸易经验的总结，这种经验必然会对司法机构的裁判形成一种权威性的压力，使得司法机构最终承认其效力而予以优先适用。

由此可见，超越具体当事人而具有广泛约束力的"国际商事习惯法"，产生约束力的根本原因在于：它是国际商业交易反复实践的经验总结，是更为贴近交易的客观需求的。所有商事惯例形成的根本着力点在于当事方的经验沟通，通过彼此之间对交易知识的沟通、扩散与传播，来形成一种交相呼应的规则机制，最终形成规则体系。❷ 司法机构此时有必要发现商人社会中的这种自我形成的规则并强化确定之。唯此，方能更好地促进国际贸易的健康发展。而英美法的实践也恰好能从侧面来印证这个理论：有学者指出，英美法的法官造法之说是一种不准确的说法，他们并不是随心所欲地进行造法来应对崭新的问题，他们只有在"发现了一种新的社会规范"，而这种社会规范又必须被国家所强制执行的情况下，他们才有造法权。❸ 从这个意义上来说，英美法的法官造法权力不过是对作为一种社会规范存在的惯例的承认和速记而已。相对应地，在英美司法传统中，对于法律规则的解释和适用必须考虑甚至依照社会惯例为依托来进行。在 Rodi Yachts Inc. v. National Marine Inc 案中，波斯纳大法官认为，美国传统侵权法判例中的"汉德法则"（hand rules）❹ 已不符合社会的现实需要，进而探寻出新的针对侵权赔偿计算问题的商事惯例。

从司法实证主义角度来说，司法实践中法院的行为也在一定程度上支

---

❶　柯泽东. 国际贸易法专论 [M]. 台湾：台湾三民书局，1981：27-28.

❷　宋阳，左海聪. 论国际商事规则与主权国家立法的关系——从独立到超越 [J]. 天府新论，2013（5）：70.

❸　Robert Cooter. Decentralized law for a complex economy：the structure approach to adjudicating the new law merchant [J]. University of Pennsylvania Law Review，Vol. 144，1996（5）：1656.

❹　对于汉德法则的详细论述，可以参见宋阳，李玉红. 对国际规则与司法公正关系的思考——以规则相互作用为视角 [J]. 湖北社会科学，2014（3）：157.

持了上述观点。例如，在对于确认书的沉默问题上，商事惯例的优先适用确实得到了司法上的支持。在实践中，当事人之间确实存在一种共同默契的做法，那就是在谈妥交易条件后，对于另外一方发出的载明具体条件的确认书不做回应。但有时由于价格的波动，某一方可能在嗣后会对交易反悔，主张其并不同意该交易。根据 CISG 第 18.1 条的规定："被发价人声明或做出其他行为表示同意一项发价，即是接受，缄默或不行动本身不等于接受。"我国《合同法》第 22 条也规定："承诺应当以通知的方式做出，但根据交易习惯或者要约表明可以通过行为做出承诺的除外。"从这两者的规定我们可以发现，沉默是无论如何也无法认定为同意合同成立的。在这种情况下，当事人之间形成的惯例是可以减损 CISG 和国内法相关条文的效力的。在德国和瑞士的司法判决中，法院均认为在这种情况下对于确认书的沉默构成了一种对合同的默示同意，因此应当支持主张合同成立一方的诉求。❶ 又如，从我国法院在审理有关银行保函案件的实践来看，我国对于商事惯例适用的支持力度也是十分坚决的。

由此，我们不难发现商事惯例能够超越国内法的优先适用相对于一般法律更为复杂。在最初阶段，惯例作为一种习惯性做法并无普遍之法律约束力，但当有越来越多的人选择适用某种惯例时，该惯例便会逐步获得较为固定的内容，不过，此时惯例若想获得司法机构的适用往往需要当事人的明示选择后才能予以适用。当其进一步向前发展，变得越来越为人们所广泛熟知时，以致于充分反映某种行业交易的客观需要和最佳的经验路径，就可以认为能够成为约束该行业乃至整个国际贸易中特定事项之基本规则，因此，商事惯例的发展是一种从事实逐步进化到规范的过程。司法机构之所以对其进行超越国内成文法优先适用，从根本原因上来说是由于对交易中反复存在并逐步固化的事实的一种洞察和回应。当这种事实成为国际商事交易所普遍遵行的规范时，其就获得了法律效力，而且由于能够反映国际商事交易当事人的意思和实践的需要，理应给予非常高

---

❶ Landgericht Landshut Germany, 12 June 2008, available at：http://cisgw3. law. pace. edu/cases/080612g2.html. 又见 Oberlandesgericht Frankfurt Germany, 5 July 1995, available at：http://cisgw3.law.pace.edu/cases/950705g1.html. 还见 Des Zivilgerichts des Kantons Basel-Stadt Switzerland, 21 Dec. 1992, available at：http://www.uncitral.org/clout/showDocument.do?documentUid=1298.

的重视，优先适用自然是水到渠成的结果。

第二节 商事惯例不宜直接成为法律渊源

然而，规则与法律是两个完全不同的概念，规则的外延范围是远远大于法律的。并不是所有规则都可以被认为是法律。

一、自治性的商事惯例缺乏体系性和一般性

我国台湾著名国际私法学者柯泽东教授早在 20 世纪 80 年代就展开了对商事惯例问题的研究，只不过他称之为"国际贸易习惯法"。当时对于这种自发产生的规则的法律性质，学界就存在争论。柯泽东教授从三个角度阐释了商事惯例的法律属性，其中他认为最重要的条件是商事惯例是否具有一般性。他指出："凡社会规范之欲成为法律规范，必须具备一般性之价值。易言之，所谓法律，曾被实证主义法学者予以简明定义：为具有一般性且充分明确，而于行为前预先得知其规定内容者。"❶ 笔者赞同他确认法律之甄别条件。但根据柯教授的标准，我们发现商事惯例的法律性特征是十分值得怀疑的。

作为法律而存在的规则必须是充分明确且不能相互矛盾的，但是，国际惯例的存在却往往是以一种多变和不确定的形态存在，适用范围极为狭窄。而且，除了 Incoterms 这种极为少数的商事惯例能被普遍接受且调整的范围相对具有一般性以外，其他很多商事惯例往往是调整某一类特殊产品贸易或者交易中极为琐碎问题的规则。笔者在考察了欧洲中世纪时期的贸易惯例后发现，这些规则所调整的内容往往根本不涉及商人交易中的权利义务。例如，中世纪为当时欧洲商人广为熟知的《奥莱龙海事法典》，在公元 14 世纪以前，该"法典"并不是为所有商人遵守的，只是在几个贸

---

❶ 柯泽东. 国际贸易习惯法与国际贸易 ［G］//国际贸易习惯法与国际商务仲裁. 台北：元照出版公司，2008：42.

易海港的部分商人会通过明示选择的方式在一些具体的海事事务中进行援引。例如，投弃、打捞，而且交易规则带有明显的地域性和行业性特征。❶显然这类规则与法律的普遍性和一般性特征还存在不小的差异。而且由于《奥莱龙海事法典》的版本很多样，在同一个港口就可能有数个版本同时存在，不同的裁判人会根据不同的版本对类似的案件做出不同的裁决，这就进一步加大了这类规则的非体系性特征。

从本质上来说，自治性的商事规则所指向的范围大多与交易的技术细节相关，而这些交易细节与合同法上规范当事人的实体权利义务诸如违约责任、合同成立以及生效有着本质上的不同。例如，在奥地利进行木材交易时的交货验货惯例，但这类惯例根本无法形成一种规则体系网络去调整当事人的交易行为，甚至都不能反复来进行适用。❷惯例在司法实践中，往往是需要当事方进行证明的。这显然与"法官知法"这一法律的最基本要求是背道而驰的。这也从另一个侧面证明了所谓惯例很难像国家制定的法律那样形成完整的体系。

对此，又有人辩解认为，在法官断案的过程中，应该探寻当事人的真实意思，这本身就是在适用当事人之间的自治规则："在当事人并没有明确约定的情况下，在若干情形下，也不得解释认定当事人有适用国内法的意愿，而应该依照当事人订立契约的经济意旨解释之。"❸这种观点的核心便是探求当事人的真实意思，而当事人的真实意思是体现在商事惯例或者其他商人的一般性做法之上的。因此，从这个意义上来说，自治性的商事惯例便有了发挥效力的空间，可以被认为具有了法律一般性和明确性的特征。但是，我们必须注意到，这种通过法官或者仲裁人的思维和认识来代替当事人意思的做法从根本上来说是背离自治性原则的根本初衷的。既然已经发生了争议，那一定意味着双方对交易的认识和理解发生了分歧，此时再奢谈当事人真正的意思一致，只能说是一种"掩耳盗铃"的妄谈。退

---

❶ See James Shephard. The Rôles d'Oléron: A Lex Mercatoria of the Sea? [M] // Vito Piergio-vanni (ed.). From lex mercatoria to commercial law. Duncker & Humblot, 2005: 252-253.

❷ 例如，有英国学者指出，从历史上来看，所谓的惯例本身就是反复变化的，单纯通过这种极易变化的规则来进行断案就是一种谎言（fiction）。参照 J. H. Baker. An Introduction to English Legal History [M]. Oxford University Press, 2002: 121-123.

❸ 柯泽东. 现阶段国际贸易与国际私法之关系（上）[J]. 台大法学论丛, 1977 (2): 272.

一步来说，即便裁判者能够敏锐地发现当事人的真实意思，他们也必须依托"法律"上的依据，否则极容易造成法官对商事争端的主观擅断。从这个意义上来说，探寻当事人的真实"经济意旨"不意味着抛开法律而天马行空地适用那些虚无的"意思"。从根本上来说，法官若想做出令人信服的判决，最终还是要借助一种稳定的规则，那么国家所制定的法律在这方面无疑是最有优势的。

杜克大学讲席教授拉尔夫·迈克尔斯指出：对于国际商事交易来说，适用国家制定还是当事人之间自发产生的规则并不重要，关键还是要看哪种规则更能减少交易成本。❶ 自治性的商事惯例确实具有灵活性和弹性，在有些时候确实能够得到较为理想的判决结果，但是，惯例本身的灵活多变性，在很多情况下又会加大当事方的交易成本。以在国际贸易中当事人在例外条件下可以迟延交货之"习惯性做法"为例，这有时确实是给双方灵活履约带来了方便，但也极有可能使当事方和第三方造成损失。总之，惯例的灵活性并不是在所有情况下都是具有正价值的，反倒是国家制定的法律，由于具有成文性和稳定性之特质，在被跨国商事交易当事人所理解的情况下，可能才是真正能够反映当事人合理预期的规则体系。但商事惯例的支持者往往对此视而不见，片面地强调惯例灵活性和多变性所带来的好处；同时妖魔化宣传成文法弹性不足的弊端。

总之，以商业惯例为代表的商事惯例并不是在所有情况下都优于制定法。如果对其适用不加以控制，其不稳定和难以预测的特点反倒可能会损害国际商事交易的确定性，甚至可能成为裁判者进行任意裁判的借口。在笔者看来，以商业惯例为代表的商事惯例严重缺乏体系性和一般性，其灵活性有时会破坏法律规则存在所需的稳定性和体系性，反倒可能加大当事人之间的交易成本。❷

二、商事惯例在普遍性上存在缺陷

国际商法主流学者都相信：国际商法是一个自发地进行进化并且独立

---

❶ Ralf Michaels. The True Lex Mercatoria: The Law Beyond the State [J]. 14 Indiana Journal of Global Legal Studies, 2007: 363.

❷ 宋阳. 论交易习惯的司法适用及其限制 [J]. 比较法研究, 2017 (6): 174.

于国家制定法的独立秩序体系，是商人这个群体通过意思自治求同的结果。❶ 但是，在纷繁复杂的商事交易中能否自发地形成一个精密化、系统化的交易规则体系，在笔者看来是很困难的。在全世界范围内，通过商人自发的行为形成一个普遍的行为规则体系更可能是一个神话。

以法律作为参照物，之所以说法律（任意规则）具有普遍性，是因为这种规则由于有国家作为强制性的保障支持，可以视为被每个人所默示同意的。但是，任何交易中的合同不可能约束没有签署过这个合同的第三人。有学者将商事惯例的效力归结于当事人之间的合理期待，并将其视为更为具体的规则。❷ 这种学说不论是在过去还是在现在，都是值得商榷的。这是因为，法律上对所应当承认和强制执行的当事人的合理期待的认定是有严格的限制条件的。例如，伯格教授认为在国际商事交易法律关系中，确实存在"自发形成的交易规则网络"。但是伯格教授在做这段论述的时候将这种规则网络存在限定于新国际商法中的特定的商业群体或行业之中，如建筑、金融、企业联合等非常专业的领域，这些行业领域由于存在专业性和技术性较强的特征，这是产生充分的"交易一致性"（consensual density）的根本前提。❸ 不过，至少从已有的文献来看，这种交易一致性是否存在或曾经存在于普遍的商事交易的过程中都存在严重证据不足的现象。❹

笔者认为过分地强调商事惯例的优先性，不但无助于国际商事法律的统一适用，反倒会产生负效果。很可能导致司法过程有意无意地将"本地的惯例"国际化，以至于出现"本地偏见"（homeward bias）的现象，这些都与《联合国国际货物销售合同公约》（下文均使用缩写 CISG 来指代）的根本宗

---

❶ 孙希尧. 国际海事商人法断思——一个民间法的角度 [J]. 甘肃政法学院学报，2007（6）：26-27.

❷ 左海聪. 国际商事条约和商事惯例的特点及相互关系 [J]. 法学，2007（4）：100.

❸ Klaus Peter Berger. The creeping codification of Lex Mercatoria [M]. Kluwer International，2010：143-144.

❹ David J. Bederman. Custom as a Source of Law [M]. Cambridge University Press，2010：121. 该书在回顾了对中世纪存在统一的商人法的怀疑后，承认了商人法的产生和实施在很大程度上必须依靠公权力机构，但是其又再一次强调各个国家和地区的商事自治规则在交易的基本模式、争端解决的根本机制和一些特定的规则细节上是高度稳定统一的。虽然这本书到最后也没有列举哪些具体规则是"高度统一的"。

旨不符。例如，在德国裁判的一个案件，在适用 CISG 第 39 条第 1 款时，就适用了德国商人之间公认的惯例，从而驳回了较为灵活的期间标准，做出了明显不符合 CISG 精神的判决。[1] 这也从另外一个角度再次驳斥了自治性的商事惯例具有统一性和普遍性特征的观点。

再以国际贸易术语为例，通过笔者的考察，在贸易术语解释上，也存在不同的惯例解释体系。即便是采用了目前所谓最为通用的 Incoterms 解释规则，在不同国家进行适用时，也会受到诸多限制。譬如，在和美国客户谈判合同中，就特别需要注意美国的《对外贸易定义》中关于 FOB 术语的规定与 Incoterms 的相应规定不尽相同，在该定义下 FOB 不仅仅可以适用于水上运输，陆地运输和多式联运也完全可以适用。[2] 再者，与国家所制定的法律有明确的法律生效与废止制度不同，自治性的商事惯例采用的是一种类似"软件升级"的方式来进行修改。也就是说，新版本的解释通过后，并不意味着旧版本的失效。还以 FOB 为例，2010 年的版本规定卖方的风险转移是在装运港船上，取消了 2000 年版本船舷的转移的概念。那么，假设在装运时发生船舷处的意外损失时，便会出现 2010 年版本和 2000 年版本的规则冲突问题。此时，与国家制定的法律不同，并不能直接认定新的商事惯例优先适用。[3]

综上，不论是过去的商人法历史还是目前的所谓普遍适用的商事惯例，由于并不完全具备法律普遍性和反复适用性的特点，国际商事自治法渊源不能构成真正意义上的法律体系，至少不是一个普遍的国际商事法律体系。

三、商事惯例强制力的有限性

在商事惯例的支持者看来，商事惯例的制裁性主要来自两个方面：一

---

[1] 转引自 Clayton P. Gillette. The Law Merchant In The Modern Age: Institutional Design And International Usages Under The CISG [J]. 5 Chicago Journal of International Law, 2 (2004).

[2] See. Leonardo Graffi. Remarks on Trade Usages And Business Practices In International Sales Law [J]. 29 Journal of Law and Commerce, 3 (2011).

[3] 此应为目前国内外学界的通说。国内参见 2011 年国家统一司法考试卷（一）第 99 题。该题 A 选项认为 2010 版优先适用，标准答案认为该说法是错误的。又见 Incoterms 2010 出版的官方说明，该说明明确指出：由于 Incoterms 并不是法律，因此新版本不能否决和替代老的版本。因此国际商会要求当事人在选择贸易术语时必须注明术语解释通则的版本，否则新版本不能适用。

个是行业商会对违反所谓商事惯例的惩罚。❶ 在这些学者看来，在中世纪时期商人法的执行过程中，行会发挥了主要的执行作用。并且通过行会可以保护所有商人的合理诉求与利益。另一个则是通过国际商事仲裁来执行这些自治规则。❷ 但是，我们通过对中世纪商人法的历史梳理，以及目前国际商法现状的观察，发现这很可能是站不住脚的。

一方面，姑且不论商人对"违法"的商人进行联合抵制这种类似于社会放逐式的惩罚手段是不是一种法律的惩罚机制。❸ 不管是历史上还是现阶段，行会更多的是对其成员提供一种保护性机制。❹ 这种保护性机制大多只是涉及行业成员共同利益的事项，具有如帮助商人成员制定相应的竞争策略以保护共同市场、开拓海外市场、应对国外政府的贸易限制等功能，有的行业协会确实可能制定一些标准合同，但是往往并不设立相应的争端解决机构，更不会对商人之间的交易纠纷采取干预措施。❺

另一方面，国际商事仲裁确实是一种自治性解决国际商事争端的方法。而且国家的法律制度也支持了商事仲裁制度，对国际商事仲裁机构的设立和仲裁裁决的执行采取了积极支持态度。❻ 但是，对国际商事仲裁的支持本身并不意味着能够适用乃至统一适用那些自治性的商事规则。虽然欧盟委员会曾经发布了一个绿皮书，说目前国际统一性的法律文件和示范性的自治规则得到仲裁领域的广泛应用（该文件所指的国际商事法律渊源

---

❶ 左海聪. 国际商法［M］. 北京：法律出版社，2013：17.

❷ Alec Stone Sweet. The New Lex Mercatoria and Transnational Governance［J］. 13 Journal of European Public Policy，2006：5.

❸ 社会放逐与法律制裁虽然都可能有强制力，但还是存在着明显区别的。法律制裁针对的是当事人的当前行为，而社会放逐则是针对其今后的行为。将这两者之间的界限混淆起来的"泛法律化"概念是十分危险的。

❹ 郭德香. 幻象与真实——中世纪商人法形貌考辨［J］. 河南大学学报（社会科学版），2017（6）：42.

❺ 斯坦福大学的经济史学家在研究长达几百年的行会功能时确实提及商人行会中会采取联合行动以及声誉传播等制度或机制，但是这些都是指向某些城市的，而且都与行会商人的集体利益有关。例如，一个城市的领主对行会的商人课重税或抢劫这个行会的商人，那么这个行会就可能资助这个领主的敌人来对该领主进行报复。参见 Avner Greif，Paul Milgrom，and Barry R. Weingast. Coordination，Commitment，and Enforcement：The Case of the Merchant Guild［J］. 102 Journal of Political Economy，1994：4.

❻ 宋阳，左海聪. 论国际商事规则与主权国家立法的关系——从独立到超越［J］. 天府新论，2013（5）：72.

范围远大于自治性的国际商事法律渊源范围）。但是该绿皮书并没有提供实证证据来对这种说法进行支持。对此笔者通过 Unilex 案例库进行了实证性研究，发现至少自 2010 年以后到 2017 年年初，没有一个案件适用了所谓"自治性规则""商事习惯法"以及"商事惯例"来进行断案。在此之前的 10 年案例库样本中也只有 2006 年的一个关于货物风险转移案件适用了所谓"国际通行的一般习惯"。而且这还是在当事人选择了相关贸易术语的大前提下才出现的个别情况。以上数据表明从仲裁员的角度来说，他们适用成文的制定法可以彰显出他们裁决的公正性，因为这种裁决所依据的规则是提前公知于众的，即便这种规则不合理，也是规则制定者的过错。但如果选择"商事惯例"这种在很多时候不成文不成体系的原则（principles）❶，那么一旦仲裁结果被质疑或不满，仲裁员所受的指责和非难之程度显然是要大于依照成文的国内法律所做出的裁决。正是由于自治性的商事惯例本身所具有的这种劣势，其在仲裁使用过程中与国内法律相比并不具有什么优势，导致很少有仲裁员和当事方"喜欢"这种规则。因此，期待国际商事仲裁普遍性地适用自治性规则的想法又极有可能是一种一厢情愿。

四、商事惯例并不能独立于国家的法律体系

　　倾向于将商事惯例作为国际商法法源的学者总是对所谓的"条款法"充满了幻想。在他们看来，这种条款法是商人之间脱离国内法而基于独立实践产生的法律规则，是国际商法自治性最集中的体现。这种所谓的"行业性规则"的最大特点和优势之处是更加贴近商人们的交易实践并且相对于成文法更加灵活与务实，其从性质上来讲是商事惯例被纳入国际商法中根本性证据所在。❷ 如施米托夫就特别强调社会主义国家中所使用的"共

161

---

　　❶ 有学者甚至认为，当事人一旦选择依照自治性的国际商事规则来裁决他们之间的纠纷的话，就意味着他们放弃了规则（rules）而选择了原则（principles）来进行裁决。参见 Yves Dezalay. Dealing In Virtue：International Commercial Arbitration and The Construction of a Transnational Legal Order［M］. Chicago University Press，1996：131-133.

　　❷ Roy Goode. Usage and Its Reception In Transnational Commercial Law［J］. 46 International and Comparative Law Quarterly，1997：26-27.

同交货条件"以及资本主义国家所广泛使用的标准合同的作用。❶

　　但是，虽然这些标准性的合同范本在一些具体规定和适用方式上与国家所制定的法律存在一定程度的不同，似乎可以作为商事惯例体系化与普遍接受的证据，不过，这应该只能归类为局部和细节上的不同，这些条款法并不能从根本上脱离国家的法律制度。首先，社会主义国家的所谓"共同交货条件"是带有极强的国家计划经济背景的，其根本的依托是以苏联为首的"经济互助委员会"（经互会），这是一个典型的官方性质组织。该组织于1949年成立后，制定了一系列的共同交货条件规则，适用于经互会各成员国之间的贸易关系。这种共同交货条件也具有政府间协议的性质，对所有成员国具有约束力。因此，施米托夫等将其归类为自治性的法律文件显然是值得商榷的。西方国家各种行业协会所制定的各种标准贸易合同倒是可以被认为是一种带有明显民间性质的规则体系，不过这种规则体系自打诞生之日起，就从来没有宣告其有脱离国家制定法律的强烈意向。以美国国际谷物与种子协会（NGFA）为例，其发展已有上百年的历史，而且制定了最为完善的谷物交易规则和标准合同范本，甚至还设立有专门的仲裁机构，但是其从未宣称它的规则自治独立于美国的国家立法。正好相反，在进行裁决和适用时，这个行业协会的仲裁机构几乎没有在任何一个案件中是单独和优先适用其规则的，而是反复在美国的《统一商法典》和其他成文法规则中去寻找解决争端的方案。❷ 无独有偶，坐落于英国的另一个谷物贸易协会"谷物和种子贸易协会"（GAFTA）也制定了在该行业中广泛应用的标准合同，而且该组织也有专门的专家机构来对其成员之间的争议进行裁决。虽然规则非常完备，而且其中具有法律适用排除条款，排除了国际条约的适用，但其明确规定所有的条款都要用英国的法律来进行解释并与之取得一致，而英国正是这个组织总部的所在地。❸

　　在金融市场上另外一个明显的例证是"国际掉期与衍生品协会"（ISDA）这个行业性组织。该组织拥有来自六大洲的800多个成员，这个

---

❶　[英] 克里夫·施米托夫. 国际贸易法文选 [M]. 赵秀文，译. 北京：中国大百科全书出版社，1993：210-216.

❷　Lisa Bernstein. Custom in the Courts [J]. 110 Northwestern Law Review, 2015：106.

❸　参见 GAFTA 第 64 号谷物贸易标准合同第 24 条。

组织的最大任务之一就是起草和不断改进 ISDA 协议体系，该体系是一种
伞状合同结构。ISDA 主协议包括主协议正文、补充协议、交易确认书及英
国法下信用支持文件等四部分，此四部分共同构成单一协议。主协议正文
是对一系列交易所涉及的诸多共同问题所做出的规定，特别是对交易双方
在正常履约与不能履约状况下的权利义务关系做出了非常详细严格的约
定。补充协议的作用是允许交易双方对主协议正文的格式条款进行修订及
补充，以适应交易双方有关信用、法律与结算等条款的特定要求。交易确
认书是对主协议项下每项具体交易的经济条款进行确认，也可以对本次交
易所涉及的某些特殊问题进行补充规定，或是为了本次交易需要而对补充
协议及主协议正文内容进行修改。如果交易确认书的内容与补充协议及主
协议正文内容有冲突，以交易确认书为准❶，由此构成了极为机密的合同
自我规则体系。该协会称这些合同为"权威合同"（the authoritative con-
tract），甚至宣称其"已经建立起调整私人掉期金融衍生产品交易的国际合
同标准"❷。即便如是，ISDA 也并不主张这种标准合同独立于相关的国家
立法之外，而是寻求通过游说的方法来促进国内法律的修改，以与之相一
致。❸ 而且该组织也不像前述谷物组织那样有自己的争端解决机构，当掉
期交易商发生争议时，他们解决争端的方式是通过法院诉讼解决。因此很
明显，这种所谓的自治性规则不但不能独立于国家的法律体系，反而是很
明显地受制于国内法律的。❹

163

　　有学者认为，国际商法之所以能够形成"自治的"一体化法律体系，
在于国际商法从根本上是以自治的商事惯例为核心展开的。作为国家所制

---

❶ 刘全雷. 金融衍生产品主协议在我国商业银行的应用研究——以 ISDA 与 NAFMII 主协议
为框架［D］. 中国社科院，2011：33.

❷ 参见 http://www2.isda.org/functional-areas/legal-and-documentation/opinions，2017 年 12 月
3 日访问。

❸ 需要指出的是，这种游说并不是像商事惯例鼓吹者所想象的那样把他们的合同条款直接
编纂进国家的立法之中，而是通过要求法律的修改来保护他们合同的实效性。参见 Christopher
J. Mertens. Australian Insolvency Law and the 1992 ISDA Master Agreement-Catalyst，Reaction，and So-
lution［J］. 15 Pacific Rim Law and Policy Journal，2006：244-246.

❹ Ulla Liukkunen. Lex Mercatoria in International Arbitration［M］// Jan Klabbers &Touko Pi-
iparinen（ed.）. Normative Pluralism and international law：Exploring Global Governance. Cambridge Uni-
versity Press，2013：227-228.

定的立法性渊源，"国际商事条约"在内容上很大程度是商事惯例的编纂，国际商法发展的核心动力是商人们在实践中行为的具体化和国家化。反过来，国际公约的规定又可能影响商人们的行为转换为国际惯例。❶ 还有学者指出：利益驱动会产生合理的愿望，即保障商事惯例不再被推翻，而且由于强烈的激励和集中的认同，于是明确地将它置于实施机制的保障之下，商事惯例就演变成国际商事习惯或国际立法（国际条约）。❷ 总之，以上学者认为国际商事公约或条约的本源是商事惯例，国际商事公约本质上来说是对已然存在的商事惯例的编纂。可是，以上观点可能与现实情况存在较大出入。通过综合性的研究，笔者试图通过以下几个方面对上述观点进行简单的驳斥。

（一）国际商事条约并不是对商事惯例的编纂

可以肯定的是，国际公约的制定从根本上来说是通过一种自上而下的立法模式制定出来的，并不是商事惯例编纂的产物。在很大程度上，国际商事条约和公约是政府间利益妥协的结果，这与国际惯例自下而上的法律发展模式具有非常巨大的差异性。以《统一销售法公约》（ULIS）为例，该公约经过宣读后就受到了来自苏联和东欧国家的抵制，它们的理由是该公约只反映了发达国家的利益，未照顾到广大发展中国家的根本利益。❸而 CISG 在谈判和起草的过程中此种情况反映得更为集中，英国甚至因为 CISG 公约将诚实信用原则作为公约的核心基本原则与其国内法上客观解释合同的规则相违背的原因，拒绝批准 CISG。不过，这从另一个侧面也印证了 CISG 相关工作的建立和推进正是以"推进国际贸易法的逐步协调与统一"为目的的。在这里的"逐步协调"（progressive harmonization）并不是

---

❶ 左海聪. 国际商事条约和商事惯例的特点及相互关系 [J]. 法学，2007 (4)：99.

❷ 胡绪雨. 商事惯例的作用空间与效力基础 [J]. 当代法学，2006 (2)：111. 但是胡绪雨博士并没有指出哪些惯例转换为了国际商事公约，而只是在脚注中引用博登海默的专著中的一个观点："与一个社会的正当观念或实际要求相抵触的法律，很可能会因人们对他们的消极抵制以及在对他们进行长期监督和约束方面所具有的困难而丧失其效力。"但这丝毫不能证明商事惯例真的转化为了国际商事公约。

❸ Bruno Zeller. The CISG and the Unification of International Trade Law [M]. Routledge Press, 2007：16-17.

对惯例的所谓"渐进编纂"，而是对国家的国内法进行重塑来适应国际贸易确定性的需要；"统一"（unification）则是要以保证相关国家接受这种共同的法律标准为目标的。❶ 这也就意味着，在整个缔约过程中一定是以国家和国家的法律为核心和出发点。约翰·杭诺尔德教授是参与 CISG 起草的核心成员之一，他指出：CISG 公约的起草者往往是来自大学的学者和中央政府的官员，官方性十分明显。他们对各自代表国家的政府负责，而不是对国际组织和商业机构负责。❷ 从起草的参与者来看，国际贸易法委员会特别强调讨论公约成员的广泛代表性，以期提高解决法律问题的效率。起草委员会邀请了 36 个国家的代表，并力求这些国家能够涵盖各个地区和国家层次。其中非洲 9 个国家、亚洲 7 个国家、东欧 5 个国家、拉丁美洲 6 个国家、西欧 9 个国家，最后还有其他几个西方工业国家，包括澳大利亚、新西兰、加拿大和美国。❸ 在这些代表中并没有考虑到将商人作为一个群体而加入谈判中来。

165

在 CISG 的文本讨论阶段，各国纷纷对公约草案的条款提出了代表本国立场的修改意见。起草委员会甚至因为各国的主张加入了许多条款。以 CISG 为例：第 1 条第 2 款关于"当事人营业地在不同国家的事实必须为合同的信息所能披露出来，公约方可适用"的规定就是应比利时政府要求而加入的。这是因为，在比利时政府看来，在不同国家拥有营业地这一事实如果在合同上并无表现就应该适用国内法，而不应该适用公约，倘不如此可能不利于各国法院准确地适用法律。第 3 款则是应法国和德国政府的要求加入的，在该款中规定，在适用公约时，合同的民事性质和商事性质应不予考虑，该条款事实上是为了适应大陆法系国家对于合同的民事性质和商事性质不同的照顾。将民事性质和商事性质不予考虑事实上是为了有效地与大陆法系国家的国内法相衔接，从而达到公约在其国内法院适用更加便利的目的。公约的第 9 条更是体现了不同国家利益集团的利益分歧和妥

❶ Peter Schlechtriem & Petra Butler. UN Law on International Sales: the UN Convention on International Sales of Goods [M]. Springer Verlag, 2009: 1-2.

❷ John Honnold. The United Nation Commissions on International Trade Law, Mission and Methods [J]. 27American Journal of Comparative Law, 1979: 201-209.

❸ John Honnold. Uniform Law for International Sales under the 1980 United Nations Convention [M]. Kluwer International, 1999: 6-7.

协。该条是关于国际惯例在国际货物销售合同中效力问题的规定。对于该条款首先以苏联、东欧以及第三世界的国家为代表，由于其国内的计划经济体制、较小的国际贸易规模以及对国际贸易惯例缺乏相应的了解，对国际贸易惯例采取了极端审慎的立场。它们指出，惯例只是由少数国家或者垄断企业制定出来的，未得到世界的广泛承认和认可。例如，它们提出为什么有关谷物和可可贸易的惯例是由并不出产谷物和可可的伦敦商会制定出来的？还指出惯例只是在发达国家受到欢迎，是新殖民主义的产物。但以美国为首的发达国家则倾向于全面承认习惯做法和贸易惯例，以美国《统一商法典》为例，其核心观点之一便是扩大强调习惯做法和贸易惯例的功能，并将习惯做法和贸易惯例默示地纳入合同之中。甚至惯例在有些情况下要优先于合同文字本身的规定。❶

因此，在起草 CISG 公约的过程中引发了各国谈判代表的激烈争论，并进行了反复的平衡与博弈。美国代表强烈要求删除原文本草案中关于"通情达理"的第三人的判断标准，认为这最终会导致公约的模糊化和不确定性。❷ 应发展中国家和当时社会主义国家的要求，公约中明确规定：这种惯例必须是为当事人已经知道或理应知道的惯例，而这种惯例，在国际贸易上，已为有关特定贸易当事人所广泛知道并为他们所经常遵守。

除此之外，在 CISG 谈判的过程中，笔者未发现任何证据表明 GISG 公约参考了已有的贸易惯例。其他的国际商事公约也基本采用的是制定法的方法来进行草案的撰写。CISG 第 59 条的规定更是直接推翻了国际贸易中相互告知的惯常性做法，规定付款无须催告便可采取公约所规定的救济手段。

另外一个明确的证据是：在起草 CISG 的准备阶段，国际贸易法委员会确实曾经考虑过通过贸易合同的一般条件来制定统一法规则。并且国际贸易法委员会要求秘书处去起草一个可行性报告，该报告在 1975 年被提交

---

❶ 张玉卿. 国际货物买卖统一法 [M]. 北京：中国商务出版社，2009：81.

❷ 美国代表认为，公约作为法律应该是对商人的行为作出实质性的要求，而不只是提供一个行为标准。通情达理的第三人的标准显然过于模糊。参见 Stephen Bainbridge. Trade Usage in International Sales of Goods：An Analysis of the 1964 and 1980 Sales Conventions [J]. 89 Virginia Journal of International Law，1984：633 .

给国际贸易法委员会。尽管欧洲各种贸易协会有起草标准合同的丰富经验，该提案仍然被委员会所否决，理由是这种所谓的一般性贸易合同条件，可能会在不同的货物间创设不同的规则。这种过分具体的规则不能适应委员会试图构建国际货物交易统一法的需要，也无法真正起到统一各国商品买卖法的需要。最后，国际贸易法委员会仅仅批准在 3 种特别的场合可以适用 Incoterms，这是因为在那些场合中需要适用国际贸易术语来对公约的规则进行变通。❶

如果说 CISG 仅仅作为普遍性公约中的一个，不能代表所有的国际商事公约，那么在海上运输领域的三大公约体系更能从另外一个角度驳斥商事公约具有自治性的观点。作为海上运输的普遍性公约，这三大公约的出现就是为了限制那些在海上运输合同中任意加入免责条款的商人们设立的。其明确了一些义务和责任是不得通过合同克减的，正是国家为了航运整体的利益对航运行业进行的能动规制。如果把这也认为是行业中的惯例的话，则直接否定了海上运输法律的根本立法目的，更何况这三大体系，尤其是《汉堡规则》在根本理念上与《海牙规则》和《维斯比规则》是几乎完全相反的。如果这三大公约都是国际惯例的编纂的话，实在难以与"惯例发展的渐进性规律"相吻合。所以唯一的可能是：国际商事公约与国内法立法在本质上是相同的，都是立法者意志的产物。只不过国内法是一个国家的立法者的意志，而国际商事公约是不同国家立法者相互妥协以达成共识的产物。

唯一能够支持前述认为国际公约有可能与商事惯例有关的证据是国内法院和国际仲裁机构的一些裁决中的一种固有说法，例如，根据国际商会 ICC 7331/1994 号仲裁裁决书的陈述：该合同应受一般性的法律原则和公认的国际惯例的约束，而诸如 CISG 等公约反映（reflected）了这些惯例。❷国内法院有时也会在判决中写到根据通行的国际惯例，适用 CISG 公约。❸

---

❶　Eric Bergsten. Methodological Problems in the Drafting of the CISG, in André Janssen & Olaf Meyer（ed.）, CISG Methodology, Sellier Publishing, 2009：9.

❷　ICC Arbitration（Yugoslavia company. v. Italy company, company name Unavailable）Case No. 7331 of 1994. Available at：http://cisgw3.law.pace.edu/cases/947331i1.html, July 10 2017 last visited.

❸　Monica Kilian. CISG and the Problem with Common Law Jurisdictions［J］. 10 Journal of Transnational Law & Policy, 2001：224.

但是这个说法很明显混淆了一个重要问题：所谓国际公约反映了国际通行的惯例这个说法并不能反推出国际公约就是国际惯例的编纂，这是两个层面上的问题。英语"reflect"虽有反映的含义，但是也有表达的意思。而编纂和表达完全是两个不同的概念。当国际商事条约或公约被制定出来，其可能被法院所适用，并为当事人所遵守。在这种情况下，国际商事条约或公约便有可能转化成国际惯例。就像我们经常所说的我们要遵守世界贸易组织法律制度等国际通行惯例那样。世贸组织规则也不可能是所谓国际惯例的发展与编纂，而完全是国际组织造法的结果。但是通过这种造法行为制定出规则，在后来被国家和各种外贸企业和政府部门所遵守，就可以认为相关主体已经遵守了所谓的"国际惯例"。将CISG作为国际惯例来遵守只是一种比喻性的说法，表明商人社会应该遵循作为国际商法渊源的CISG。因此，国际商事条约和公约与商事惯例之间有着明确的界限，两者虽有一些共同特性，但是并不能相互替换。

正如国际商事法律专家罗伊·古德爵士曾明确指出的那样：没有任何可靠的证据表明国际商事公约和国际商事法律文件的编纂是基于对以往既有惯例编纂而成的。这些法律文件甚至也不是法律现状（status quo）的反映，因为在公约的制定和法律文件的编纂过程中人们会改变规则，有时候改变的力度可以用剧烈来形容。在公约和制定法律文件中寻找哪些规则是原来的既有规则也是不可行的。❶ 而国际商事公约在起草中所使用的功能比较法（function comparative methodology）与折中法（compromise methodology）等立法技术更是从方法论上否认了商事惯例可以演化成国际商事公约的这种可能。国际商事公约的起草者在起草国际商事公约中，大脑中所浮现的一定是主要的贸易大国的法律是什么样的，怎样规定是更为先进的制度，怎样规定更容易被各个国家的代表所接受，怎样才能平衡不同国家的利益，而绝不是商人们现在有没有自发性的规则，商人们的所谓现行惯例是什么。因此，国际商事公约从性质上是国家制定法妥协的产物，并不是商事惯例的编纂。

---

❶ Supra note［47］p. 3.

（二）　对商事惯例的编纂反倒会使其丧失应有的价值

正是由于商事惯例存在前述的那些缺点，因此一直有学者主张将其成文化和体系化，以重述的方式建构起成文的"商事惯例体系"，以反映国际商业社会中已然存在的缔约一致（contractual consensus）。这种理论的代表人物是德国科隆大学的彼得·克劳斯·伯格教授。他主张自治性的商人法只有通过成文化的渐进式编纂才能真正建立起体系化的商事惯例体系。他建立起一套开放的法律编纂体系，通过功能比较、案例纳入等方法试图将国际通行的商事惯例体现于纸面之上，形成能够与国内法律分庭抗礼的完整的法律体系。❶

不过，我们在钦佩这些学者巨大工作量的同时，也不得不说这项工作从一开始就有很多令人生疑之处。首先，通过功能比较的方式来确定自治性国际商法的内容本身就是与自治性国际商法的概念相互矛盾的。商事惯例要求其是从商人的行为和商人的意思自治所达成的一种默契来形成相应的行为规则。而将国家与国家的法律进行比较并作为编纂"自治性国际商法"以证实"渐进编纂的商事惯例"合理存在的两种支柱（two pillars on which the legitimacy of this list is based）方法之一❷，不过是对国内法中所共同承认的原则进行的提纯与蒸馏而已。这显然已经与"自治性国际商法"自发地产生于商人行为这个基本的出发点背道而驰。我们会发现起草和编纂那些所谓的"成文化商人法"的成员基本上是律师和法学家，商人是极少参与这些规则的起草的，那么，我们凭什么相信这些规则是商人的选择，而不是法律学人对法律的所谓"共同原则"的认识呢？

从另一个角度来说，对于商事惯例的成文化编纂也可能会从根本上破坏商事惯例存在的价值。这是因为，从根本性质上来说，既然强调其是商事惯例，那么其存在的形式就应该与"非自治"的国内法的存在形式相区别开来。其存在的方式更应该是以一种合同式的灵活方式而存在的。倘若

---

❶　Peter Berger. The creeping codification of Lex Mercatoria ［M］. Kluwer International，2010：254-259.

❷　Peter Berger. The creeping codification of Lex Mercatoria ［M］. Kluwer International，1999：210-211.

把这类规则附着于所谓的"成文规则的列表"之上，将使得原本应具有商事惯例的灵活性优势不复存在，从而变成了与国家制定的立法没有什么不同的东西。这也就从根本上抹杀了商事惯例应该"自治"地存在的价值。商事惯例的最大价值就是通过突破国内法的藩篱来给予商人和仲裁者一种可能的更加灵活的选择，而对自治性商人法的法典化显然会对商事惯例的存在价值起到弱化效果。❶

第三节　对自治统一商法理论的批判

一、对"自治商法"理论内容总结

自20世纪中叶以来，对于自治性商事规则所能够发挥的作用，有一种较为主流的学说观点认为商法从起源上来看是商人自发意识的产物，商人通过在集市中的实践自发地形成了一整套行为规范和准则。商人法庭则是将这套行为规则明晰化和具体化的场所。这种自治性的商事规则具有普遍性和天然统一性的特征，在今天经济全球化虽有波折但仍占世界发展主流的形势下，应该"重新发现商法的国际性"。通过以国际商事惯例为核心的自治性规则来实现全球范围内的商法统一。❷该学说对于国内商法的研究也产生了较大的影响，国内大多数商法教材在阐述商法的起源以及商法的根本属性时都会引用这种理论，并将国际范围内的商法统一寄希望于通

---

❶ Celia Wasserstein Fassberg. Lex Mercatoria-Hoist with Its Own Petard？［J］. 5 Chicago Journal of International Law，2004：80-81.

❷ 该学说最早由英国著名商法学者克里夫·施米托夫提出，由于他联合国法律顾问的身份，该理论很快为大多数商法学者所接受。后来该理论被里昂·特拉克曼、贡塔·托伊布纳以及罗伯特·库特等人所支持并进一步发展，逐渐形成国际商法以及商法学界的通说。这些学者的理论虽然在细节上略有不同，但是从根本观点上来说基本因袭了施米托夫教授的观念。因此，为了行文集中，本文将以具有代表性的施米托夫教授的立论作为主要辩驳对象。

过这种自治路径来实现。❶

从方法论的角度来看，该理论的核心方法是将制度上的商法和政治上的国家主权相分离，同时将国际统一商法与国内商法相互分离："我们正在开始重新发现商法的国际性，国际法—国内法—国际法这个发展圈子已经自行完成；商法的总趋势是摆脱国内法的限制，朝着普遍性和国际性概念的国际贸易法的方向发展"，最终试图建立起一种相对独立于国内法律的统一商法体系。当然，受到英美法实用主义思潮的影响，该理论也并不排斥通过国家之间的相互协调来实现统一法的形成。但无论如何，自治商法理论的根本目标在于制定统一的商事立法必须走脱离国家制定法的自治道路，通过法律的合成（synthesis of law）这种多元的法律模式，来实现商法的统一。由国际公约、示范法、标准合同格式、商业共同条件以及指导条件等多元的法律形式来实现商法统一。而且，该理论认为将国际统一商法纳入国内法之中是一种鲁莽的和"可能导致彻底失败"的策略选择："目前，把全球性和普遍性的国际贸易法典引入各国的国内法不仅不现实，而且可能束缚商人习惯法的发展，窒息国内商业界对习惯法的不断创新。"

总体来看，自治商法理论特别强调商法的非政治性和与国家主权的相对脱离："世界上的所有国家，除公共政策规定的限制外，合同法通常属于任意性的法律。当事人可以在法律规定的限制内自由地就他们之间的合同条款做出安排。虽然各国的法律制度对意思自治的限制有所不同……并不能改变当事人意思自治已得到世界各国承认的事实。"该学说也承认在商法领域存在两类不同的法律渊源：国际立法与国际商事惯例，并指出两者之间的区别不容抹杀。无论采取何种方法，达到国际商事交易法律的统一

---

❶　国际商法教材，例如，金晓晨. 国际商法 [M]. 北京：首都经贸大学出版社，2005. 张翠圣. 国际商法 [M]. 上海：上海财经大学出版社，2002. 王玲. 国际商法 [M]. 北京：北京交通大学出版社，2004. 史学瀛等. 国际商法 [M]. 北京：清华大学出版社，2006. 莫世健. 国际商法新论 [M]. 北京：中国法制出版社，2004. 高永富. 国际商法学 [M]. 北京：中国财政经济出版社，2002. 陈慧芳等. 国际商法 [M]. 北京：立信会计出版社，2008. 左海聪. 国际商法 [M]. 北京：法律出版社，2013. 商法学教材，例如，王保树. 商法 [M]. 北京：北京大学出版社，2014. 施天涛. 商法学 [M]. 北京：法律出版社，2013. 专著，例如，向前. 国际商法自治性研究 [M]. 北京：法律出版社，2011. 郑远民. 现代商人法研究 [M]. 北京：法律出版社，2001. 吴思颖. 国际商事合同统一化：原理、目标与路径 [M]. 北京：法律出版社，2011.

是最终的目的。当事人在国际商事交易的过程中，基于意思自治而使他们之间的具体交易规则相对脱离国内法，最终实现国际商事立法的统一是最为切实有效的方法。❶

二、对"自治商法"思想的质疑

笔者认为该理论在论证时，有陷入神秘主义的嫌疑。首先，有学者尖锐地质疑该学说体系并没有证明中世纪商人法是如何高度统一的。其在大谈特谈中世纪商人法时却很少谈及中世纪商人法体系在当时是如何表现出体系性和完整性特征的，更没有给出充分的证据来证明当时商法的国际性和自治性特征的具体表现，这显然是不能令人信服且缺乏可信的出处的。❷

其次，既然认为各国商法从本质上是统一的，又要商人通过意思自治的方式来重新建立一套统一的商事交易法律体系，这很有此地无银、欲盖弥彰之嫌。易言之，不能一方面认为各国的商法体系在本质上是统一的，是商人社会惯例的演变产物；另一方面又宣称各国的商法规定的分歧造成了国际贸易的障碍，需要开展统一商法的立法工作。这虽然可能是持该理论的学者在参与起草贸易统一法公约的过程中，为了说服联合国的官员，以实现让《联合国国际货物销售合同公约》顺利通过的目的，但仍有前后矛盾之嫌。

---

❶ 在这里需要特别说明的是"意思自治"和"约定俗成"是两个完全不同的概念。意思自治是说当事人可以自由地选择交易所依据的准据法以及合同本身的内容，但这并不能直接导致当事人之外自治性的规范体系的出现。若想形成这种外在的规范体系，必须是当事人"约定俗成"地普遍认可某个规则体系对于他们是有约束力的。但这显然已经超出了"意思自治"的外延范畴。

❷ Albert Cordes, The Search for a Medieval Lex Mercatoria, Oxford University Comparative Law Forum (2003), available at http://ouclf.iuscomp.org/articles/cordes.shtml. 该文指出商人法在中世纪的存在并无实际的法律依据。Charles Donahue, Benvenuto Stracca's De Mercatura: Was There a Lex Mercatoria in Sixteenth-Century Italy? from lex mercatoria to International Commercial Law. Vito Piergiovanni ed., 2005: 69. 该文指出在中世纪的意大利商人之间的习惯并不是商人法庭的主要裁判依据，在出现相互矛盾的主张时，罗马法和封建领主的命令仍是主要的裁判依据。Charles Donahue, Medieval and Early Modern Lex Mercatoria: An Attempt at the Probatio Diabolica, Chicago Journal of International Law. Vol. 5, 2004 (1). 该文指出：在 16 世纪意大利商人斯特拉卡（Benvenuto Stracca）的著作《论商业》（De Mercatura）中，作者从未使用过 lex mercatoria 或 ius mercatorum 这类词组。他得出的结论是：所谓的商人法体系（lex mercatoria）根本就不存在，如果要证明它的存在，实质是一种魔鬼证明（probation diabolica）。Charles Donahue, Equity in the Courts of Merchants, Tijdschrift Voor Rechtsgeschiedenis Vol. 72, 2004 (1). 该文指出所谓的公平裁判在中世纪并不是一种很可靠的裁判手段，而往往会造成"事后诸葛亮"的情形，因此商人们并不大喜欢这种裁判手段，他们更倾向于采用更加具有确定性的法律作为争端的裁决依据。

最后，虽然强调国际商法的统一不应渗透进入国内法，以免阻碍国内商事惯例的继续发展❶，但该学说却又将建立统一法的根本方法建立于比较国内法的方法基础之上——通过对各国法律的比较来进行折中，使得尽可能多的国家接受统一法，这就从本质上否定了该理论所鼓吹的"商法的本质是商事习惯"的论调。因为比较法是典型的法律整合方法，是法学家的工作。这种方法的本质是通过法律规则的功能比较，最终在不同的法律制度体系之间寻找共同点来达成一致或者进行协调。而商事惯例则是商人社会中每个个体在具体的行为中去寻找反复一致的具体行为模式。这两者是两个不同层面的问题，完全不能同日而语。即便在中世纪，商人法庭对法律和惯例之间的区分也是非常严格的，不可能出现两者在实体上相互交融的情形。事实上，该学说的主要代表文献根本没有列举出哪一条商法规则是由自治性的惯例演变过来的，而只是反复地强调惯例的普遍接受性。

173

在笔者看来，自治性商法理论强调商法的自治性，但在统一商法的过程中却也并不大在意规则的性质。这种看似自相矛盾的理论事实上是有着深刻的背景原因的。从时代背景来看，该学说发展的黄金时段是东西方冷战时期，当时两种社会制度的政治对峙成为了阻碍跨国经济贸易发展的一大障碍。苏联领导的经互会已成为一个重要的经济体。在这个崭新的经济共同体中，成员国的经济体制是计划经济，意识形态信仰的是马列主义。这就决定了在法律制度上，该经济联盟与西方国家之间由于政治的分歧产生了人为的法律壁垒。从某种意义上来说，该学说的提出是为了应对不同社会制度之间的法律壁垒阻碍了两大阵营之间的经贸交流这一现实问题。由于要突破不同社会制度国家之间带有意识形态的法律壁垒，该学说只能从"当事人意思自治"这一不论当时在社会主义国家阵营还是资本主义阵营都接受的基本法律原则教义出发，通过重新发现中世纪商人法的国际性和非国家性，来软化各国特别是东方社会主义国家对超越本国国内立法的

---

❶　但与施米托夫教授意愿相左的是，他起草的 CISG 公约极大地影响了许多国家的合同法甚至整个民法体系的立法。但这也恰恰说明了其工作的巨大先进性和影响力。参见宋阳、陈涛. 论 CISG 对国内法的渗透现象——基于国别视角的考察 [J]. 湖北社会科学，2016（1）：166-168.

戒心和抵制态度。● 这样就能够为建立其统一性的商事立法减小阻力以及获得相应的支持创造条件。所以，持该种理论学说观点的学者不得不反复强调商人精神和商人间的自治规则从未消亡，而是在不同国家的国内法的内部仍然存在和继续发展着。但他们却不得不尴尬地面对各国商事交易法律规则在体系上和具体规则上已然变得各不相同的客观事实。因此，他们只能反复强调各国普遍承认的两条基本原则：当事人意思自治和契约必须信守，将这两个基本原则称为各国贸易法所讲的"同一种语言"。但该学说在任何论文和著作中都很难找到阐明这两种不同类型的法律渊源是如何相互作用的以及自治的国际商事惯例是如何体系化与系统化的表述。相反，在该学说的一些经典的文献中却自相矛盾地使用了比较法的方法来折中各国的法律规定。例如，在谈及联合国欧洲经济委员会制定的示范合同格式抛弃了法国的不可抗力和英国的合同落空的概念时，创立了准许合同不予履行的新法律概念，未来的国际贸易法不能完全依照某个具体国家的法律来进行制定，而是要创立为所有国家都能接受的综合性法律概念，这是比较法学为法律科学做出的最大贡献。这也恰好从侧面证明了自治商法是不能脱离国家的制定法而独立存在的。

由此，我们大概可以判断，自治性商法学者所谓的"混合"法律统一路径事实上是一种两段式的法律实用主义理论。其先使用当事人意思自治和各国都普遍认同的一些一般法律原则来软化和降低主权国家对于统一法的戒备之心，使得他们所构想并穷竭一生所致力实现的国际商事统一法体系能够获得更大的正当性并减小相应的政治阻力。但这种理论观点并不能帮助我们从根本上认识国际商法与国内法之间的关系，甚至给我们这样一种不准确的理论导向：商法之所以能够取得统一，是通过当事人意思自治自发产生的一种规则，这种规则又通过当事人的意思自治自然而然地取得法律上的效力；即便不借助第三方规则也能够获得独立的法律渊源地位。但是，我们可以清晰地认识到，国际商法不同渊源所获得法律渊源的路径

● 在马克思主义法学理论学说中，法律被认为是由统治阶级意志上升为国家意志的产物，因此可以推论社会主义国家的法律和资本主义国家的法律应该是水火不容的。参见列宁全集（13卷）[M]. 北京：人民出版社，1959：304.

和存在的方式是完全不同的。所谓通过当事人的意思自治所形成的自治性规则只能在极为有限的范围内实现商法的统一目标。因此，自治统一商法理论虽说在冷战期间有利于当时相互对抗的东方、西方放下政治包袱，共同面对自己真实的经济需要，也有利于相关的国际组织为位于不同阵营的国家制定它们都能接受的贸易与商事规则。但这种对于国际商法或者国际贸易法的认识其实可能并无助于我们真正理解国际统一商法典真正的发展动力以及性质。

三、对"自治商法"地位与作用的实证研究

规则与法律是两个完全不同的概念，规则的外延范围是远远大于法律的，并不是所有规则都可以被认为是法律。譬如说，在自习室资源紧张的情况下，很可能会自发地形成占座位的习惯性规则。相信有很多人会遵循这种所谓的"规则"。但是，没有人会认为这个规则可以成为法律，因为，很可能出现相反的规则，便会导致这种规则的作用发生"危机"。由此，我们可以怀疑自治商法理论所引出的大部分论著中所强调的那些"自治性"的国际商事规则无法成为国际商事统一法律体系的主要渊源，其也不可能脱离国家主权的立法而成为所谓的"第三类法律秩序"而单独地发挥作用。具体理由如下。

（一）自治性商事惯例实际适用地位的边缘性

为了弄清国际商事仲裁中自治性商事惯例的适用地位和功能，显然应该从已有的仲裁裁决出发进行实证性统计研究。众所周知，仲裁裁决最重要的特点之一便是保密，因此本研究不可能对所有仲裁机构的仲裁裁决进行调研和统计，只能退而求其次地寻求可获得并具有代表性的仲裁机构公布的仲裁裁决数据库。庆幸的是著名的荷兰克鲁乌尔国际出版公司（Kluwer International Publishing）根据国际商会的授权收集和整理了世界上著名仲裁机构自 1976 年以来的典型性仲裁裁决，并将其按年度汇编成册，出版为以《国际商会仲裁年鉴》（*ICC Arbitration Years Book*）命名的相应丛书。该丛书的出版为本研究提供了丰富的研究素材。诚然，年鉴收录的典型仲裁案例并不能涵盖所有仲裁机构的所有仲裁样本，但是鉴于该机构的

高度专业性，其精心选择并公布的仲裁裁决无疑颇具代表性和示范性。更何况，国际商会仲裁院作为一个独立的国际性仲裁机构，其仲裁远比带有国家背景的仲裁机构的裁决更加具有中立性和客观性。同时考虑到样本量的合理性，特选取了该年鉴自2010年至2018年公布的共计66个案例为分析样本，年份分布如下表所示：

表1　国际商会仲裁院2010—2018年66例分析样本的年份分布

年份	2010	2011	2012	2013	2014	2015	2016	2017	2018
案例数	7	5	6	10	9	7	8	7	7

从争议事项来看，这些案例可归类为：货物买卖合同争议案件47个，投资合作协议争议7个，工程承包协议争议5个，技术转让协议争议5个，行政特许协议2个。当事方既包括私人企业，也包括个别国家的国有企业，也有少量的国家政府接受了仲裁庭的管辖。笔者经过统计后发现，在66个案例样本中，涉及当事人通过协议明示选择准据法的案件有46件。其中当事人明示选择国内法的案件有42件，占了样本中的将近70%的比例；[1] 也有当事人选择《联合国国际货物销售合同公约》（CISG）为准据法，这种情况相对于选择国内法的情况就偏少，只有4件案例；[2] 还有1件案例中的当事人通过选择《海牙代理冲突法公约》这种间接模式来确定准据法。[3]

---

[1]　由于案例太多，笔者不可能在脚注中一一标明案例名称和案例号，因此对于样本量较大的案例类型的注释特选择从略。本文读者可以自行从链接：https://pan.baidu.com/s/15xsqlPVR3nYcYrFyxPnn8w下载，提取码：54g5

[2]　See "Distributor Z (US) v. Company A (Mexico)，Subsidiary B (US)，Final Award，ICC Case No. 13184"，in Albert Jan van den Berg (ed)，Yearbook Commercial Arbitration 2011，Vol. 36，Kluwer Law International 2011，pp. 96–118. "Seller (Italy) v. (1) Buyer (US) & (2) Consignee and guarantor (Ukraine)，Final Award，ICC Case No. 14792"，in Albert Jan van den Berg (ed)，Yearbook Commercial Arbitration 2012 Vol. 37 Kluwer Law International 2012，pp. 110–125. "Buyer (Germany)，Seller (Denmark)，Final Award，ICC Case No. 16561，2010"，in Albert Jan van den Berg (ed)，Yearbook Commercial Arbitration 2015，Vol. 40 Kluwer Law International 2015，pp. 206–235. "Buyer (Taiwan) v. Seller (Germany)，Final Award，ICC Case No. 18671"，in Albert Jan van den Berg (ed)，Yearbook Commercial Arbitration 2017，Vol. 42 Kluwer Law International 2017，pp. 204–250.

[3]　"Joint Venture (US) v. State W，Final Award，ICC Case No. 14108"，in Albert Jan van den Berg (ed)，Yearbook Commercial Arbitration 2011–Vol. 36 pp. 135–201. Also See "Contractor (US) v. Supplier (Italy)，Final Award，CAM Case No. 10915，14 November 2016"，in Albert Jan van den Berg (ed)，Yearbook Commercial Arbitration 2017，Vol. 42，Kluwer Law International 2017，pp. 280–303. 该案为当事方授权仲裁庭友好裁判，最终仲裁适用了"公正、公平、公认原则"进行裁决。

而当事人选择国际商事惯例、商人法以及《国际商事合同通则》（*Unidroit Principles*）等非国家制定的规则的案件仅有 2 件案例，其中还包括一个当事人明示授权仲裁庭进行友好裁判的情况。❶ 此外，当事方未选择准据法的案例有 13 个，未涉及准据法选择的案例有 4 个。可见当事人在选择准据法上有着明显的偏好，在绝大多数情况下，当事人都会选择成文的国家制定法作为交易的准据法。具体数据如图 1 所示。

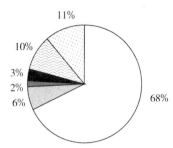

□ 协议明示选择国内法
□ 当事人选择CISG
■ 当事人选择《海牙代理冲突法公约》
■ 当事人选择国际商事惯例、商人法以及《国际商事合同通则》（*Unidroit Principles*）
▨ 当事人未选择准据法
□ 未涉及准据法选择

图 1　准据法选择

事实上，在国际商事交易中，当事人对准据法选择的根本动机在于规避他们不愿意适用的国家法律中的强制性规范。❷ 从这个意义上来说，选择适用所谓的自治性商事惯例（规则）的帮助并不是很大。因为，自治性商事惯例（规则）所发挥功能的核心区域从根本上来说是交易的具体模式性规则，大多不涉及强制性规则。❸ 因此，当事人对于自治性商事惯例的选择偏好可能并没有支持自治性商事惯例优先适用的学者所宣称的那样

---

❶　See "Joint Venture（US）v. State W，Final Award，ICC Case No. 14108"，in Albert Jan van den Berg（ed），Yearbook Commercial Arbitration 2011，Vol. 36 pp. 135-201. Also See "Seller（Liechtenstein）v. First Buyer（Spain），Final Award，ICC Case No. 13009"，in Albert Jan van den Berg（ed），Yearbook Commercial Arbitration 2011，Vol. 36，Kluwer Law International 2011）pp. 70-95.

❷　Larry E. Ribstein，Choosing Law by Contract，18 J. Corp. L. 248，253（1993）.

❸　左海聪. 从国际商法特质看《民法典（草案）》中的国际商法渊源条款［M］. 国际法年刊（2013 年卷）. 法律出版社，2014：310-314.

大。同时我们也发现，当事人直接选择 CISG 的情形也比较少。在大多数情况下，CISG 的适用是由于当事人在没有明示排除 CISG 适用的情况下，仲裁庭直接依据职权进行适用。在本案例样本中，仲裁庭最终适用"自治性商事惯例"（规则）的案例只有 8 个案例，仅占样本总量的 12%，有着非常明显的"例外特征"，具体数据如图 2 所示。

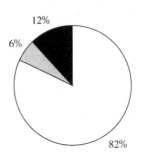

12%
6%
82%

□ 未适用惯例的案例
□ 未涉及实体准据法问题
■ 适用或考虑适用惯例的案例

图 2　准据法实用分类

（二）自治性商事惯例不宜定性为法源的理由

首先，在我国现有法律体系下，习惯或惯例并不当然对当事人具有法律约束力。那么，接下来的问题是，既然习惯本身并不当然是法源，那么为何我国法律要规定在法律没有规定的情况下可以适用习惯呢？其实如果我们对法院适用习惯性规则进行实证性的考察，该问题似乎很容易解答。在司法活动中，习惯的适用往往为了让相对固化的成文法规则能够更为精准、生动地"被展现出来"。从本质上来说，对习惯的适用恐怕仍然是对法律适用的一种变形而已，很少有完全脱离法律地对习惯来进行适用的情况。例如，我国台湾地区的学者梳理了该地区"法院"对习惯的适用后发现：法院往往借由事实上的习惯以来具体化法律上的抽象概念，例如：参酌地方习惯认定相邻关系主体之间气体以及噪声侵入是否"相当"❶、参酌

---

❶　参见我国台湾地区"民法典"第 793 条的规定。

一般交易习惯认定附合之动产是否"非毁损不能分离"、参酌医疗常规认定医疗行为实施过程有无"过失"、参酌商业习惯认定拒绝受领是否违背"诚信原则"、参酌商业习惯认定竞业禁止条款是否"显失公平"，等等。❶不过，以上所有对习惯的适用都有"参酌"这一根本的限定语。很显然，我国台湾地区在对习惯的适用上并无意另起炉灶，而是严格地将习惯的适用框定在法律的范围之内。所以说，那种将习惯作为一种独立的法源说法在很大程度上并不能成立。因此，我们必须对法源的概念进行限缩性的理解，只有对法官和当事人具有约束力的正式法律文件才能被作为正式法源来予以适用。其他的诸如习惯等非正式的规则只能作为法律素材来对裁判者进行"事实"或者"观念"上的影响。

其次，习惯本身的产生途径也决定了我们不宜笼统地将其视为法源。如前文所述，主张习惯是天然且最优的裁判依据的学者，他们的主要理论依据大多来源于法社会学理论体系下自由主义流派的观点，该流派强调习惯是从事社会活动并形成相应法律关系的当事人群体内部自发形成的。因此，这种规则最能体现社会本身的客观需要也最容易被当事人所内化，并由此产生更优的规范效果。❷该理论基本上脱胎发轫于哈耶克教授的"内生性秩序理论"。哈耶克教授认为：人类社会中存在着种种有序的结构，规则从根本上来说并不是立法者设计的结果。相反，法律制度本质上是社会进化过程的产物，而该过程的结果则不是任何人曾预见的或设计的。规则和秩序形成的根本基础是亚当·斯密所描述的看不见的手（invisible hand）在发挥作用，人类作为一个整体会引导个人去实现那些并非出于他本人意图的目的，而习惯恰好就是这种自发秩序的最好体现和反映。❸在他看来，由于人们大部分的经验往往是只能意会不能言传的。习惯恰恰最

179

---

❶　陈琦佑. 原住民族传统"习惯"于民事司法上之适用与证明［J］. 台大法学论丛，2017（Z1）.

❷　Robert Cooter. Structural Adjudication and the New Law Merchant：A Model of Decentralized Law［J］. 14 International Review of Law and Economics 215-231（1994）. Also See Robert Cooter. Decentralized Law for a Complex Economy：The Structure Approach to Adjudicating the New Law Merchant［J］. 146 University of Pennsylvania Law Review 1678-1688（1996）.

❸　［英］弗里德里希·冯·哈耶克. 法律立法与自由（第一卷）［M］. 邓正来，等，译. 北京：中国大百科全书出版社，2001：67-68.

能反映这种不能用语言文字表述出来的经验和信息。所以任何司法裁判都必须将反映自发性秩序的习惯摆在首要位置。尤根·埃利希教授则指出："法律与作为社会内部规范的习惯相比甚至处于一种次要的地位，法官在裁判时最不能忽视的就是长久以来存在的习惯。如果法律偏离习惯，那么这个法律就应该被废止。"❶

但是，在笔者看来上述理论忽略了以下几个问题：

（1）混淆了法律来源和法律本身之间的关系。笔者承认，在法律出现以前，确实习惯能够起到规范当事人之间关系。法律出现以后也确实需要借鉴习惯中的积极要素且不能背离习惯的基本价值取向。不过法律也并不是要把习惯原封不动地搬到法律中去。尤其是在司法过程中，法官适用的是已然借鉴了习惯中要素的法律，此时又重新回过头去寻找习惯的内容并直接适用的做法显然是有些本末倒置的。

（2）公平习惯产生的局限性。习惯作为自发产生的秩序体系所受到的外部影响因素可能更为复杂。在社会中，作为自发形成的习惯从本质上来说是由于不同利益群体的博弈形成的。在这个博弈过程中缺乏立法程序中的理性选择过程，由此带来的问题往往是占有优势话语权的利益群体获得了对规则的制定权。虽然成文法的制定也多少会有前述问题存在，不过成文法可以通过明确的文字表述以及立法公示过程来过滤掉前述负面因素的影响。习惯则因其不成文性和非表述性，会将前述问题进一步放大，从而导致不公正的规则被带入司法之中。此外，在习惯形成过程中，信息的不对称性及其参与的活跃度也是影响习惯内容是否公正的另一要素。习惯产生的"自下而上"过程只是一个相对的概念，习惯尤其是风俗习惯的产生还是基本反映了社会精英的吁求。接受习惯约束的普通民众对习惯往往处于一种被动接受的状态。例如，我国宗族习惯、村落习惯在很大程度上反映了作为精英阶层的家长、族长和领导阶层的意志。普通民众由于信息接收不畅、地位悬殊、很难掌控对习惯形成的话语权。因此，习惯在很大程度上带有一定的落后性。面对此问题，我国司法机关在适用习惯时，往往

---

❶ ［奥］尤根·埃利希. 法社会学原理［M］. 舒国滢，译. 北京：中国大百科全书出版社，2009：60—61.

强调提倡"善良风俗"，反对"陈规陋习"。毋庸讳言，这两个概念在法律上的难以预测的缺点过于明显，很容易将司法裁判带入主观擅断的泥沼之中。❶

（3）习惯的社会外部性效果。习惯作为一种由法律关系参与人自发产生的规则，很容易产生社会效果外部性的风险。事实上，这种风险可以从美国著名大法官波斯纳对哈耶克理论的批判中显露出来："哈耶克博士对于习惯的认识过分地强调了社会进化的作用，但是在缺乏目的论的大前提下，这种进化可能会产生比较负面的社会效果。污染企业和垄断企业在形成习惯时，会更倾向于为服务这些企业之间的合作而损害社会公共利益。比如企业之间可能形成敌视减价行为的习惯。又如，在侵权行为中，加害者与被加害者之间往往是没有潜在合同关系的陌生人，此时容易对他人造成损害的行业所产生的习惯往往忽略了被侵权人的利益，这显然会对社会的公共利益产生不利的影响。因此，法院在当事人的加害行为是否有过错的判断上，根本不会考虑行业习惯的内容。"❷

（4）法治现代化进程对习惯司法的排斥。毋庸讳言，人们之所以强调习惯的法源属性及司法适用的优先性，很大程度上在于意图维持基层社会的稳定性。但是，绝大多数习惯本身带有很强的乡土气息❸，很多区域性的、民族性的习惯已经成为实现法治统一的障碍。法律对区域习惯的迁就不过是法制现代化进程中一种权宜而已。从我国法律体系的现实状况来看，可以寻找到的法律对于习惯的整体让位的立法例体现在民族区域立法层面，这种立法状态的根本原因不过是要尊重某些少数民族相较于我国主体民族生活方式的差异而已。这也就意味着习惯不可能作为一个完整的规则体系发挥优于成文法律的作用。因此，没有必要过分地拔高习惯的地位使之成为与法律平起平坐的规范法源。

不宜拔高习惯的法律适用地位的另外一个理由在于：随着我国交通的日益发达，我国原来那些封闭的地区正在与外界发生越来越多的交流而发

181

---

❶　宋阳. 自治性商事规则法源地位否定论 [J]. 当代法学, 2018 (3).

❷　See Richard A. Posner, Hayek, Law and Cognition, 1 NYU Journal of Law & Liberty, 151-152 (2005).

❸　孙日华. 习惯在司法过程中的适用 [J]. 宁夏社会科学, 2009 (5).

生同化的进程，这种进程不可逆转且有速度加快的趋势。此时，原有的习惯社群正在受到外来人群的渗透和浸入。如果强调原来习惯的优先地位，显然会造成对外界交往的阻碍，也会对社群外来人员的合理期待造成损害。这种法治现代化过程中多元利益的相互冲击使得司法者不应该过多地将作为一个封闭群体过去的经验的集中表达（也就是习惯）拔高为司法人员必须予以适用的裁判依据。

第四节　商事惯例发挥作用的有限意义

当然，我们也应该看到在一些技术性很强的领域，国家制定的法律确实可能会出现制度无法供给或制度与实际需要相脱离的情形。在这种情况下，自治性的规则会替代国家制定法规则发挥规则递补功能。此时，国家的法律会用一种概括授权的方式来顺从自发性的规则。但需要特别指出的是，这种情况是极为有限和特殊的，并不是国际商业交往中普遍的情况。

目前，自治性国际商事规则发挥作用的最明显的两个领域分别是：网络虚拟空间的交易规则和银行业中的跟单信用证统一规则。由于这两个领域的特殊性质，自治性的国际商事规则能够发挥特别显著的作用。

其中在电子商务领域与虚拟空间中，由于在该领域的绝大部分情况下，法律关系所涉及的标的物属于一种所谓的"虚拟"状态，因此，其流转的方式与现实世界的情况有很大的不同。同时，虚拟空间通过虚拟的平台也构建出了有别于现实中法院的争端解决机构。在保护自己网络空间的财产和财产权利时，都是通过在线争端解决的方式来进行，其规则自然也会有别于现实中的法律。在很多情况下，网络管理者如"互联网名称与数字地址分配机构"（ICANN）可以制定独立于国内法律的自治规则来管理虚拟空间当事人的各种财产权利。❶ 此外，电子商务中的要约与承诺以及签名等法律规则都会与现实中合同法的规定存在极为巨大的区别❷，这些都可以说是在虚拟空间和电子商务领域中国际商法自治性的重要体现。对此，有学者解释了国家制定法在虚拟网络空间中功能不足的核心原因：（1）管辖权力的不足；（2）网络主体的匿名性与难以跟踪性；（3）政府执法成本过高；（4）虚拟空间的无边界性和平台的集中性。他还对国家对该领域的立法和执法进行了收益与成本分析。总之，国家对网络空间中不影响公共利益的交易行为应采取放任的管理态度，让网络自生的规则去掌控网络空间的财产交易行为以及财产保护行为。❸ 因此，在很多情况下，网络的私人管理者和服务器完全可以使用技术性方案来代替法律规则。❹

在信用证领域，也存在与网络空间相类似的情况。该问题高度的技术性特征以及银行在交易过程中的地位核心性决定了在该领域法律应该对自治性惯例规则进行一定程度的让位。中国和美国都不约而同地采取了这种方针。《美国统一商法典》明确规定：除非本节有相反的规定，否则信用证的开出人、指定付款人以及提示人的责任均受制于习惯和通例规则。我国最高人民法院于2006年实施的《关于审理信用证纠纷案件若干问题的规定》第2条也明确指明："人民法院在审理信用证纠纷案件时，当事人约定适用相关国际惯例或者其他规定的，从其约定；当事人没有约定的，适用国际商会《跟单信用证统一惯例》或者其他相关国际惯例。"这些迹象清楚地表明制定法选择了对惯例的一种让位。

但需要特别说明的是，上述两种情况的存在并不具有一般的代表意

---

❶ Leon E. Trakman. From The Medieval Law Merchant to E-Merchant Law [J]. 54 University of Toronto Law Journal, 2003：284-286.

❷ 朱京安. 国际贸易中 EDI 的若干法律问题新探 [J]. 法商研究, 2003 (1)：13-14.

❸ Bruce L. Benson. The Spontaneous Evolution of Cyber Law: Norms, Property Rights, Contracting, Dispute Resolution and Enforcement Without The State [J]. 1 Journal of Law, Economics and Policy, 2005：329-338.

❹ 例如，有学者就曾经设计了网络合同交易协议和网络版权交易管理协议来实现对虚拟网络空间的自我掌控与管理。参见 Song Yang. Improved E-commerce Certification Security Using Contract Protocol Based on RSA and DSA Algorithm [J]. 7 Journal of Convergence Information Technology, 2012：36-41. 又见 Song Zhihui. An Improved Digital Copyrights Management System Based on Convergence Service Center Architecture [J]. 4 Advanced Information Sciences and Services Sciences, 2012：184-190.

义，因此将自治性的商事规则作为商法或国际商法的渊源是有所不妥的。这是因为在国际商事的绝大多数领域，这种自治性管理的情况并不是非常常见和稳定的现象。❶ 即便是在前述两个领域，出现上述这种情况也可以理解为国内法律对自治性规则的一种准用性承认和概括性授权。该领域仍然没有从根本上脱离国家制定法的调整与掌控。当国家有能力或者感觉有必要对这两个领域进行调整时，这种自发性的规则必然要让位于国家制定精密且由国家强制力保障实施的正式法律。正如杜克大学教授拉尔夫·迈克尔斯指出的那样：除非不存在国家，否则任何领域都不可能排除掉受国家所制定的法律的影响。将自治性的商事规则称为无国家管理的法律恐怕只是一种不切实际的幻想而已。❷

从另外一个角度来说，上述自治性商事规则之所以能够存在并发挥一定作用，也可以视为国家对自治性商事规则的一种概括性授权。自治性商事规则无法也不可能发挥与国家制定法、判例法等同的作用，更遑论取代国家制定法了。总之，自治性商事规则在上述狭窄领域被有限地适用，并不构成这类规则能够成为国际商法或者商法中法律渊源的有效证据。

另外，商事惯例对于司法的公正也有一定程度的实现作用。对于司法的法律适用而言，人们通常会产生一种先入为主的观念，那就是司法所适用的法律应该是正式的国内法律，国际法规范和非正式的法律渊源通常不能作为法律渊源直接加以适用，最多只能作为一种辅助性的渊源来进行适用。但是，从另一个角度来说，一般司法又不能以规则缺失为由而拒绝裁判。此时，司法需求与法律的制度供给便有可能在一定程度上出现供需矛盾。对此，我国台湾地区法律规定，无法律者依照惯例进行裁判，无惯例者依照法理进行裁判。我国大陆地区法律虽对此无明文规定，但是从学术通说来看，基本上对我国台湾地区的做法是接受的。毋庸讳言，在国内审判的过程中，对于什么是惯例以及惯例的证明和具体认定的标准并未形成

---

❶　例如，我国在最新的对于独立保函的司法解释中，对于国际商事惯例就采取了完全相左的态度：规定只有当事人明示选择或一审辩论终结前合意选择相关国际惯例的前提下，才能适用自治性的商事规则。单方面主张适用自治性商事规则的，人民法院不予支持。参见最高人民法院2016年《关于审理独立保函纠纷案件若干问题的规定》第5条。

❷　supra note［16］pp. 38-39.

统一的认识。从法律规定上看，我国仅仅在《民法通则》第142条简略地规定："中华人民共和国缔结或者参加的国际条约同中华人民共和国的民事法律有不同规定的，适用国际条约的规定，但中华人民共和国声明保留的条款除外。中华人民共和国法律和中华人民共和国缔结或者参加的国际条约没有规定的，可以适用国际惯例。"虽然，该条款的适用范围为涉外法律规则，但是从另一个角度上来说，其并未将国际惯例放在一个较高的立法层级之上，且除此之外，《民法通则》以及《合同法》对于交易中的国内惯例并未特别提及。相反地，根据笔者实地考察，我国法院尤其是广大基层法院在司法审判的过程中对惯例的适用讳莫如深，基本没有通过惯例和习惯做出裁决的实例。

那么惯例在司法实践中，究竟能否对司法公正的实现产生积极的影响呢？笔者认为答案显然是肯定的。这是因为惯例作为一种社会规范，其与一般意义上所讲的法律规则不同，其产生不是通过主权者的命令式立法而自上而下产生的。其产生的模式更加具有辅助性，换言之，其产生的根本原因来源于某个行为群体（act community）的共同一致以及反复不断的行为，而产生这种反复一致的行为的根本原因，在于行为主体的交互性以及契合性。美国著名学者富勒认为，相对于国家权力下的"垂直规范的系统"还存在一种"水平的规范形式"。相对于垂直规范系统，水平规范系统之可预测性所借助的并非是强制力。富勒教授认为在市场中一定会有法律规则是与市场状态融合的，二者不会因脱钩而分离，规范市场的法律是由市场逐步形成的，并非单由立法程序运作即可实现创设规范的目的，此时仅会造成规范和现实的冲突，否则法律仅为背于现实的规范阻碍。❶ 换言之，社会群体中的个体为了实现个人行动目的，不得不去参考其他人既有的行为模式。久而久之，通过经验的积累以及知识的传播，这种行为模式便会固化下来，从而形成一类特殊的社会规范，即行为惯例。在英美法传统中，对于惯例的重视程度远远高于大陆法系。有学者指出，英美法的

---

❶ Bryan Druzin. Law without the State: the Theory of High Engagement and Emergence of Spontaneous Legal Order within Commercial Systems [J]. Georgetown Journal of International Law, 2010 (1): 577. Robert Cooter. Decentralized law for a complex economy: the structure approach to adjudicating the new law merchant [J]. University of Pennsylvania Law Review, 1996 (5): 656.

法官造法之说是一种不准确的说法，他们并不是随心所欲地进行造法来应对崭新的问题，他们只有在"发现了一种新的社会规范"，而这种社会规范又必须被国家强制执行的情况下，他们才有造法权。❶ 从这个意义上来说，英美法的法官造法权力不过是对作为一种社会规范存在的惯例的承认和速记而已。相对应地，在英美司法传统中，对于法律规则的解释和适用必须考虑甚至依照社会惯例为依托来进行。在 Rodi Yachts Inc. 诉 National Marine Inc 案中，波斯纳大法官认为，美国传统侵权法判例中的"汉德法则"（hand rules）已不符合社会的现实需要，他一针见血地指出，侵权法的首要目的在于保护商业客户根据行业标准与行业习惯所产生的合理预期。从这个著名的判例中我们可以认识到，社会自发所产生的惯例与习惯是实现司法公正的核心依据和重要手段。

但是，令人遗憾的是，国内并没有权威的机构将我国既存的商业惯例进行编纂和整理，而国内学者对于习惯法的研究也往往局限于乡村田野以及少数民族地区的乡约习惯。另外，由于我国相关的行业协会并不发达，一些大型国有企业制定的相关规范往往只是对其自身有效，并未得到社会广泛经济活动主体的普遍接受，目前的这种情况，显然不能满足社会中最为广泛和活跃的民商事交易的制度需求。因此，从某种意义上说，这种制度的供给不足会变相赋予法官在没有相应法律规定以及司法解释的情况下过大的自由裁量权，进而为任意裁判以及司法腐败的滋生提供温床，影响司法公正的实现。此外需要特别指出的是，我国司法机构在涉外审判的过程中，对于国际商事公约的适用也存在较大问题，我国法官往往不能正确地理解国际商事公约所意图建立世界范围内"统一性"规则体系的根本意旨，在涉外审判中习惯性地寻找一个国家的国内法作为准据法（往往是我国的国内法）来作为断案的最后依据。即便是我国批准参加的国际商事公约对某个具体的法律问题做出了明确的规定，司法者还是要将国内法与该

---

❶ 汉德规则是美国大法官勒恩德·汉德（Learned Hand）在审理 1947 年 United States 诉 Carroll Towing Co. 案中发展出的确定侵权行为是否存在过失的著名规则。该规则认为：一个人如果造成了事故，判断其是否具有过失以及是否需要承担侵权责任，取决于其付出的注意成本值与行为造成的损失和事故概率乘积值的比较结果。如果成本值（B）小于上述乘积值（PL），那么其必须承担侵权责任，反之则不需要。用数学公式表述，其承担侵权责任的条件为：B<PL。但是波斯纳大法官认为这种标准对于长期建立交易关系的商事主体来说，注意义务的要求显然过轻。

国际商事公约并列适用方才觉得保险与可靠。这种做法显然是违背国际商事公约的根本精神的，对于司法公正的实现也会造成负面的影响。

但是，国际商事惯例的发展进路与层次和国内惯例的发展水平相比完全不在一个水平线上。目前国际上存在大量的官方和非官方的商事统一法律组织，如 UNIDROIT、国际商会、国际法协会等，这些组织通过收集、研究、编纂的方式总结与重述了大量业已存在的国际商事惯例，比较著名的有 UCP、URC、INCOTERMS、PICC，等等，蔚为壮观。而这些商事惯例虽冠以国际之名，核心体系与国内私法制度并无本质区别，其体现的精神仍以自治、高效、安全为圭臬，完全可以适用于国内各种商事交易，有时甚至比国内正式的商事法律制度更加科学合理，但却很少能够得到国内司法机关真正的适用。笔者认为，若想通过对法律规则的正确选择与解释来实现司法公正，完全可以考虑将广泛的国际商事规则体系作为一种规范或规则来源库，为法律适用提供相应的参考甚至依据。特别是国际商事公约中的"一般法律原则"更是应成为法官进行司法适用的重要参考与解释依据。具体而言，国际商事规则体系从其本源来看主要是通过国际商事惯例而逐步形成的，国际商事公约和国际商事法律重述就其内核而言均无法逃脱商事惯例的核心本质，从功能上来看不过是对国际商事惯例的一种编纂与汇集。❶ 同时，国际经济交易的规则与国内法律行为的很多规则又具有很大的相通性，由此，我们不妨考虑，在国内司法审判实践的过程中，将国际商事规则中的某些具体规定因地制宜地纳入司法活动过程的规则选择体系之中，即便不能直接宣布根据国际商事规则进行裁决，也可以通过对法律能动的解释，将国际商事规范通过"软引进"的方式进行合理的采纳。另外对于我国明确批准参加的国际商事公约，我们必须坚定对其进行国际性、统一性的解释与适用，在这些公约有明确规定时，必须坚定地适用公约的规定并排除我国法律的适用，以彰显我们作为负责任大国有约必守的根本法治理念。沿着这条思路，我们可以进一步大胆地先行先进，将国际商事规则中的先进因素进行扩大性的解释并逐渐推广，对于某些国内民商事交易也可以参照国际上通行的规则进行判决，这显然会大大节约司

187

❶ 左海聪. 国际商事条约与国际商事惯例的特点及相互关系［J］. 法学，2007（4）：99.

法成本，强化司法判决的说服力，并大大增加社会公众对司法判决的心理接受程度，最终为真正实现公正司法铺平道路。

总而言之，我们不应局限于国际法与国内法二分法的理论窠臼，不论是国内法规范还是国际法规范，在私法领域都体现着普通市民社会生活交易的客观需要。因此，国家司法过程必须体现并积极地对此类规范进行回应，通过采纳这些规范的合理因素，不断修正国家法对于社会活动不相适应的部分；同时通过对社会行为惯例的编纂与承认，限制法官的任意自由裁量权，为司法公正的实现创造根本的条件与基础。

第五节　小　结

自治性的国际商事规则相对于国家制定法来说具有更为明显的缺陷。尽管在某些方面自治性的国际商事法律规则，可能能够发挥一定的作用，但是作为一种自发产生的"民间规则"，其地位根本无法与国家所制定的法律相提并论。特别需要指出的是，国际商事公约作为国家制定法律的一种类型，并不是从各种商事惯例中所能提取出来的。真正想得到统一的商事法律体系，绝不是把一切交给商人自治，等待他们自发地形成普遍接受的规则就可以了。国家通过巨大努力都无法达成的目标，凭借几个商人的力量就能解决的想法无异于天方夜谭。

国际商法和商法从来没有也不可能真正地通过"自治"来获得独立的地位以及统一性，存在于商人社会中的那种"自发默契"很可能是不存在的。自治性的商事规则不可能像国家法律体系那样形成宏观的、成体系的规则网络，更不大可能形成能与国家法律体系相提并论并形成相互竞争关系的规则制度体系，因此，将自治性的商事规则与国家法律体系相并列甚至想让自治性的规则发挥超越国家法律功能的想法都是不切实际的。

不过，从另外一个角度讲，自治性的商事规则可能确实能从一些具体的层面发挥调控当事人行为的作用，但这并不意味着商人会像宗教主义者那样把自己这个群体封闭起来，从而达到商人群体内部的全球一致。❶ 商法就其本身而言是一个多元的法律体系，即便其中有一些相对独立于国家立法的自治性的技术性规范，也很可能早已被国家所制定的法律所渗透和控制，并不能占据整个国际贸易法律体系的主流位置。我们不可能也没必要使用"自治性""自发性"的规则去作为构建国际商事法律体系的基础，自治性的国际商事惯例包括各类标准性合同最多只能作为一种辅助性的工具发挥作用。

但是同时，我们也应该在司法中适当发挥商事惯例的积极作用，但又必须对其适用加以严格的限制。

建议在未来的《民法典》或其他法律文件中对交易习惯的司法适用做如下限制："一、交易习惯者，非以下情形不得认为对当事人具有法律约束力：1. 当事人在合同中明示选择或者在一审庭审辩论终结前一致援引某具体交易习惯的；2. 交易当事人能够证明交易习惯已为对方当事人所默示接受的，但当事人未有机会提出反对的情况除外；二、主张适用交易习惯的当事人应提供交易习惯存在并对对方具有约束力的证据以及交易习惯的具体内容，但交易习惯的适用涉及第三人利益或公共利益的除外；三、适用交易习惯的内容不得违反法律、行政法规中的强制性规定，不得与诚实信用以及等价有偿等基本法律原则相冲突。"

---

❶ Paul Schiff Berman. Global Legal Pluralism [J]. 80 Southern California Law Review，2007：1162-1163.

第六章

对商事惯例发展趋势的预测

第一节 商事惯例在成文法下的地位

在现代商人法理论的影响下，欧洲大陆诸多国家在其民事诉讼法或国际私法中确认了国际商事惯例和商人法的法律渊源地位。英美法系国家虽然以判例法为主，但在商事领域也呈现出成文化的倾向，美国《统一商法典》（UCC）就是英美法系国家商事制定法的典型代表，其中专门规定商事惯例的章节，也在一定程度上体现了对商事惯例具有约束力的确认。而对从 2013 年就成为全球第一大货物贸易国的中国而言，其国内法律中有关国际商事惯例的规定，对确认国际商事惯例法律性的作用也不容小觑。

一、大陆法系国家相关法律中的国际商事惯例

鉴于商人法与仲裁的天然联系，欧洲大陆许多国家在一系列有关仲裁法律适用的规定中均明确了国际商事惯例和商人法可以作为准据法，从而确认了它们的法律地位。

如法国 1981 年《民事诉讼法典》（N. C. P. C.）第 1496 条规定："仲裁员应按照当事人选择的法律规则解决争议，当事人没有选择的，仲裁员应按照其认为适当的法律规则进行裁决。但在任何情况下都应考虑贸易惯例。"这里的"法律规则"通常被理解为既包括国内法，也包括商人法，因此该条规定不仅允许当事人选择商人法作为准据法，在当事人没有选择时，还赋予了仲裁员适用商人法的自由裁量权，即使当事人没有同意，仲裁员仍能适用商人法解决争议。❶此外，该条的第二款还特别强调商事惯例的法律渊源地位，无论当事人是否选择了准据法，仲裁员都被科以考虑商事惯例的义务。可见，该规定将包括国际商事惯例在内的商人法视为与国家法一样的正式的法律渊源，认同了它们的法律性质。

受法国的影响，荷兰1986年《民事诉讼法典》第1054条关于争议解决的法律适用的规定，采取了与法国上述条款基本类似的措辞。进一步地，一份针对仲裁法案的解释性报告还明确确认了国际案件的仲裁员可以适用商人法，只要他们被当事人授权或者当事人未能选择法律。该报告还将商人法界定为国际贸易中普遍接受的惯例、跨国规则和一般法律原则。❷除荷兰外，瑞典1987年《联邦国际私法法规》第187条、意大利1994年《民事诉讼法典》第834条以及西班牙2003年《仲裁法》第34条都做出了类似规定。这些规定实际上是立法者对包括国际商事惯例在内的商人法的接受。

德国1998年《民事诉讼法》第1051条的规定则稍显不同。该条分为四款，其中的第1、第2、第4款规定如下："仲裁庭应根据当事人选择的适用于争议实体的法律规则对争议做出决定……当事人未做出任何选择，仲裁庭应适用与争议事项有最密切联系的国家的法律……在任何情况下，仲裁庭应根据合同条款并考虑适用相关行业惯例做出决定。"❸该条也承认当事人可以选择商人法作为准据法，充分尊重了当事人的意思自治，但在当事人没有选择时，却将仲裁员适用的法律限于国家法。因此，德国对商人法的法律地位仍然持一定的谨慎态度，商人法只有基于当事人的同意才

---

❶　See Berthold Goldman. The Applicable law: General Principles of Law-the Lex Mercatoria, in Julian D. M. Lew (ed.), Contemporary Problems in International Arbitration, Springer Science+Business Media, B. V., 1987: 118-119.

❷　See Filip De Ly. International Business Law and Lex Mercatoria [M]. North Holland, 1992: 250-251.

❸　德国民事诉讼法 [M]. 丁启明，译. 厦门：厦门大学出版社，2016：233-234.

能适用，但商事惯例例外，即使当事人没有同意，仲裁员仍有考虑商事惯例作为裁决依据的义务。

可见，欧洲大陆许多国家至少在仲裁中直接承认了包括国际商事惯例在内的商人法的单独适用，由此确认了它们的法律地位。但在仲裁之外的国内涉外商事诉讼中，法官能否如此适用则不确定。^❶ 然而，即便法律没有规定，也不妨碍法官在司法实践中对包括国际商事惯例在内的商人法的直接适用。^❷

二、美国《统一商法典》（UCC）中的国际商事惯例

20世纪30年代后，美国在19世纪末20世纪初制定的一系列单行商事制定法（如1895年的《统一流通票据法》和1906年的《统一买卖法》）逐渐落后于时代，无法满足现代商业发展的需求。美国统一州法委员会和美国法学会便开始合作，进行一系列新的统一法的制定。1940年，统一州法委员会任命卡尔·卢埃林（Karl Llewllyn）为专家起草人，负责《统一买卖法》的修订工作，在此过程中卢埃林逐渐萌发出制定一部《统一商法典》（UCC）的构想。1945年，《统一商法典》的编纂工程在统一州法委员会和美国法学会的合作之下正式开始，到1952年，《统一商法典》正式向外公布，很快，该法典相继被各州议会所承认。^❸ 至今，除路易斯安那州不承认法典第二章和第九章外，其余各州均已承认该法典为本州法律，《统一商法典》实际上成为了全联邦各州的共同法，实现了制定之初"创造一个使所有州法现代化的统一法律"的目标。^❹

由于承载着主要起草人卢埃林"编纂市场的共同实践和理解"的目标，UCC中包含了诸多反映商业现实和惯例的条款，其中，第1-103条和第1-303条^❺是两个关键性的条款。第1-103（b）条简单地规定"在本法

---

❶　事实上，法国《民法典》第1135条和德国《商法典》第346条也科以法官适用国际商事惯例的义务。详见本章第二节的具体论述。

❷　国内法院对商人法的直接适用详见下文第三部分的论述。

❸　何勤华，魏琼．西方商法史 [M]．北京：北京大学出版社，2007：413-416.

❹　See Roger W. Kirst. Usage of Trade and Course of Dealing: Subversion of the UCC Theory, University of Illinois Law Forum, Vol. 1997, Issue 3, 1997: 818.

❺　现行UCC第1-303条即修订前的第1-205条。

没有具体条款排除的情况下，普通法和衡平法的各项原则，包括商人法……应作为本法的补充"。第 1-303 条则是更详尽的阐释，其标题为"履约过程、交易过程和贸易惯例"，罗列了以下有关商业实践的相关规定。

"（a）履约过程是特定交易双方当事人之间的一系列行为，如果：（1）关于该交易，当事人的协议包含由一方当事人重复履行的场合；并且（2）知道该履行的性质并有机会提出反对的对方当事人接受该履行或者没有反对而默示同意。

（b）交易过程指特定交易的当事人在此交易之前做出的，可被合理地视为构成一种当事人双方共同的理解基础，以解释他们之意图和其他行为的一系列行为。

（c）贸易惯例指进行交易的任何做法或方法，只要该做法或方法在一个地区、一种行业或一类贸易中已经得到经常遵守，以至使人有理由相信它在现行交易中也会得到遵守。此种惯例是否存在及其适用范围，应作为事实问题加以证明。如果可以证明此种惯例已载入成文的贸易规范或类似的书面文件中，该规范或书面文件由法院解释。

（d）当事人之间的履约过程或者交易过程或者当事人所从事之行业或贸易中的贸易惯例，或者当事人知道或应该知道的贸易惯例，与确定当事人协议的含义有关，可以使协议的特定条款产生特定含义，并可以补充或限制协议条款。协议中任何一部分内容之履行地的贸易惯例，应作为解释该协议部分之履行的依据。

（e）除非（f）款另有规定，在合理的情况下，协议的明示条款与任何可适用的履约过程、交易过程或贸易惯例必须做相互一致的解释。如果此种解释不合理：（1）明示条款的效力优于履约过程、交易过程和贸易惯例；（2）履约过程优于交易过程和贸易惯例；并且（3）交易过程的效力优于贸易惯例。

（f）受第 2-209 条影响，履约过程视为对与履约过程不一致的任何条款的放弃或者变更。

（g）一方为证明某种有关的贸易惯例而提供的证据，只有在该方曾已经适当地通知对方，使法院认为该通知已足以避免不公正地使对方感到意

193

外时，该证据才可被法院接受。"

从该条（c）款对贸易惯例的定义可知，惯例的适用不需要当事人的同意，实际上赋予了贸易惯例一个非基于当事人意志的约束力。以"得到经常遵守"来界定，表明美国抛弃了英国法中习惯应具有的"古老的"或"远古的""普遍的"等特征，于是新的惯例以及当前被大多数理性的商人所遵守的惯例都能得到充分的承认。❶ 进一步地，人们也不必证明惯例是合理的，惯例被接受成为了其合理的初步证据，但如果一种不合理或不诚信的做法应该成为标准，原来那些法院确立的有关惯例的政策（如证明其是合理的）仍有必要来处理该情形。❷

（d）款则是对贸易惯例以及履约过程、交易过程的功能的定位。按照该款的规定，贸易惯例可以增加、改变或阐明合同条款，但不能彻底地违背明示的协议。❸ 因而，贸易惯例具有解释和补充合同的功能。

基于贸易惯例的解释和补充功能，有学者认为 UCC 似乎表明贸易惯例的问题不是一个法律渊源或合同条款的问题，而是一个合同解释的问题。❹ 即，将贸易惯例视为一种解释合同的工具。尽管 UCC 中明确规定了贸易惯例解释和补充合同的功能，但这并不排除贸易惯例具有法律地位的可能性，因为作为补充性法律规则的贸易惯例，也具有解释和补充合同的功能。❺ 因此，探究 UCC 中对商事惯例法律地位的态度更应该关注该条（c）款中的规定。

该条（c）款明确规定，惯例是否存在及其适用范围，应作为事实问题加以证明。该规定似乎将商事惯例定性为事实。但需要注意的是，在国内法院的审判过程中，对需要适用的外国法的性质可能具有不同的观点，有的将外国法作为一种法律，由法官进行司法认知和查明，有的则将外国法作为一种事实，需要由当事人进行举证证明。但即便被作为事实对待，也不能否认该外国法是法律，因为被当作"事实"只是法院地国家对并非

❶ Official Comment 4 to UCC §1-303.
❷ Official Comment 5 to UCC §1-303.
❸ David J. Bederman. Custom as a Source of Law［M］. Cambridge University Press, 2010: 87-88.
❹ Filip De Ly. International Business Law and Lex Mercatoria［M］. North Holland, 1992: 138.
❺ 商事惯例作为补充性法律规则的问题参见第二章第二节的相关论述。

由自己主权者制定的法律在该国范围内进行适用时的处理方式。同理，并非由主权者制定的商事惯例在（c）款中被作为事实对待并不能因此否定商事惯例是法律的可能性。再者，在 UCC 的制定期间，美国法院在对待外国法上正奉行"需要由当事人承担证明外国法的责任"的做法❶，该背景之下制定的 UCC 将商事惯例作为需要证明的事实问题对待也不足为奇。

　　因此，虽然 UCC 明确规定惯例的存在及适用范围将作为事实问题进行证明，体现了将商事惯例视为一种"事实"的倾向，但这并不能说明商事惯例不是法律，它只是制定 UCC 当时，美国对要适用的商事惯例的一种认识而已，而这种认识可能随着司法实践的发展而发生变化。此外，对 UCC 中商事惯例条款的正确理解可能需要追溯到其主要起草者卢埃林在制定该法典时的初衷：他的目标是将贸易惯例与之前普通法中的商人习惯相分离，并将它的接受作为一种将法律建立在商业现实基础上的方式。恰如学者所说的，第 1-303 条中贸易惯例偏离普通法模板的规定，旨在将商业实践转化为具有约束力的规则，以解释合同。❷ 因此，第 1-303 条的规定也可以侧重于从确立商事惯例为具有约束力的规则这一视角进行理解。

三、中国相关法律中的国际商事惯例

　　就我国立法而言，有不少专门在涉外关系的法律适用部分规定惯例适用问题的相关法律。如 1986 年《中华人民共和国民法通则》（以下简称《民法通则》）在第八章——涉外民事关系的法律适用——第 142 条第 3 款中规定："中华人民共和国法律和中华人民共和国缔结或参加的国际条约没有规定的，可以适用国际惯例。"《中华人民共和国票据法》（以下简称《票据法》）、《中华人民共和国海商法》（以下简称《海商法》）、《中华人民共和国民用航空法》（以下简称《民用航空法》）分别在各自的"涉

---

　　❶　20 世纪 40 年代以来，美国法院要么判决外国法为"准法律"，要么判决外国法不属于单纯的事实，都需要当事人承担证明外国法的责任，直到 1962 年《统一州际及国际程序法案》的颁布，才首次将确定外国法的任务交给法官，1966 年《联邦民事程序法规则》的制定则明确规定外国法属于法律而非事实，一改普通法历史上将外国法视为"事实"的传统。参见王显荣. 外国法适用论［D］. 西南政法大学博士学位论文，2014：74-76.

　　❷　See David J. Bederman. Custom as a Source of Law［M］. Cambridge University Press，2010：86.

外关系的法律适用"章节中做了基本一致的规定。❶ 即便是没有提及国际惯例适用问题的《中华人民共和国涉外民事关系法律适用法》（以下简称《涉外民事关系法适用法》）也有"……其他法律对涉外民事关系法律适用另有特别规定的，依照其规定"❷ 的内容，最高人民法院对该法的司法解释更明确地表明，这些特别规定即指《民法通则》《票据法》《海商法》和《民用航空法》对适用国际条约和国际惯例的规定❸。由于我国在立法上并未采取民商分立，且《票据法》《海商法》和《民用航空法》更多的属于商事法律，因此，这些法律中的国际惯例包含了甚至更多地是指国际商事惯例。可见，上述法律实质上将国际商事惯例作为国内法和国际条约的补充，规定了在涉外民商事案件中，国际商事惯例的补缺适用功能。虽然这些规定并没有明确国际商事惯例的正式法律渊源地位，但它们将国际商事惯例置于法律适用问题之下，不但彰显了我国对国际商事惯例的接受，更增加了将国际商事惯例解释为具有与国家法、国际条约相同的法律性质的空间。

与《民法通则》相比，2017 年公布实施的《中华人民共和国民法总则》（以下简称《民法总则》）并未规定涉外民事关系法律适用的问题，但《民法总则》第 10 条规定："处理民事纠纷，应当依照法律；法律没有规定的，可以适用习惯，但是不得违背公序良俗。"该条中的习惯既包括民事习惯，也包括商事习惯；既涵盖国内习惯，也涵盖国际习惯，因此，具备习惯性质的国际商事惯例也可隶属于该条规定之下。由此，单独就国际商事惯例而言，《民法总则》的该条规定可谓具有与《民法通则》类似的效果，即虽然没有明确确定国际商事惯例的法律性，但承认了国际商事惯例是一种可以补充国家法而适用的法律渊源，但是其究竟属于具有法律性的正式法律渊源还是不具有法律性的非正式法律渊源尚待进一步的考察。

---

❶ 详见《中华人民共和国票据法》第 95 条第 2 款、《中华人民共和国海商法》第 268 条第 2 款、《中华人民共和国民用航空法》第 184 条第 2 款。
❷ 详见《中华人民共和国涉外民事关系法律适用法》第 2 条。
❸ 详见最高人民法院关于适用《中华人民共和国涉外民事关系法律适用法》若干问题的解释（一）第 3 条和第 5 条。

第二节　商事惯例法律地位的发展预测

在笔者看来，国际商事惯例处于一种辅助性的地位。同时，也需要承认，从活力以及灵活性上来看，这类法律渊源也具有各种正式国家立法渊源所不具备的优势。[1] 因此，如何强化自治性国际商事规则的辅助性作用就成为了一个需要重点讨论的问题。

在国际商事法律体系"锤子形"功能结构上，自治性的国际商事法律规则就是这把锤子的柄，理由如下。

首先，自治性国际商法规则在调整国际商事法律争议时，在很大程度上发挥的是一种辅助性的作用。如果抛弃该种规则，就会使得国际商法的适用变得僵化与不灵活。但是，锤柄并不能构成锤子的主体结构，只是能够让人们使用锤头更加方便而已，国际商事惯例发挥的就是这种作用。通过国际商事惯例的适用，可以在一定程度上补充国家制定的法律的不足，同时，在修正国家制定法严重与实践相脱节的特殊的情况下，经过法官或仲裁员的"更强理由"的适用来获得超越国内法的变通。

其次，自治性国际商事规则就像锤柄一样是握在人的手中的。这比喻了自治性国际商事规则在通常情况下要想适用是需要当事人选择的。在当事人没有选择的情形下，裁判者通常不能武断地去认定当事人的意思来适用自治性的国际商事规则。这才是自治性的真正含义。此外，自治性国际商事规则中的国际商事惯例还具有非常强的事实性，要想对当事人产生约束力往往要通过当事人的证明才能被法院采信。

再次，任何一把锤子的锤柄和锤头都是两部分，通常也会使用两种材料来制造，这正好对应了自治性国际商事规则虽然与国际商事公约两者具有关联性，但是两者绝对不是一体的。国际商事公约也并不是对国际商事

---

[1]　对于自治性商法相对于国家法的灵活性，特拉克曼教授结合各国的具体情况进行了国别性的探讨，具体参见 Leon E. Trakman. The Law Merchant：The Evolution of Commercial Law [M]. Fred B. Rothman & Co., 1983：35.

惯例的编纂，而且，自治性国际商事规则中的核心部分与国家立法性规则所调整的范围和法律关系也有很大的不同。国际商事惯例所调整的部分与国内法相比也有巨大的不同。国际商事惯例的调整范围往往具有较强的技术性与细节性，但绝不是说其从整体上看比国家制定的法律更为具体，也不具有天然的优先适用性。

最后，锤头应该牢牢地固定于锤柄之上。这个比喻是从应然的角度来说的。自治性的国际商事惯例、作为拟制法存在的国际商事法律重述以及国际商事条约和国家制定的国内法，这几类法律渊源之间的关系非常复杂，不能简单地和机械地予以排序，认为国际商事惯例无条件地优先于国际商事条约和国内法适用，也不应认为只有在当事人选择的情况下才能予以适用。应当能动地发挥这几类规则的各自优势，并且区分各类案件中的具体情况来予以有序地适用。这些都应该在国家制定的法律中予以明确，以增强各种法律规则适用的确定性。例如，可以在国内的法律中明确规定自治性法律渊源的适用条件和适用顺序。[1] 欧盟的统一法律适用公约——《罗马规约 I》第 3 条——在草案中就曾试图规定：法院在某些具体的情况下可以直接适用"合适统一法"（eligible uniform law）作为合同的准据法。不过后来该条并没有获得通过，因而没有出现在罗马规约 I 的最后文本之中。[2] 但这无疑是一场伟大的尝试，在未来很有可能成为各国都能接受的法律适用规则，即不考虑统一规则本身的法律性质，而由国内法或国际条约直接赋予其在特定情况下的法律效力。

通过整节论述，发现商事惯例在国家经济合作的过程中能够起到软化法律的作用，但绝不是天然地会被所有商业群体所普遍接受，甚至根本无法形成统一性的规则，因此，这些规则在大多数情况下，只能作为法律的一种灵活性选择而存在，若想超越正式的国家立法来优先适用，必须具备更强理由才可以。同时国家的法律应考虑根据不同的情况，明确规定不同的法律渊源在具体情况下的适用顺序，方能建立统一性和可预测性都较强

---

[1] Maren Heidemann, Methodology of Uniform Contract Law: the Unidroit Principles in International Legal Doctrine and Practice, Springer Verlag, 2007: 63.

[2] Maren Heidemann, Does International Trade Need a Doctrine of Transnational Law? Springer Verlag, 2012: 22.

的国际商事法律体系。

第三节　商事惯例对成文法的影响

历史经验告诉我们，惯例作为一种非国家制定的自治性的特殊规则渊源，其发挥作用的空间在很大程度上是和国内法律发展的程度密切相关的。从本质上来说，国际商事惯例由于自身的性质使其在与国内法律的竞争过程中常常是处于不利状态的。只有当在某个具体的时间节点上和某个具体的领域，在国家的法律没有对该领域做出规定或者相关的规则虽然已然出现但并不成熟，或者可能是由于该领域技术性太强，国家不能轻易地对该领域的技术问题进行规定的情况下，相关惯例发挥作用的空间才会变得很大。此时，由于相关惯例的成熟早于国家法律，当国家想对该领域做出规定时，就不会另起炉灶地重新制定规则，而是直接"拿来主义"地将相关的惯例直接作为国内法的实体内容加以吸收。总的来说，这是相关国际商事惯例对国内法渗透的最"完美"形式。

不过遗憾的是，通过笔者查阅国内外资料和立法例，发现这种情况是极为少见的。国家对于国际商事惯例的吸收，在绝大多数情况下都是通过对国际商事惯例的直接适用来实现的。唯一的例外是在跟单信用证领域，由于信用从本质上来说并不是基于法律产生的一种法律关系，而更多的是基于商人的创造而出现的一种商业技术❶，因此，是一个比较特殊的领域。到目前为止，世界上绝大多数国家均没有关于信用证的专门立法，对有关信用证纠纷案件的处理，只能借助于大量的惯例或者由判例法调整。这是因为，恰恰是由于国家立法所需要的普遍性和一般性，对于信用证这种纯专业技术性规范的设定并不是国家立法的优势所在。因此，不论是国家的司法机构还是仲裁机构，在面对争议时往往会优先适用与信用证有关的商

---

❶　有资料表明，信用证在起初完全是基于商人的创造发明而产生的一种商业技术，其权利义务关系几乎无法套用罗马法的任何一个规则来进行解释。甚至还有一些信用证，如备用信用证，几乎完全是为了规避当时的法律才被设计出来的。

事惯例，久而久之，当国家试图制定这类规则时必然会优先考虑这些惯例以使制定法与既有判例保持一致。从这个意义上来讲，正是由于国内法律在信用证这种商业技术领域的制度供给不足，才造就了国际商事惯例向国内法律的渗透和侵蚀。

例如，我国最高人民法院在制定相关司法解释这种准立法文件时，很明显地借助了相关国际惯例作为立法的重要依据。由于我国立法从来没有对信用证做出专门性的规定，而其他相关法律如《民法通则》《合同法》《担保法》《民事诉讼法》中的条款，由于规定得过于原则而无法充分发挥功用，因此，最高人民法院为了协调统一下级法院在审理信用证案件中的做法与标准，特出台了《关于审理信用证纠纷案件若干问题的规定》。需要指出的是，该规定虽然是司法解释，但是具有明显的立法性质，是专门针对信用证案件的普遍性法律规则，当然可以归入我国立法性法律体系之中。在该规定中，大量吸收了"跟单信用证惯例"中的许多规则。例如，该规定第 6 条规定："人民法院在审理信用证纠纷案件中涉及单证审查的，应当根据当事人约定适用的相关国际惯例或者其他规定进行；当事人没有约定的，应当按照国际商会《跟单信用证统一惯例》以及国际商会确定的相关标准，认定单据与信用证条款、单据与单据之间是否在表面上相符。信用证项下单据与信用证条款之间、单据与单据之间在表面上不完全一致，但并不导致相互之间产生歧义的，不应认定为不符点。"该条款不但将跟单信用证统一惯例中的实质相符吸收进入作为审单的实质标准，而且还进一步明确规定，在当事人没有约定的情况下直接按照国际商会所编纂的相关国际商事惯例来进行处理。这毫无疑问是国际商事惯例与我国国内法相互渗透的一个重要证据。该规定第 7 条所规定的独立审单和不符点通知义务和《UCP500》中第 14 条的规定完全吻合。第 16 条也是基于根据《跟单信用证统一惯例》的规定——是否接受不符点是开证行的权利，其他任何人都不享有此项权利的考虑——所制定的。❶ 其第 17 条则是基于我国《担保法》司法解释第 30 条的规定所制定出来的，但是我国《担保法

❶ 最高人民法院. 最高人民法院《关于审理信用证纠纷案件若干问题的规定》的说明［N］. 人民法院报，2005-12-09（2）.

解释》第 30 条与 UCP 的规定在功能上是完全一致的，只是表述略有不同。此两者之间，再次显示出了高度的一致性。

不仅我国，其他许多国家和地区也在立法中明确，在信用证问题上，国内法完全准用 UCP 的相关规定。例如，匈牙利法律明确规定："巴黎国际商会制定的跟单信用证统一惯例对于任何跟单信用证均有约束力。"❶ 又如玻利维亚法律规定："本法未尽事宜，一律适用国际商会制定的最新之惯例来解决。"❷ 埃及的法律则规定："除非本法有相反规定，信用证一律优先适用国际商会制定的统一习惯和实践。"❸《洪都拉斯商法典》第 910 条则规定："在当事人合同没有规定或本法前文没有规定的，国际商事惯例和国内的惯例将适用于信用证的所有事项并具有同等效力。"❹

但是，以上这些国家的法律规定对笔者论点的支持力度都没有美国《统一商法典》第 5 条的修改来得强大和明确。首先，在 2004 年美国修改《统一商法典》后，该法第 5 篇第 116 条（c）款明确确立了一套规则的"冲突等级制度"，将 UCP 的效力等级摆放在非常高的位置。该条规定：除非本节有相反的规定，否则信用证的开出人、指定付款人以及提示人的责任均受制于习惯和通例的规则，如 UCP 的规定，当其他可以适用的规则和 UCP 的规定相冲突时，优先适用 UCP 的规定。其次，《美国统一商法典》还反复强调当事人必须顺从信用证的一般性实践。而国际商会对于 UCP 的评述可以被认为是假若出现不同实践时的仲裁人，即便是信用证的本身条款不同于 UCP 所认定的"一般实践"也要按照"一般实践"来确定双方当事人的权利义务。再次，从该法典第 5 篇的用语来看，其大量地借鉴了 UCP 的语言和概念，很多地方几乎是照抄照搬。又次，在该法典的序言中，统一州法全国委员会和美国法学会的成员将该法典的修改与

---

❶ Hungary, Decree No. 6/97, § 14: The provisions of the Uniform Customs and Practice for Documentary Credits issued by the International Chamber of Commerce, Paris shall be binding for all documentary credits.

❷ Bolivia, Decreto-Ley, No. 14379: Any issue not covered by this paragraph shall be governed by the Uniform Customs and Practices for Documentary Credits in their prevailing version.

❸ Egypt Law No. 17/1999. The Uniform Customs and Practice for Documentary Credits by the International Chamber of Commerce shall apply unless the articles of this section contain special provisions.

❹ Honduras Commercial Code Article 910: National and international customs shall apply to every issue that has not been covered by the parties' agreement or by the foregoing provisions.

"统一的需要"挂钩，指明在美国使用信用证是和"国际贸易中使用信用证"具有统一性的，因此美国关于信用证的立法也必须与国际通行的做法保持协调一致。最后，修改《美国统一商法典》第5篇的人员几乎与制定和修改UCP规定专家委员会的人员高度重合，几乎是一套人马，在制定相关规则时，很像一个熟人的俱乐部来探讨和起草两套规则。在这种情况下出现有关信用证的国内规则和相关的国际惯例之间高度一致的"异花受精"现象也就毫不奇怪了。❶

综上，我们可以看出在信用证这种高度专业的领域，在国家的法律对该领域规定前，信用证就作为一种商业技术出现，并能够自我地产生相应的规则。与一般的商事交易不同，信用证本身具有高度的技术性，因此其规则也具有高度的技术性。另外，与一般货物买卖交易方相对分散不同，信用证整个是围绕银行这个主体展开所有交易步骤的，而银行相对集中，因此更加容易产生更加精密和统一的规则。以上这些优势决定了在信用证领域，规则的自治性要远远强于其他的商事交易领域，那么，当国家想对该领域制定相关的法律规则时，就不得不去考虑接受已经发展到高度精密和统一的惯例规则体系。因此，在信用证交易领域国内法律受国际商事惯例的渗透与一般的情形都不大一样，国际商事惯例明显处于更加强势的地位，即便相关的惯例不是由主权国家制定的，国家也必须考虑在其国内立法中接受这些依然存在且成熟的自治性的规则。

第四节　小　结

通过前面的论证，我们可以清晰地发现商事惯例在跨国经济交往中的地位具有多样化、多变性的特征。这就要求我们必须以一种发展的眼光去审视各种不同的商事惯例的法律地位和作用，注意不同地区、不同国家、

---

❶ Janet Koven Levit. Bottom-Up Lawmaking Through A Pluralist Lens: The ICC Banking Commission and The Transnational Regulation of Letters of Credit [J]. Emory Law Journal, Vol. 57, 2008 (2): 1182-1183.

不同文化层面下的商事惯例的特征和内容。从某种意义上来说，正是由于世界各国不同的文化、不同的地理位置以及不同的法律传统，促使我们必须以一种开放的眼光来定位商事惯例的法律地位。总体而言，商事惯例应该与成文法进行积极有效的互动，共同发挥调整各国间在跨越国境的经济交往中各种复杂法律问题的积极作用。

203

结　语

21 世纪的经济全球化，在很大程度上催生了一个"世界市场"的形成。虽然，以美国为代表的一些国家在全球化中基于狭隘的国家利益的考量，祭出贸易保护主义的"法宝"，但是从大的历史趋势来看，人类相互交往的命运共同体仍不以个人意志为转移地向前发展着。这种发展过程可能是非常曲折的，但仍然是世界发展的大势所趋。

在此发展的过程中，交往规则是必不可少的。商事惯例在很大程度上

就是各国之间经济交往的"共同语言"。在实践新开放政策的过程中，我们必须理性客观地看待各种商事惯例，不宜机械地固定其法律地位，而更多地将其视为一种带有弹性的"事实性"规范体系。这种规则与通常的法律规则既有相同的共性又有迥异的差别，其内容往往只是在一些非常微观的技术细节层面来规定当事人的行为，无法形成体系化的规则网络，作用的事务对象也与法律有着根本上的区别，因此，这就要求，在司法过程中，司法机构应该要求当事人证明国际商事惯例的存在。一旦能够证明惯例对于当事人是有约束力的，那么为了尊重当事人的意思自由，遵循某一行业商人的共同实践经验，其理应优先于国内法进行适用。但是从实证主义法的角度来看，国际商事惯例的优先适用性是受到极大限制而且是极为复杂的，所以笔者建议应该在与世界各国进行经济交往时注意将不同的商事惯例之间以及国际商事惯例的适用方法进行体系化的界分，切忌"眉毛胡子一把抓"，简单机械地设定商事惯例的适用次序和适用方法。

后　记

　　在党的十八大会议上，以习近平为核心的党中央高瞻远瞩地提出了人类命运共同体思想，党的十九大报告进一步突出了人类命运共同体理念在习近平新时代中国特色社会主义思想中的重要地位，将"坚持推动构建人类命运共同体"作为新时代坚持和发展中国特色社会主义的基本方略之一。2018 年 3 月，十三届全国人大一次会议将"推动构建人类命运共同体"写入宪法序言，使得人类命运共同体思想上升到宪法层面，纳入我国的根本法律制度体系之中。可见，如何在未来法治建设中实现该思想，成为我国法学界必须要回答的重要课题。在此思想引领下，国际经济法也必将随之产生根本性变革，特别是中美贸易摩擦对新型国家间关系以及国际经济法规则的需求，构成了我国国际法学界应该也必须回答和解决的问题。在习近平总书记高瞻远瞩思想的引领下，河北大学国家治理法治化研究中心以及河北大学国际法学科在河北省社科基金项目资助下，出版了本书，意在为新时代对外开放的理论建设添砖加瓦。

　　本课题受到河北省社科基金项目"交易习惯司法适用（HB18FX001）"的资助，在此对其表示感谢。